監修にあたって

　我が国の社会福祉事業は、戦後長期にわたって措置制度を基本に運営されてきました。幾多の制度改革を経て、平成年間の当初には「社会福祉基礎構造改革」が謳われ、その結果、社会福祉制度は措置制度を中心とした運用から契約制度を主とする運用に大きく変更され、介護保険制度がスタートするとともに、社会福祉法人会計も大きく変容しました。

　すなわち、平成12年4月から厚生労働省の局長通知である「社会福祉法人会計基準」が適用されることとなりました。この会計基準は、過去の措置制度を前提とした施設運営と資金収支計算を重視した会計から、法人経営を支える損益計算をも可能とする会計への変更を示すものでした。

　さらに、平成20年代後半には社会福祉法人制度改革が俎上にのぼり、平成28年3月には社会福祉法人制度改革の一環として、局長通知ではなく厚生労働省令としての「社会福祉法人会計基準」（平成28年厚生労働省令第79号）が公布され、現在の社会福祉法人会計が拠るべき会計基準となっています。

　現在の社会福祉法人会計は、社会福祉法人制度を支えるものとして、その機能を発揮しています。しかし、残念ながら社会福祉法人会計は、一般の企業会計とは異なる点が多く、企業会計に馴染んでいる職業会計人にとっても理解し難い面をもっています。ましてや簿記や会計業務に精通した職員が少ない社会福祉法人や、人事異動の多い自治体などの職員の方々にとって、社会福祉法人の会計基準を体系的かつ実践的に学び使いこなすことは決して簡単なことではありません。

　このような社会福祉法人会計の状況に対応するために、私たちの中心メンバーは、平成12年に社会福祉法人の会計を全くの初歩から学ぶことができるワークブックを出版し、その後「社会福祉法人会計 簿記テキスト」として出版を続けてまいりました。さらに、このような社会福祉法人会計に限らず、広く社会福祉法人制度の発展に資する学習テキスト・資料を永続的に発行してゆく主体として、令和3年9月1日に、本会、一般社団法人福祉経営管理実践研究会を設立いたしました。

　現在、社会福祉の世界では、「利用者主権」「直接契約」「経営」などをキーワードとした多様なニーズに対して、きめ細やかなサービスの実現に向けた取り組みが行われています。これらの取り組みを支えるには、会計だけでなく法務・労務・税務等、多面的な専門知識が必要だと思われます。本会は、このような多面的なニーズを満たすためのテキスト・資料を、いわゆる専門家だけでなく社会福祉に携わる方々と共に協働し、共に開発しよう

と考えて活動しております。

　そのような活動の成果の一つが、今、手に取っておられる「 七訂版 社会福祉法人会計簿記テキスト《初級編》」です。今後、より多くの皆様と共に、この活動を推し進めたいと考えております。そして、この活動が、社会福祉制度をより豊かにし、すべての人が人間として自由に尊厳をもって生きる社会を創り出すことに、些かでも寄与できることを心から願っております。

　　　令和4年（2022年）8月

　　　　　　　　　　　　　　　　　一般社団法人　福祉経営管理実践研究会

　　　　　　　　　　　　　　　　　　　　　会長　林　光　行

はじめに

～ 本書を手にされた皆様に ～

　「福祉」に一番大切なものは、人間観であり世界観であると思います。いわゆる「理念」です。しかし、その実践のためには多くの知識・技術が必要であり、そのうちの大きな一<ruby>塊<rt>ひとかたまり</rt></ruby> が会計に関する知識です。

　社会福祉法人に限らず、全ての経営体にとって、会計は、経営体の現状を正しく理解するためのツールです。そのために、社会福祉法人会計は、社会福祉法人経営に欠くことのできない知識・技術です。同時に、社会福祉法人の現状を広く社会福祉法人以外の関係者に伝えるという大切な役割をもっています。

　しかし、このような社会福祉法人会計を担うべき人たちが学ぶことができる環境は、十分に整備されておらず、学習ツールも十分であるとは言えない状況にあります。このような問題意識のもと、会計知識の全くない方が、初めて社会福祉法人会計を学ばれるためのテキストとして、この「社会福祉法人会計 簿記テキスト《初級編》」を作成しました。

このテキストが主に対象としている方々は

　会計を学ばれる目的は、様々だと思いますが、このテキストは「記帳・決算等の簿記・会計の知識を学習する」ことを目的とする会計実務担当者、あるいは、これから会計実務担当者になろうとする方々を対象にしています。（社会福祉法人の理事や施設長を務めている方々が「会計を利用するために」初めて会計を学ばれる場合に、より適切と考えられるカリキュラムについては、本会で現在、開発中です。）

　このテキストは、現在、複数の府県社協での講習会の教材として、あるいは通信教育の教材として利用していただいております。また、独学される方々のことを考え、できるだけ平易な説明を心掛けていますので、独学用の教材としても十分ご活用していただけるものです。多くの方から、「分かりやすい」「実務の理解に役立つ」「学び続ける気が起きる」などのお声をいただいています。

　会計は、法人の財政状態、事業活動の成果等を利害関係者に伝えるためのツールです。「情報を伝えるためのツール」なので、英語や日本語などの「言語」のような側面があります。つまり、新しい単語（勘定科目）や文法（会計基準）などを学ぶ必要があります。

　会計の文法はとてもシンプルですし、難しいものではありません。初めて会計を学ぶ方は、会計独特の「単語」が多いことに困惑されるだろうと思いますが、それは、最初の

「とっつきが悪い」だけです。そのために「会計はムツカシイ〜！」と感じる方もおられますが、慣れてしまえば、なんということはありません。

　どうか「会計は 習うより 慣れろ ナンダ！」と思って勉強してください。必ず理解できます。そして、使えるようになります。

「会計」と「簿記」との関係・位置付け

　「社会福祉法人会計」は、社会福祉法人の計算書類（いわゆる決算書です）を対象としています。その学習内容には、「計算書類を作成する方法」に関する技術・理論と、「計算書類を利用・活用する方法」に関する技術・理論があると言えます。

　別な言い方をするなら、計算書類を作成する技術（簿記あるいは簿記論といわれます）、あるいは、計算書類をどう見てどのように活用できるかに関する理論（経営分析、意思決定会計、管理会計等）があり、他方に、これらを支える理論として、計算書類はどのように作成されるべきであるのかに関する理論（財務諸表論あるいは会計理論といわれます）がある、と言えます。

　「社会福祉法人会計 簿記テキスト」は、これらのうち、計算書類を作成する方法に関する技術（簿記論）を主な守備範囲としています。そして、このテキストの「初級」・「中級」・「上級」は検定試験の「会計3級」・「会計2級」・「会計1級」にそれぞれ対応しています。

　車に例えるならば、簿記の学習は、車の作り方の勉強です。ドライブの楽しみ方を学ぶのは、計算書類を活用する方法の勉強になります。しかし、ドライブを楽しむには、場合によっては車の構造や簡単な直し方を知っておく方がよいに決まっています。何よりも、ドライブを楽しむには、適切に作られた車が必要です。

　会計実務は、一見地味な作業に思えますし、簿記の学習にも派手さはありません。しかし、会計実務は、正しい計算書類を作成して、理事・管理者に対して法人・施設の現状を正しく伝えるという重要な任務を持っています。会計実務によって、社会福祉法人の活動が支えられるのです。簿記の学習は、必ず今後の職務遂行に役立ち、ひいてはそのことが我が国の社会福祉事業の発展に資するものであると思います。

　なお、本会では、社会福祉法人会計のテキストの全体構成を次頁のように構想しています。学習の目的に応じて、お使いいただきましたら幸甚です。

==================== 《本会が作成する会計テキストの全体構成》 ====================

◆記帳・決算等の簿記・会計の知識を学習するためのテキスト	◆作成された計算書類等を活用するためのテキスト
会計実務に従事する方が、会計実務を的確に処理するための知識・能力を系統的に身につけることのできるテキストです。〈検定試験の会計3級～1級に対応しています〉 ○社会福祉法人会計 簿記テキスト《初級編》 ○社会福祉法人会計 簿記テキスト《中級編》 ○社会福祉法人会計 簿記テキスト《上級編》	施設長・理事の方などが、帳簿・決算書を見て理解し、法人経営に役立てるための知識・能力を系統的に身につけるためのテキストです。〈現在開発中です〉 ○社会福祉法人会計 実践テキスト《基礎編》 ○社会福祉法人会計 実践テキスト《応用編》

令和4年（2022年）8月1日

一般社団法人 福祉経営管理実践研究会
社会福祉法人会計簿記テキスト初級編作成委員会

本書のアシスト・ツールほか

○繰り返して問題を解くための解答用紙が無料でダウンロードできます。

　繰り返して問題を解くためには、新しい解答用紙が必要です。実践研では、そのための解答用紙をWEBから無料でダウンロードできるようにホームページにUPしています。「簿記は 学ぶよりも 慣れろ」を、実践することができます。
☆下記の実践研ホームページから入手してください。

○テキストに関する質疑応答ができます。

　何か疑問に感じることがあっても、周囲に教えてくれる人がいない。そんな方のために、テキストの内容について疑問をお持ちの方は、実践研ホームページの「**お問い合わせ**」のサイトからテキストの該当頁とお聞きになりたい事項を問い合わせてください。ホームページ上の「Q&A」のサイトで回答させていただきます。
　独学で学習される方にとっては、きっと力強い味方になるはずです。

○その他…

　実践研は、社会福祉に携わる者たちが協働して、より良いテキストを作成し、福祉を実践する人たちのために良質な教材を提供したいと考えています。ご質問をいただくこともテキストの改良に役立つと思いますが、それ以外にも、ご提案等がありましたらドシドシとお寄せください。可能な限りお応えしてまいります。

○アクセスはこちらです。

　一般社団法人 福祉経営管理実践研究会のHP
https://fukushi-jissenken.or.jp

　福祉を支える一人一人の努力が集まって、人が人として、より人間らしく生きる世界に少しでも近づくことができるのは、とても嬉しいことです。そのために、皆様と一緒に力を合わせたいと思います。　　　　　　　　　　（拝）

Index

Ⅰ 会計入門

Index

Ⅱ　簿記初級

1．簿記・会計とは？

2．勘定科目

3．仕訳と転記

4．支払資金の取引

Index

Index

Index

別冊／初級編《会計3級》練習問題　解答

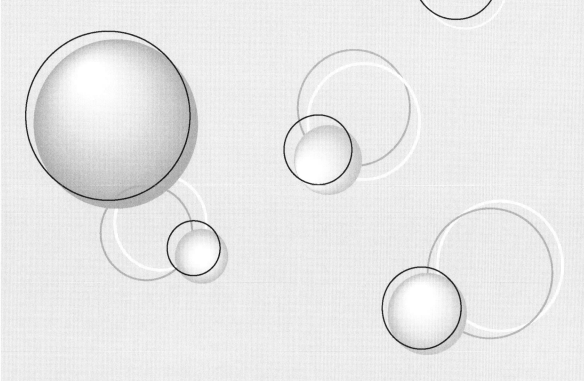

I 会計入門

1 社会福祉法人の有り様と会計

１．社会福祉法人制度の成り立ち

　児童福祉や障害者福祉といった社会福祉事業は、第２次大戦後にその骨格を形成してきました。そして、昭和26年に社会福祉事業法が制定され、平成12年に現在の**社会福祉法**に改められました。**社会福祉法人**は、この社会福祉法第22条において「社会福祉事業を行うことを目的として、この法律に定めるところにより設立された法人をいう」と規定され、成立したものです。

　昭和26年当時の社会福祉法人は、社会事業家がその個人的資産を提供して設立し、その能力と責任によって運営がなされるものと考えられていたのですが、昭和40年代に**措置委託制度**が確立されました。

　措置委託制度とは、いわゆる社会的弱者を行政がその責任において各種社会福祉施設に措置委託し、それらの施設を運営する社会福祉法人は、原則として、その受託拒絶ができないという制度です。この措置委託制度の下で社会福祉法人は、その利用者を行政から割り当てられ、その事業のための費用も行政から措置費として支弁されてきました。

　このような措置委託制度の下で、社会福祉法人は、その行う社会福祉事業について、行政から支弁される措置費に全面的に依存することになります。このことは、次のように図示することができますが、ここに措置委託制度下における社会福祉法人の大きな特徴があります。

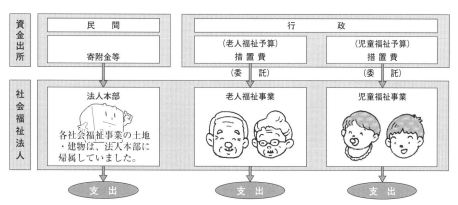

　また、このような措置委託制度のもとでは、行政から支出された公費である措置費が、正しく目的どおりに支出されているかどうかに大きな関心が向けられます。そのようなことから会計についても、措置費として支出された資金の収支を明確にすることが要請されました。そのために「資金収支」の会計が重視されていたのです。

社会福祉の歴史を紐解くと、古代にさかのぼることができます。

日本国憲法89条
「公金その他の公の財産は、宗教上の組織若しくは団体の使用、便益若しくは維持のため、又は公の支配に属しない慈善、教育若しくは博愛の事業に対し、これを支出し、又はその利用に供してはならない」
このようなことから「**措置費**」は、行政が措置すべき事業の費用に充てるものとして支弁されるものです。

措置費に係る「資金収支」の会計のために、昭和51年から社会福祉法人に複式簿記が導入されました。

２．社会福祉基礎構造改革と会計

社会福祉事業は、「生活困窮者の保護、救済」の視点を中心として提供されてきたのですが、福祉ニーズの多様化、利用施設の種類の増加、時代の経過と共に、より幅広いサービスが求められるようになりました。

社会福祉事業、社会福祉法人、措置制度など社会福祉の共通基盤制度について、国民の福祉需要に対応するために、社会福祉事業法の制定以来、ほぼ見直されてこなかった福祉関連法律が平成10年からの中央社会福祉審議会の論議を経て、大きく改正されました。その一連の改革が社会福祉の**基礎構造改革**です。改革の基本的方向は下記の６点です。

① サービスの利用者と提供者の対等な関係の確立

② 個人の多様な需要への地域における総合的支援

③ 信頼と納得が得られるサービスの質と効率性の確保

④ 幅広い要望に応える多様な主体の参入促進

⑤ 住民の積極的な参加による豊かな福祉文化の土壌の形成

⑥ 情報公開等による事業運営の透明性確保

これらの基本的方向のもと、平成12年には、「社会福祉事業法」が「社会福祉法」に改められるとともに介護保険制度がスタートしました。このことによって、介護事業は措置委託制度から保険制度に切り替わりました。

このような新しい制度のもとでは、利用者は自らの意思で利用施設を選択することができます。施設側から見れば、施設が選ばれる対象になったということです。その結果、サービスの良い社会福祉法人には利用者が集中し、そのような法人では、集まった資金によってさらに良質なサービスを提供することも可能です。他方、人気のない施設には利用者が集まらないということもあり得るでしょう。社会福祉法人においても「経営」を考える必要があるのです。

このような時代にあっては、会計も、単に資金の収支だけを見ている訳にはいきません。純資産増減の内訳がどうなっているのか（**損益計算**の考え方です）、そして、法人全体の資産や負債（今のところは「借金」と考えていただいて結構です）がどうなっているのか、経営のバランスはとれているのか。そのようなことを総合的に見ることのできる会計が必要とされます。

また、障害者の福祉サービスについては、平成18年10月から障害者自立支援法が施行されています。

左のような変化をよく表している言葉として次のような言葉があります「施設の運営」から「法人の経営」に

そこで平成12年に、保険制度である介護保険制度導入に伴って厚生労働省局長通知として「社会福祉法人会計基準」（以下、「12年会計基準」と記載します）が制定されました。この12年会計基準では、社会福祉法人の決算書類として、次の三つが最も重要なものとされ、その扱いは現在も変わっていません。これらの三つを**計算書類**といいます。

① **資金収支計算書**

期間中の、社会福祉法人の全ての**資金の増加（収入）及び減少（支出）**の状況を明らかにしたもの。

② **事業活動計算書**（12年会計基準では「事業活動収支計算書」）

期間中の、社会福祉法人の全ての**純資産の増加（収益）及び減少（費用）**の内容を明らかにしたもの。

③ **貸借対照表**

一定時点に、社会福祉法人の持っている全ての資産と負債を対照させ、「資産－負債」の差額としての法人の純資産を示したもの。

しかし当時には、社会福祉法人が展開する多様な事業に対応して、12年会計基準以外にも、下のような多くの会計基準が存在していました。

社会福祉法人は公的な資金も扱っていますので、資金収支を明確にすることも必要です。

事業活動計算書は、一般事業会社で、「損益計算書」と呼んでいるものにほぼ相当します。

法人全体の**資産**から法人全体の**負債**を差し引いたものが**純資産**です。
資産－負債＝純資産

事業		原則	運用実態	基準制定
社会福祉事業	障害福祉関係施設（授産施設、就労支援事業を除く）保育所 その他児童福祉施設 保護施設	全ての社会福祉法人に会計基準を適用	社会福祉法人会計基準による（措置施設（保育所）のみを運営している法人は、、当分の間、「経理規程準則」によることができる）	2000年制定
	養護老人ホーム 経費老人ホーム		社会福祉法人会計基準による（指定特定施設の場合は、指導指針が望ましい）	2000年制定
	特養等介護保険施設		指導指針が望ましい（会計基準によることができる）	2000年制定
	就労支援事業		就労支援会計処理基準による	2000年制定
	授産施設		授産施設会計基準による	2001年制定
	重症心身障害児施設		病院会計準則による	1983年制定
	訪問看護ステーション		訪問看護会計・経理準則による	1995年制定
	介護老人保健施設		介護老人保健施設会計・経理準則による	2000年制定
	病院・診療所		病院会計準則による	1983年制定
公益事業			社会福祉法人会計基準に準じて行うことが可	
収益事業			一般に公正妥当と認められる企業会計の基準を適用	

社会福祉事業は原則として12年会計基準を適用することとされたのですが、多様な会計基準が存在することになったために、法人全体の計算書類を作成することが困難となるという課題を抱えていました。

3．社会福祉法人制度改革と会計

　社会福祉基礎構造改革では、社会福祉法の目的として「地域福祉の推進（法第4条）」が掲げられ、既存の制度の対象とならない福祉サービスへも対応していくことが社会福祉法人の本旨とされました。しかし、制度化された福祉サービスにおいてはその供給確保に追われ、一方では益々生活課題が多様化していく中で、社会福祉法人を取り巻く状況は大きく変化しました。そして、社会福祉法人の在り方が見直され、社会福祉法人制度の意義・役割を問い直される中で、次のような厳しい指摘もなされるに至りました。

① 地域社会のニーズへの対応が不十分

② 親族経営などガバナンスの欠如

③ 内部留保の妥当性など、財務規律が不明確

④ 法人全体の情報開示（財務、事業報告）が不透明

⑤ 他の経営主体との不公平性（イコールフッティング）

　これらの指摘に対する改革、および福祉サービスの供給体制の整備及び充実を図るため、経営組織のガバナンスの強化、事業運営の透明性の向上等の改革を進めるなどを目的として、平成28年3月に社会福祉法が大きく改正されることになりました。

　この社会福祉法改正にあわせて、会計基準についても事業運営の透明性の向上、財務規律の強化等の観点から見直しが行われ、厚生労働省令79号として「社会福祉法人会計基準」（以下、単に**会計基準省令**と記載します）が公布されました。ポイントは下記の5点です。

① 会計ルールの一元化（公益事業、収益事業を含め、法人全体に同じ会計基準を採用する）

② 区分方法の変更（事業区分、拠点区分、サービス区分）

③ 計算書類の表記、様式、勘定科目等の変更

④ 附属明細書、注記の充実

⑤ 社会福祉充実残額の計算（内部留保の活用）

　この『I　会計入門』の目的は、経営実践の基礎となる「資金収支計算書」「事業活動計算書」「貸借対照表」の計算書類について、基本的な理解をしていただくことです。なお、次頁以下に、社会福祉法の抜粋を示しましたので、参考にしてください。

「黒字ため込む社会福祉法人」という批判もなされ、現在の「社会福祉充実計画策定」に繋がっています。

左の法改正では、介護人材の確保を推進する等のための措置も講じられました。

評価基準を揃えることは大切なことです。

入門段階では、会計基準省令の細部については学習しませんが、基本的な考え方を学ぶことになります。

■ **わが国の社会福祉制度の概要 ～ 社会福祉法から** （昭和26年3月29日法律第45号から抜粋）

社会福祉事業

（定義）
第2条 この法律において「社会福祉事業」とは、第一種社会福祉事業及び第二種社会福祉事業をいう。
2 次に掲げる事業を第一種社会福祉事業とする。
　一 生活保護法に規定する救護施設、更生施設その他生計困難者を無料又は低額な料金で入所させて生活の扶助を行うことを目的とする施設を経営する事業及び生計困難者に対して助葬を行う事業
　二 児童福祉法に規定する乳児院、母子生活支援施設、児童養護施設、障害児入所施設、児童心理治療施設又は児童自立支援施設を経営する事業
　三 老人福祉法に規定する養護老人ホーム、特別養護老人ホーム又は軽費老人ホームを経営する事業
　四 障害者の日常生活及び社会生活を総合的に支援するための法律に規定する障害者支援施設を経営する事業
　五 削除
　六 売春防止法に規定する婦人保護施設を経営する事業
　七 授産施設を経営する事業及び生計困難者に対して無利子又は低利で資金を融通する事業
3 次に掲げる事業を第二種社会福祉事業とする。
　一 生計困難者に対して、その住居で衣食その他日常の生活必需品若しくはこれに要する金銭を与え、又は生活に関する相談に応ずる事業
　一の二 生活困窮者自立支援法に規定する認定生活困窮者就労訓練事業
　二 児童福祉法に規定する障害児通所支援事業、障害児相談支援事業、児童自立生活援助事業、放課後児童健全育成事業、子育て短期支援事業、乳児家庭全戸訪問事業、養育支援訪問事業、地域子育て支援拠点事業、一時預かり事業、小規模住居型児童養育事業、小規模保育事業、病児保育事業又は子育て援助活動支援事業、同法に規定する助産施設、保育所、児童厚生施設又は児童家庭支援センターを経営する事業及び児童の福祉の増進について相談に応ずる事業
　二の二 就学前の子どもに関する教育、保育等の総合的な提供の推進に関する法律に規定する幼保連携型認定こども園を経営する事業
　二の三 民間あっせん機関による養子縁組のあっせんに係る児童の保護等に関する法律に規定する養子縁組のあっせん事業
　三 母子及び父子並びに寡婦福祉法に規定する母子家庭日常生活支援事業、父子家庭日常生活支援事業又は寡婦日常生活支援事業及び同法に規定する母子・父子福祉施設を経営する事業
　四 老人福祉法に規定する老人居宅介護等事業、老人デイサービス事業、老人短期入所事業、小規模多機能型居宅介護事業、認知症対応型老人共同生活援助事業又は複合型サービス福祉事業及び同法に規定する老人デイサービスセンター、老人短期入所施設、老人福祉センター又は老人介護支援センターを経営する事業
　四の二 障害者の日常生活及び社会生活を総合的に支援するための法律に規定する障害福祉サービス事業、一般相談支援事業、特定相談支援事業又は移動支援事業及び同法に規定する地域活動支援センター又は福祉ホームを経営する事業
　五 身体障害者福祉法に規定する身体障害者生活訓練等事業、手話通訳事業又は介助犬訓練事業若しくは聴導犬訓練事業、同法に規定する身体障害者福祉センター、補装具製作施設、盲導犬訓練施設又は視聴覚障害者情報提供施設を経営する事業及び身体障害者の更生相談に応ずる事業
　六 知的障害者福祉法に規定する知的障害者の更生相談に応ずる事業
　七 削除
　八 生計困難者のために、無料又は低額な料金で、簡易住宅を貸し付け、又は宿泊所その他の施設を利用させる事業
　九 生計困難者のために、無料又は低額な料金で診療を行う事業
　十 生計困難者に対して、無料又は低額な費用で介護保険法に規定する介護老人保健施設又は介護医療院を利用させる事業
　十一 （後略）

社会福祉法人

（定義）
第22条 この法律において「社会福祉法人」とは、社会福祉事業を行うことを目的として、この法律の定めるところにより設立された法人をいう。

（経営の原則等）
第24条 社会福祉法人は、社会福祉事業の主たる担い手としてふさわしい事業を確実、効果的かつ適正に行うため、自主的にその経営基盤の強化を図るとともに、その提供する福祉サービスの質の向上及び事業経営の透明性の確保を図らなければならない。
2 社会福祉法人は、社会福祉事業及び第26条第1項に規定する公益事業を行うに当たっては、日常生活又は社会生活上の支援を必要とする者に対して、無料又は低額な料金で、福祉サービスを積極的に提供するよう努めなければならない。

（公益事業及び収益事業）
第26条 社会福祉法人は、その経営する社会福祉事業に支障がない限り、公益を目的とする事業（以下「公益事業」という。）又はその収益を社会福祉事業若しくは公益事業の経営に充てることを目的とする事業（以下「収益事業」という。）を行うことができる。
2 公益事業又は収益事業に関する会計は、それぞれ当該社会福祉法人の行う社会福祉事業に関する会計から区分し、特別の会計として経理しなければならない。

（特別の利益供与の禁止）
第27条 社会福祉法人は、その事業を行うに当たり、その評議員、理事、監事、職員その他の政令で定める社会福祉法人の関係者に対し特別の利益を与えてはならない。

（機関の設置）
第36条 社会福祉法人は、評議員、評議員会、理事、理事会及び監事を置かなければならない。
2 社会福祉法人は、定款の定めによって、会計監査人を置くことができる。

（会計監査人の設置義務）
第37条 特定社会福祉法人（事業規模が一定基準を超える社会福祉法人）は、会計監査人を置かなければならない。

【計　算】
（会計の原則等）
第45条の23 社会福祉法人は、厚生労働省令で定める基準に従い、会計処理を行わなければならない。
2 社会福祉法人の会計年度は、4月1日に始まり、翌年3月31日に終わるものとする。

（会計帳簿の作成及び保存）
第45条の24 社会福祉法人は、厚生労働省令で定めるところにより、適時に、正確な会計帳簿を作成しなければならない。
2 社会福祉法人は、会計帳簿の閉鎖の時から10年間、その会計帳簿及びその事業に関する重要な資料を保存しなければならない。

（計算書類等の作成及び保存）
第45条の27 社会福祉法人は、厚生労働省令で定めるところにより、その成立の日における貸借対照表を作成しなければならない。
2 社会福祉法人は、毎会計年度終了後3月以内に、厚生労働省令で定めるところにより、各会計年度に係る計算書類（貸借対照表及び収支計算書をいう。以下この款において同じ。）及び事業報告並びにこれらの附属明細書を作成しなければならない。
3 計算書類及び事業報告並びにこれらの附属明細書は、電磁的記録をもつて作成することができる。
4 社会福祉法人は、計算書類を作成した時から10年間、当該計算書類及びその附属明細書を保存しなければならない。

（計算書類等の監査等）
第45条の28 前条第2項の計算書類及び事業報告並びにこれらの附属明細書は、厚生労働省令で定めるところにより、監事の監査を受けなければならない。
2 前項の規定にかかわらず、会計監査人設置社会福祉法人においては、次の各号に掲げるものは、厚生労働省令で定めるところにより、当該各号に定める者の監査を受けなければならない。
　一 前条第2項の計算書類及びその附属明細書　監事及び会計監査人
　二 前条第2項の事業報告及びその附属明細書　監事
3 第1項又は前項の監査を受けた計算書類及び事業報告並びにこれらの附属明細書は、理事会の承認を受けなければならない。

（計算書類等の評議員への提供）

第45条の29　理事は、定時評議員会の招集の通知に際して、厚生労働省令で定めるところにより、評議員に対し、前条第3項の承認を受けた計算書類及び事業報告並びに監査報告（同条第2項の規定の適用がある場合にあつては、会計監査報告を含む。）を提供しなければならない。

（計算書類等の定時評議員会への提出等）

第45条の30　理事は、第45条の28第3項の承認を受けた計算書類及び事業報告を定時評議員会に提出し、又は提供しなければならない。

2　前項の規定により提出され、又は提供された計算書類は、定時評議員会の承認を受けなければならない。

3　理事は、第1項の規定により提出され、又は提供された事業報告の内容を定時評議員会に報告しなければならない。

（計算書類等の備置き及び閲覧等）

第45条の32　社会福祉法人は、計算書類等（各会計年度に係る計算書類及び事業報告並びにこれらの附属明細書並びに監査報告（第45条の28第2項の規定の適用がある場合にあつては、会計監査報告を含む。）をいう。以下この条において同じ。）を、定時評議員会の日の2週間前の日から5年間、その主たる事務所に備え置かなければならない。

2　社会福祉法人は、計算書類等の写しを、定時評議員会の日の2週間前の日から3年間、その従たる事務所に備え置かなければならない。

3　評議員及び債権者は、社会福祉法人の業務時間内は、いつでも、次に掲げる請求をすることができる。ただし、債権者が第2号又は第4号に掲げる請求をするには、当該社会福祉法人の定めた費用を支払わなければならない。

一　計算書類等が書面をもつて作成されているときは、当該書面又は当該書面の写しの閲覧の請求

二　前号の書面の謄本又は抄本の交付の請求

三　計算書類等が電磁的記録をもつて作成されているときは、当該電磁的記録に記録された事項を厚生労働省令で定める方法により表示したものの閲覧の請求

四　前号の電磁的記録に記録された事項を電磁的方法であつて社会福祉法人の定めたものにより提供することの請求又はその事項を記載した書面の交付の請求

4　何人（評議員及び債権者を除く。）も、社会福祉法人の業務時間内は、いつでも、次に掲げる請求をすることができる。この場合においては、当該社会福祉法人は、正当な理由がないのにこれを拒んではならない。

一　計算書類等が書面をもつて作成されているときは、当該書面又は当該書面の写しの閲覧の請求

二　計算書類等が電磁的記録をもつて作成されているときは、当該電磁的記録に記録された事項を厚生労働省令で定める方法により表示したものの閲覧の請求

（残余財産の帰属）

第47条　解散した社会福祉法人の残余財産は、合併（合併により当該社会福祉法人が消滅する場合に限る。）及び破産手続開始の決定による解散の場合を除くほか、所轄庁に対する清算結了の届出の時において、定款の定めるところにより、その帰属すべき者に帰属する。

2　前項の規定により処分されない財産は、国庫に帰属する。

（所轄庁への届出）

第59条　社会福祉法人は、毎会計年度終了後3月以内に、厚生労働省令で定めるところにより、次に掲げる書類を所轄庁に届け出なければならない。

一　第45条の32第1項に規定する計算書類等

二　第45条の34第2項に規定する財産目録等

（注）　上の条文は、一部簡略化して記載していますので、正確な条文については法令集を参照してください。

・法第45条の23で規定されている「厚生労働省令で定める基準」が、「社会福祉法人会計基準」です。

・法第45条の27第2項では、計算書類を「貸借対照表及び収支計算書」と規定していますが、「社会福祉法人会計基準」が、収支計算書は資金収支計算書と事業活動計算書との二つからなると規定しています。

❷ 基本になる貸借対照表をまず理解しよう！

1．会計の基礎は貸借対照表

社会福祉法人の会計でも、そして、通常の企業会計でも変わることなく存在するのは「貸借対照表」です。

元々、会計は経営体の"財産"を管理するために生まれました。この経営体の財産の状態をあらわしたものが「貸借対照表」なのです。

では、その「貸借対照表」とは一体どのようなものか。以下で一緒に考えてみましょう。

左で「**経営体**」は、企業・官庁・社会福祉法人などを包括した言葉として使っています。

2．「貸借対照表」ってナニ？

皆さんが3,000万円のマンションを持っていたとしたら、皆さんは「3,000万円の資産家だ」と言えるでしょうか？

ウーム…。確かにマンションは**資産**だと言えるのですが、それだけでいいのかな…？

3,000万円のマンション

3,000万円のマンションを所有していれば3,000万円の資産家と言えるだろうか？

さて、どうでしょうか？

もし、2,000万円住宅ローンが残っていたとしたらどうでしょうか。

「な～んだ、借金があるのか！」。借金のことを会計では**負債**といいますが、資産が3,000万円だけで、負債は2,000万円だけだとすると、正味の財産は1,000万円（「資産3,000万円」－「負債2,000万円」）だということになりますね。

とすると、この場合は「3,000万円の資産家」ではなくて「1,000万円の資産家」と考えた方がよさそうですね。

「金銭を支払うべき義務」つまり金銭債務を会計では「負債」といいます。

正味の財産を会計では**純資産**といいますが、以上の資産・負債・純資産の関係を図示すると、次のようになります。

上の図を、会計の言葉で表現すると、次のようになります。

資　産 マンション 3,000万円	**負　債** 住宅ローン 2,000万円
	資産と負債の差額 ＝ **純　資　産** 1,000万円

上の表では、表の右側と左側で次のような等式が成立しています。

$$\underset{\text{側}}{\text{左}}\;\boxed{\begin{array}{c}\text{3,000万円}\\\textbf{資　産}\end{array}}\;=\;\underset{\text{側}}{\text{右}}\;\boxed{\begin{array}{c}\text{2,000万円}\\\textbf{負　債}\end{array}}\;+\;\boxed{\begin{array}{c}\text{1,000万円}\\\textbf{純資産}\end{array}}$$

このように、上の表は左右が同じ金額でバランスする表なので、英語では、これをBalance Sheet（バランス・シート）と呼んでいます。略して「**B/S**」と書いて「バランス・シート」と読みます。**ときには、字のとおり「ビー・エス」とも言います。**

ところで、**B/Sの右側（負債・純資産）は、経営体（あなた）が事業を営むための資産（マンション）を保有するための資金を提供している人つまり「資金を貸した人」という意味で「貸方」といい、また左側（資産）は、その反対側なので「資金を借りた側」という意味で「借方」といいます（明治時代に、福沢諭吉がそのように翻訳したそうです）。そのようなことから、B/Sは貸方と借方を対照して示した表なので、これを貸借対照表と呼んでいるのです。**

全ての資産と
全ての負債その
差額が**純資産**です。

$$\begin{array}{r}\text{資　産}\\\triangle\;\text{負　債}\\\hline =\;\text{純資産}\end{array}$$

$\boxed{\text{資産}}=\boxed{\text{負債＋純資産}}$
この貸借の関係を表す算式を貸借対照表等式といいます。名称はともかく「バランスするのだ」ということを理解しておいてください。

「貸方」・「借方」の「方」は、「親方（おやかた）」の「方（かた）」と同じ意味です。英語では、「貸方」をクレジットを与えた者ということでCreditor、また「借方」をDebtor（Debt＝債務）と言っています。

前頁のB/S（貸借対照表）を、もう少し現実に近づけて見てみましょう。

現実には、資産がマンションだけで、負債が住宅ローンだけということはありませんので、他に次の資産・負債があるとします。

資産 ‥‥‥ 現金預金の残高 2,000万円

負債 ‥‥‥ キャッシング残高 500万円

　　　　　飲み屋さんのツケ 500万円

以上の他には、資産・負債が一切ないとすると、B/Sは、次のように図示することができます。

B/S
〈貸借対照表〉

(借方)**資　産**	(貸方)**負債 及び 純資産**
現 金 預 金 2,000万円	**キャッシング** 500万円 **飲み屋のツケ** 500万円
マ ン シ ョ ン 3,000万円	**住宅ローン** 2,000万円
	負 債 合 計 3,000万円
資 産 合 計 5,000万円	**資産・負債 の 差額 ＝ 純資産 合計** 2,000万円
	（**負債・純資産合計** 5,000万円）

皆さんの法人に置き換えて考えると、マンションは基本財産、キャッシングは短期の運営資金借入金、飲み屋さんのツケは食材等の未払、ということになりそうです。そして、資産・負債の差額が純資産です。純資産は、皆さん（個人）の場合、過去にコツコツと働いて資産形成してきた額ですね。

上のB/Sでは、資産の総額は5,000万円となっていますが、その裏には、それに見合う負債（上のB/Sでは3,000万円）と純資産（上のB/Sでは2,000万円＝資産・負債の差額）とがあります。

以下、このテキストではバランス・シートを主にB/Sと記載します。

キャッシングや飲み屋さんのツケが多すぎる！とお叱りを受けそうです。ゴメンナサイ。でも、「分かりやすい」ということで、許してください。

バランスする

左（借方＝資産）と

右(貸方＝負債＋純資産)

を対照させた表

左の図では、

左側（借方）

：資産＝現金預金

2,000万円

＋マンション

3,000万円

合計 5,000万円

右側（貸方）

：負債＝キャッシング

500万円

＋飲み屋ツケ

500万円

＋住宅ローン

2,000万円

小計 3,000万円

：純資産

2,000万円

合計 5,000万円

で、左右がバランスしています。

純資産の内容については、16頁の「③「純資産」を考える」で説明します。

社会福祉法人のB/S＝貸借対照表の例を示すと、下のようになります。

これが社会福祉法人のB/S（貸借対照表）です！

流動資産	**150**	**流動負債**	**120**
現　金　預　金	45	短期運営資金借入金	30
事　業　未　収　金	70	事　業　未　払　金	90
貯　　蔵　　品	5	**固定負債**	**80**
立　　替　　金	10	設　備　資　金　借　入　金	80
短　期　貸　付　金	15	**負　債　の　部　合　計**	**200**
仮　　払　　金	5		
固定資産	**1,850**	**基　本　金**	**1,000**
基　　本　　財　　産	**1,200**		
土　　　　　地	1,000		
建　　　　　物	200	**国庫補助金等特別積立金**	**200**
その他の固定資産	**650**		
土　　　　　地	450	**次期繰越活動増減差額**	**600**
建　　　　　物	70		
車　輌　運　搬　具	100	**純　資　産　の　部　合　計**	**1,800**
器　具　及　び　備　品	30		
資　産　の　部　合　計	**2,000**	**負債・純資産の部合計**	**2,000**

「現金預金」に「事業未収金」…。貸借対照表を始めて見る方は、ム
ツカシソウ～で頭がクラクラするかもしれません。しかし、大丈夫です！

　会計では、資産・負債等を構成する要素ごとに集計するための単位を
「勘定」といい、その名称を「勘定科目」といいます。上の「現金預金」、
「事業未収金」等も、勘定科目です。この勘定科目が多いので、初めて
ご覧になったときには頭がクラクラするのです。しかし全ては「馴れ」
です。ジックリ見ていると、その特徴（個性⁉）までがはっきりと分か
るようになり、愛着さえ湧いてくる（！）と思いますよ。

左に示したB/Sは理解のため、簡単なものとなっています。
B/Sの**実例**は122頁に掲載されています。

B/Sは**一定時点**の資産・負債・純資産の残高を示しています。
皆さんの法人では毎年度末（３月末）に作成されています。

勘定科目の配列順
社会福祉法人の計算書類では、勘定科目の配列順序は会計基準省令で決められています。

コラム

歌で覚える貸借対照表勘定科目

　皆さん、童謡「結んで開いて」の歌を覚えておられますか？　思い出したら、そのメロディーで、
次の歌を歌ってみてください。歌詞は、上の貸借対照表の資産科目です。

むす～んで	ひらい～て	て～を～うって	む～すんで
現金預金に	事業未収	貯蔵・貸付	仮払いよ　（「仮払いよ」は「カッパライよ」と歌います）
ま～たひらいて	て～を～うって	そ～のてを	う～えに
基本財産に	その他の固定	土地・建物	車輌・備品

　資産科目のほとんどが － ボンヤリとでも － 頭に入って来るのではないかと思います。会計の入
門は、取り敢えず「習うより慣れよ」です。歌をなんどか歌ってから、次の頁に進んでも遅くあり
ません。

3．B/Sの内容と区分

① 資産、負債、純資産

　ここで、**資産、負債、純資産**について、少し整理しておきます。

　資産とは、日常私達が使っている**財産**という言葉に相当すると考えられます。個人で言えば、手元に持っているお金や銀行に預けている預金（現金預金）、そして、自己所有の車（車輌運搬具）や応接セット（器具及び備品）、自己所有のマンション（土地・建物）などが**資産**です。

　また、資産に対して、**マイナス財産**とも言える債務などが**負債**です。個人に例えると、キャッシング（短期運営資金借入金）、飲み屋さんのツケ（未払金）、住宅ローン（設備資金借入金）などが**負債**です。

　そして、全ての**資産**から全ての**負債を控除**したものが**純資産**です。純資産は、個人の場合、住宅を買うに当たって両親から贈与を受けた金銭（基本金）や、働いて資産形成してきたもの（次期繰越活動増減差額）などから成り立っています。

　会計では、負債・純資産は、その法人に法人運営のための資金を与えた者があると考えて「貸した側＝貸方」とし、そして、資産は「借りた側＝借方」にあると考えます。その両者を対比して関係を一覧表で示したものが、前頁のB/S（**貸借対照表**）です。

② 流動と固定

　同じ資産であっても、現金預金とマンションとでは、まったく性質が異なります。現金預金は今日明日の生活費に充てることができますが、マンションでは今晩のご飯代には使えません。

　同じように負債であっても、キャッシングと住宅ローンとでは、まったく性質が異なります。キャッシングはできるだけ早く弁済しないと大変なことになりますが、住宅ローンは数十年で返済すれば足ります。

　このようなことから、会計では、資産を短期的資金の源泉となる**流動資産**と、そうではない**固定資産**とに区分します。そして同じように、負債を短期的に支払う必要のある**流動負債**と、そうではない**固定負債**とに区分します。マンション（固定資産）とそのローン（固定負債）は長期的課題ですが、今日明日の生活は、現金預金（流動資産）と場合によってはキャッシングの残高（流動負債）がどうであるかによっていますね。したがって、資産・負債を流動・固定に区分することはとても大切です。

「手元」（てもと）は「手の届くあたり」「すぐそば」の意味。
本来の表記は「手許」。会計の書物では、よく「手許現金」と表記されます。
「積極財産が資産」「消極財産が負債」と説明されることもあります。

つまり、**マンションに資金が固定されている**のです。

おおむね1年を基準にして、支払に充てることができるようなものが流動資産、そうでないものが固定資産、と理解してください。

以下で、資産・負債の内容を簡単に見ておきます。

流動資産

「**流動資産はキャッシュ（Cash＝現金）とその仲間**」、と考えると理解しやすいと思います。キャッシュには、手元の現金（Cash on hand）と当座預金（Cash in bank）のような預金とがあります。両者をまとめて「現金預金」といいます。手元の金庫、銀行の金庫、どちらにせよ自由に使えるキャッシュが「現金預金」です。

「現金預金」以外の流動資産には、次のようなものがあります。

・事業未収金 　　介護報酬などの事業の対価に対する未収入金
　　　　　　　　（現金支払を受けなかっただけで、すぐに入ってくる）

・貯 蔵 品 　　消耗品等で未使用の物品
　　　　　　　　（金庫からちょっと出たけど、まだ使われていない）

・立 替 金 　　一時的に立替払いした債権額
　　　　　　　　（立替出金したけれど、すぐに金庫に返ってくる）

・短期貸付金 　　短期の貸付金（上と同じ）

・仮 払 金 　　内容・金額が確定していない一時的支出額
　　　　　　　　（一時的に仮払しただけで、すぐに精算される）

流動負債

流動負債は、現金での支払を少し猶予されているだけのもの、つまり、「**流動負債はCashのマイナス**」と考えると理解しやすいと思います。

・短 期 運 営
　資金借入金 　　経常経費に係る短期の借入金
　　　　　　　　（手元現金がなく、一時借りただけで、すぐに返済する）

・事業未払金 　　事業活動に伴う費用等の未払い債務
　　　　　　　　（ツケで買ったので、すぐに支払う必要がある）

・職員預り金 　　源泉徴収税等、職員に関する一時的な預り金
　　　　　　　　（一時預かっているだけで、すぐに納付する必要がある）

固定資産

名前のとおり、「資金が固定化した資産」です。土地、建物のほか、車（車輌運搬具）や応接セット（器具及び備品）も、当座の資金として使えないので、固定資産です。

固定負債

「長期の借金」と理解しておいてください。建物などを購入するときの長期ローン（設備資金借入金）や、返済期間が1年を超えるローン（長期運営資金借入金）などが固定負債です。

「当座預金」は、預金の一種です。普通預金とは異なり、振り出された小切手の持参人に払い出される預金です。

「現金預金」以外の**流動資産**は、**金庫周りの資産**と考えると分かりやすいですね。

本来、現金で支払うべきものだけれど、一時的に支払を延期してもらっている負債と考えてください。つまり、**流動負債**は、少しの間「金庫から出てゆくのが猶予されている負債（**Cashのマイナス**）」と考えると分かりやすいですね。

固定資産は、定款で**基本財産**と定められたものと**その他の固定資産**とに区分することになっています。企業会計では、このような区分はありません。

左で**長期**というのは、**1年を超える期間**という意味で使っています。

③ 「純資産」を考える

純資産は資産と負債の差額ですが、なぜこのような差額が生じるのか？　今少しピンとこない方が多いと思います。

以下で、働き始めた人（仮に「一郎さん」としましょう）の例をとって考えてみます。

一郎さんが働きだしてから10年間のB/Sの変動

一郎さんが、働きだした時には、資産も負債も一切ありませんでした。その場合、一郎さんのB/Sは右のようになります。

勤務を始めた時のB/S

資　産	負　債
	ゼロ
ゼロ	純資産
	ゼロ

働きだしたときはナイナイ尽くし……

⇩ 1年が経過

さて、働き始めて1年が経ちました。初任給が年間200万円だとした場合、一郎さんのB/Sはどのように変化するでしょうか。

1年後の　B/S？

資　産	負　債
現金預金	ゼロ
200万円	純資産
	200万円

いただいた給料をマルマル貯めると……

いただいた給料を全て貯金したとすれば、資産は現金預金200万円となります。借金していなければ負債はゼロですから純資産は200万円となります。しかし、お給料を全て生活費に使ってしまったら…。残念ながら、働き始めと同じですね。

1年後の　実際のB/S

資　産	負　債
	ゼロ
ゼロ	純資産
	ゼロ

でも、稼いだだけ使ってしまうと……

⇩ 1年が経過

では2年目は？　2年目には、お給料が210万円にあがり、やりくりして生活費を前年と同額で済ませたとすると…。そう、10万円が手元に残ります！

一郎さんのB/Sは、右のようになるはずです。

働き始めて2年後のB/S

資　産	負　債
現金預金	ゼロ
10万円	純資産
	10万円

生活費をお給料の範囲内でやりくりしたら……

⇩ 8年が経過

さらに8年間、一郎さんは懸命に働きました。その間、借金もせず、コツコツと300万円もの現金預金を蓄えることができました。結果として、一郎さんのB/Sは、右のようになるはずです。

働き始めて10年後のB/S

資　産	負　債
現金預金	ゼロ
300万円	純資産
	300万円

一郎さんの純資産は、懸命に働いて資産形成した賜物だと分かります。

一郎さんが マンションを買う！

働き始めて10年。300万円を貯めた一郎さんは、3,000万円の良いマンションを見つけ、何とかして購入したいものだと思いました。

とはいうものの、一郎さんの財産状態は右のB/Sのとおりです。マンションを買うには多額のローンを組む必要があり、決断がつきません。

働き始めて10年後のB/S

資 産	負 債
現金預金 300万円	ゼロ
	純資産 300万円

↓ ご両親が500万円 出してくれました！

そこでご両親に相談をすると…。なんと、ご両親が一郎さんのために、500万円援助してくれることになりました。

この500万円は返金不要のお金なので、一郎さんのB/Sは右のように変わります（現金預金と純資産とが同額増加します）。

500万円 いただいた後のB/S

資 産	負 債
現金預金 800万円	ゼロ
	純資産 800万円

↓ 銀行ローン 2500万円！

「なんとかなる！」と考え、一郎さんは、2,500万円の銀行ローンを組みました。ローンが実行された直後の一郎さんのB/Sは右のように変わります。

銀行ローン実行後のB/S

資 産	負 債
現金預金 3300万円	銀行ローン 2500万円
	純資産 800万円

↓ マンション 購入代金支払

しかし、これは瞬間の出来事。マンションの所有権が一郎さんに移転すると同時に、3,000万円の購入代金がマンション業者に渡ります。手元には300万円の現金預金しか残りません。

とは言え、3,000万円のマンションは一郎さんの所有財産なのでB/Sの資産に計上され、取引が終わった後の一郎さんのB/Sは右のようになります。

マンション購入後のB/S

資 産	負 債
現金預金 300万円	銀行ローン 2500万円
マンション 3000万円	**純資産** 800万円

こんな気前の良いご両親はなかなかおられないと思いますが…

もともと持っていた現金預金300万円とご両親からの500万円。合計800万円。負債はゼロなので同額が純資産です。

ローンを組んで手元のお金が増えても純資産は増えません。

純資産800万円は、ご両親からいただいた500万円と、一郎さんが10年間働いて資産形成した300万円の合計です。

社会福祉法人の場合、一郎さんにとってのご両親からの贈与は、法人設立や施設創設等に当たって受けるご寄附に相当し、**基本金**として計上されます。また、法人の事業活動によって増加（又は減少）した純資産の増減差額は、一郎さんが働いて「資産形成」した額に相当します。この金額は、次期に繰越されるので**次期繰越活動増減差額**といいます。

民間からのご寄附は**基本金**ですが、国庫補助等は**国庫補助金等特別積立金**として処理されます。

4．B/Sの仕組みはどうなっているか

　「資産」と、「負債・純資産」は表裏一体ですね。それを一覧に示したものがB/Sですので、B/Sの仕組みは次のようになっています（13頁と同じB/Sですよ）。

B/S（貸 借 対 照 表）の 仕 組 み

資産の部			負債・純資産の部		
	1 年 以 内 の 支 払 い 原 資		負債＝他者資金 200	**1 年 以 内 に 支 払 う 借 金**	
	流動資産	150		流動負債	120
	現　金　預　金	45		短期運営資金借入金	30
	事　業　未　収　金	70		事　業　未　払　金	90
何に使っているのか	貯　　蔵　　品	5		**1 年 を 超 え て 支 払 う 借 金**	
	立　　替　　金	10		固定負債	80
	短　期　貸　付　金	15		設 備 資 金 借 入 金	80
	仮　　払　　金	5	どこから調達したのか		
	現金化するのに 1 年超かかる			**支 払 う 必 要 が 無 い！**	
	固定資産	1,850			
	基　本　財　産	1,200	純資産＝自己資金 1,800	基本金	1,000
	土　　　　　地	1,000			
	建　　　　　物	200		国庫補助金等特別積立金	200
	その他の固定資産	650			
	土　　　　　地	450		次期繰越活動増減差額	600
	建　　　　　物	70			
合計 2,000	車　輌　運　搬　具	100	合計 2,000		
	器　具　及　び　備　品	30			

　B/Sの右側には銀行や寄附者などから法人に寄せられた資金が記載されます。

　11頁にも書きましたが、この資金を寄せられた人達は、法人にお金を貸してくれた方と考えて、貸借対照表の右側を「貸方」と呼びます。

　B/Sの左側には、未収金・貸付金など法人から資金を借りている人や物が載っているので「借方」と呼びます。「貸借」対照表は読んで字のとおりの表ですね。

　B/Sは上のように、全ての資産 と 全ての負債・純資産 とが合計で対応し、基本的には、個別に対応する関係にはないことに留意してください。その結果、上のB/Sを、最も単純化すると、次の頁のように表すことができます。

金額記載単位について
おおよそ会計は貨幣単位（金額）をベースとして記録・表示等がなされます。左のB/Sにしても単位が記載されていないので、これでは使い物になりませんね。しかし、紙幅の関係と学習目的から、このテキストでは原則として金額単位を記載していません。

社会福祉法人の場合、個別に対応させる場合もあります。

最も単純化したB/S（貸借対照表）

（資金の運用）	資金の運用 （何に資金を 運用しているか）	資金の調達 （何処から資金を 調達しているか）	（資金の調達）

左右（貸借）が対照されてバランスするシート

上の「資金の運用」「資金の調達」を会計の言葉で表すと、次のようになります（「資金の調達」については、調達源泉別に記載しています）。

要約B/S（貸借対照表）

（資金の運用）	資金の運用 ＝　資　産	負　　債	（資金の調達）
		純　資　産	

上に示した要約B/S（貸借対照表）が、通常の会計で見る最も一般的な要約B/S（貸借対照表）です。11頁の中ほどに示したものと同じですね。

この「資産」と「負債」を、それぞれ流動・固定で区分すると、次のようになります。

要約B/S（貸借対照表）

流動資産	流動負債
	固定負債
固定資産	純　資　産

今後、この表は何度も出てきますので、ぱっと見て分かるようになってくださいね。なお、B/Sは、「当会計年度末現在」という**一定時点における**全ての資産、負債、純資産の**残高を対照した表**であり、一定時点の残高を示す表なので、**ストックを示す表**だと言われています。

さて、以上で要約B/Sは理解していただけたでしょうか。

「流動資産」・「流動負債」・「固定資産」・「固定負債」、そして、「純資産」には、各々どんなものが入っているのでしょうか。また、それらには、どんな意味があるのでしょうか。そのことが、前頁のB/S（貸借対照表）の仕組みを見て分かるようになれば、かなりのベテランです。

皆さんも、ここで少し時間をとって、もう一度、B/Sの中身を復習してください。

前頁のB/Sとよく見比べてください。

左のB/Sを式で表すと、
資産＝負債＋純資産
となります。
形を変えると、
資産－負債＝純資産
と書くこともできます。

前頁の「B/S（貸借対照表）の仕組み」の図と照らし合わせて理解してください。

B/Sは一定時点での静止画像（スチール画像）だと思ってください。

一定期間内に流れた量をフロー、一時点において貯蔵されている量をストックといいます。

会計になじんでくると様々な「科目」の意味・内容について理解できるようになります。

社会福祉法は、「社会福祉法人は、厚生労働省令で定める基準に従い、会計処理を行わなければならない。」と規定しています（第45条の23）。この厚生労働省令が「**会計基準省令**」です。

会計基準省令では、B/S作成の目的を次のように書いています。

社会福祉法第45条の23はこのテキストの8頁に記載しています。

会計基準省令	（第3章　計算関係書類）

> **第4節　貸借対照表**
>
> **（貸借対照表の内容）**
>
> **第25条**　貸借対照表は、当該会計年度末現在における全ての資産、負債及び純資産の状態を明瞭に表示するものでなければならない。

練習問題 1 B/S科目を分類する

次の科目は、それぞれB/S（貸借対照表）のどの区分に分類されるでしょうか。

適切と思われる区分に○を付けてください。

【解答欄】

	科　　　　　目	流動資産	固定資産	流動負債	固定負債	純資産
①	建　　　　　　　　　物					
②	現　金　預　金					
③	短 期 運 営 資 金 借 入 金					
④	立　　　替　　　金					
⑤	事　業　未　払　金					
⑥	事　業　未　収　金					
⑦	設 備 資 金 借 入 金 （1年以内返済予定のものはありません）					
⑧	土　　　　　　　　地					
⑨	短　期　貸　付　金					
⑩	基　　　本　　　金					
⑪	器　具　及　び　備　品					
⑫	仮　　　払　　　金					
⑬	車　輌　運　搬　具					
⑭	貯　　　蔵　　　品					
⑮	長 期 運 営 資 金 借 入 金 （1年以内返済予定のものはありません）					

練習問題 2 科目及びその残高から貸借対照表を作成する

次の科目及びその残高から【解答欄】のB/S（貸借対照表）を完成させてください。なお、設備資金借入金で１年以内に返済する予定のものはありません。

建物（基本財産）	500	仮払金	5
現金預金	195	器具及び備品	250
短期運営資金借入金	250	土地（その他の固定資産）	700
建物（その他の固定資産）	150	立替金	5
事業未収金	160	事業未払金	50
貯蔵品	15	短期貸付金	20
土地（基本財産）	2,000	設備資金借入金	1,150

【解答欄】

B/S（貸借対照表）

資産の部			負債の部		
流動資産	(	)	流動負債	(	)
（　　　　　　）	(	)	（　　　　　　）	(	)
（　　　　　　）	(	)	（　　　　　　）	(	)
（　　　　　　）	(	)	固定負債	(	)
（　　　　　　）	(	)	（　　　　　　）	(	)
（　　　　　　）	(	)	負　債　の　部　合　計	(	)
固定資産	(	)	純資産の部		
基本財産	(	)			
（　　　　）	(	)	基　本　金		2,200
（　　　　）	(	)	国庫補助金等特別積立金		200
その他の固定資産	(	)	次期繰越活動増減差額	(	)
（　　　　）	(	)			
（　　　　）	(	)	純　資　産　の　部　合　計	(	)
資　産　の　部　合　計	(	)	負債・純資産の部合計	(	)

ヒント１ 「負債・純資産の部合計」は「資産の部合計」と同じ金額になるはずです。

ヒント２ 「次期繰越活動増減差額」の金額は、「純資産の部合計」から逆算して求めます。

コラム

「基本財産」って？

　社会福祉法人会計では「固定資産」を「基本財産」と「その他の固定資産」とに分類しています。「基本財産」とは、その法人の「定款において基本財産と定められた固定資産」です。単にB/Sの上で、「固定資産」を「基本財産」とそれ以外の「その他の固定資産」とに区分して表示するだけのことですから、難しく考えないでください。一般の企業会計には、こんな区分はありません。

5．B/Sを上下に切って、見る

①　支払能力を見る

19頁中ほどで掲げた要約B/Sを、もう一度よく見てください。

B/Sを上下に切ると、上半分 「流動資産」 対 「流動負債」 と下半分 「固定資産」 対 「固定負債・純資産」 とで性格が少し異なります。

どのように違うのでしょうか。上半分は、いずれも短期の資産・負債ですね。つまり、流動資産は短期的な支払手段となるものであり、流動負債は短期的に支払う必要のあるものですので、「流動資産－流動負債」は、その法人の**支払能力**を示していると考えることができます。

そこで、B/Sは下のように、上下に分割して対比して見ることが大切です。

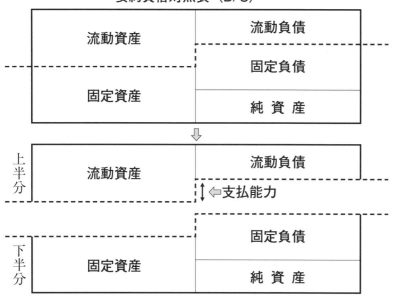

要約貸借対照表（B/S）

②　支払資金

15頁で説明しましたように、流動資産はそのほとんどをCashとその**仲間**と考えることができます。また、流動負債はそのほとんどをCash**のマイナス**と考えることができます。

そこで、社会福祉法人の会計では、Cashとその仲間としての流動資産とCashのマイナスとしての流動負債を**支払資金**としています。

しかし正確には、流動資産・流動負債には、**Cashとその仲間・Cashのマイナス**以外のものもありますので、流動資産・流動負債がそのまま**支払資金**という訳ではありません。

この点について、次の頁で説明します。

同じ資産であっても流動資産と固定資産。
同じ負債であっても流動負債と固定負債。
各々どのように違うのでしょうか。

「支払能力」とは、言葉のとおり「払う能力」です。例えば、「支払能力」がゼロなら、皆さんの期末勤勉手当を「支払う能力がない」ことになります。

「支払能力を見る」ためには、B/Sの上半分とその差額に注目することが大切です。
とりわけ、その資金の多くを公的な資金に依存している社会福祉法人にあっては、支払資金の収支・管理が必要とされます。

Cashとその仲間
＝＋支払資金
Cashのマイナス
＝△支払資金

　入門段階としては、非常に難しい話なのですが、社会福祉法人会計を理解するうえでは、流動資産・流動負債と支払資金の関係を避けて通ることはできませんので、少し我慢して付き合ってください。

　流動資産・流動負債、そして支払資金に注目してB/Sを示すと、次のようになります。

B/S

流動資産	Cash（現金預金）	プラス支払資金	支払資金残高	マイナス支払資金	Cashのマイナス（金庫から出るのが少し遅れただけ）・短期運営資金借入金・事業未払金・職員預り金	流動負債
	Cashの仲間（金庫に入るのが少し遅れただけ）・事業未収金（金庫から少し出ただけ）・貯蔵品・立替金・仮払金					
	製品・仕掛品などの棚卸資産 △徴収不能引当金				賞与引当金 長期借入金 うち１年内返済分 設備資金借入金 長期運営資金借入金 退職給付引当金	固定負債
固定資産	基本財産 その他の固定資産				基本金 次期繰越活動増減差額	純資産

　流動資産には、**Cash**とその仲間のほかに製品などの棚卸資産と徴収不能引当金がありますが、多くの施設法人にとっては無視しうるものと思います。したがって、ほとんどの法人にとっては、「流動資産 ≒ Cashとその仲間＝プラスの支払資金」です。

　流動負債には、**Cash**の**マイナス**と考えられるもの（マイナスの支払資金です）以外に、賞与引当金と、１年以内返済予定の長期借入金とがあります。契約期間が１年を超える長期の借入金であっても、その内１年以内に返済すべき額は、B/Sでは短期の負債、つまり流動負債として表示する必要がありますが、Cashのマイナスとは扱いません。

　以上のことはありますが、このテキストでは、特に断り書きのある場合を除き、次のような前提で説明を記載します（しかし、正確ではないことを、頭の片隅に置いておいてください）。

　　流動資産 ⟶ Cashとその仲間＝＋支払資金
　　流動負債 ⟶ Cashのマイナス＝△支払資金
　　　　流動資産 － 流動負債 ≒ 支払資金残高

製品・仕掛品は生産活動を行っている施設で生じます。また、徴収不能引当金は、通常は非常に少額なものです。賞与引当金については『Ⅱ 簿記初級』で説明します。

流動資産・流動負債には、支払資金とならないものもあります。引当金や「長期借入金のうち１年以内返済分」等がそれですが、入門段階では難しすぎる話なので、あまり気にしないでください。

　支払資金の残高は、その法人の支払能力を示すと同時に、措置費等として社会福祉法人に入ってきた資金の残高でもあります。そのような意味からも、社会福祉法人の会計では、支払資金の増減とその残高を管理することが重要とされています。

　他方、社会福祉法人が存続・成長を続けて行くためには、純資産を保持し、増やしてゆく必要があります。もし、純資産が減少してゆき、マイナスになると…、保有している全ての資産を支払に充てても、全ての借金を支払えないことになります。つまり、「倒産」に至ります。

　このようなことから、「純資産」の増減とその残高を管理することも、とても大切なことです。

> 措置費等の「等」には、例えば、保育所の委託費があります。

練習問題 3 B/Sを作成して支払資金残高を求める

　次の科目及びその残高から【解答欄】のB/Sを完成し、支払資金と純資産の残高を算出してください。

　なお、設備資金借入金で1年以内に返済する予定のものはありません。

①	建　物	1,000	⑤	事 業 未 払 金	480	⑨	短 期 貸 付 金	50
②	現 金 預 金	1,450	⑥	事 業 未 収 金	170	⑩	基　本　金	3,500
③	短 期 運 営 資 金 借　入　金	820	⑦	設 備 資 金 借　入　金	900	⑪	器 具 及 び 備 品	300
④	立　替　金	10	⑧	土　地	3,000	⑫	仮　払　金	20

【解答欄】　　　　　　　　　　　　B/S

流動資産	_____	_____	流動負債	_____	_____
	_____	_____		流動負債合計	_____
	_____	_____	固定負債	_____	_____
	流動資産合計	1,700		固定負債合計	_____
固定資産	_____	_____	純資産	_____	_____
	_____	_____		次期繰越活動増減差額	_____
	固定資産合計	_____		純資産合計	_____
資 産 合 計		6,000	負債・純資産合計		_____

支払資金残高　_____

ヒント1　アンダーライン部分を記入してください。

ヒント2　「次期繰越活動増減差額」は、逆算して最後に求めます。

　　　　　　（純資産＝資産－負債です!!）

ヒント3　支払資金残高は「Cashとその仲間（流動資産）－Cashのマイナス（流動負債）」です。

3 会計は "ダム" である！

1．貯水量の増減勘定

ダムには上流から水が流れ込んできます。そして、必要に応じて水を下流に放流します。流入と放流を繰り返してダムの水量は増減します。では一定期間、例えば去年の4月1日から今年の3月31日の間に、ダムに貯えられている水量がどれだけ増減したのかは、どのように計算できるでしょうか。

そうですね。貯えられている水量（ストック）を比較すると、その差額が「増減差額」だということになります。そして、その増減差額は、上流から流れ込んだ水量と、放流した水量の差に一致するはずです。

このように、一定期間のスタート時の貯水量と一定期間後の貯水量の差として増減差額を把握するだけでなく、その期間の流入と放流（流れ＝フロー）の差額として把握することによって、増減原因・内容が明確になります。会計では、常にこのような計算をするので、「会計は "ダム" である！」とタイトルにつけたのです。

ストック：Stock
＝**一定時点**において貯蔵されている量・在庫

フロー：Flow
＝**一定期間**に流れた量

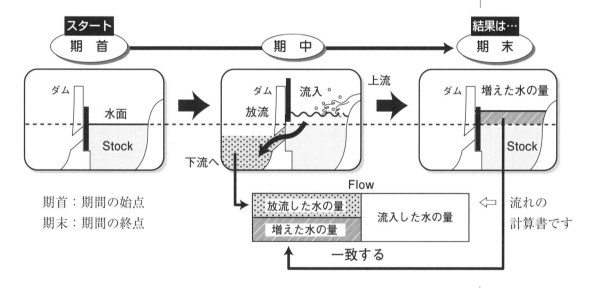

期首：期間の始点
期末：期間の終点

「B/S全体」というダムに貯えられた水を「純資産」だとすると、その流入量・放流量（フロー）を記載した計算書が、「事業活動計算書」です。また、「B/Sの上半分」というダムに貯えられた「支払資金」の流入量・放流量（フロー）を記載した計算書が、「資金収支計算書」です。以上のことから、B/Sは「**ストックの表**」であるのに対して、事業活動計算書と資金収支計算書は「**フローの計算書**」であると言われます。

以下で、B/Sとフローの計算書との関係を具体的に見てゆきます。

B/Sは**一定時点**におけるストック（残高）表です。**フローの計算書**は**一定期間**の流れの総量を示しています。

２．取引によるB/Sの変動

法人の運営・活動に伴ってB/S（つまり 資産 と 負債 、その差額である 純資産 ）は、様々に変化します。例えば、受け取るべき介護保険報酬や保育事業に係る委託費等が生じたとき、B/Sは次のように変動することになります。

例題ー①

取引１　介護保険報酬500が発生したので、事業未収金を計上しました。

下のスタート時のB/Sは、この取引によって、どのように変動するでしょうか。

スタート時のB/S

流動資産 1,500	流動負債 1,000
	固定負債 3,000
固定資産 3,500	純資産 1,000

取引１の後のB/S①

流動資産 2,000 （事業未収金500増加）	流動負債 1,000
	固定負債 3,000
固定資産 3,500	純資産 1,500 （500の増加）

網掛け部分は変動しません

流動資産が500増えて、純資産も500増えることになります。ここで、B/Sの借方・貸方合計は、取引の前後を通じて左右バランスするということに注意をしてください。

では、人件費が発生した場合は、どうなるでしょうか。

例題ー②

取引２　取引１の後に職員給料200を支払いました。

下の**取引１後のB/S①**は、この取引によって、どのように変動するでしょうか。

取引１の後のB/S①

流動資産 2,000	流動負債 1,000
	固定負債 3,000
固定資産 3,500	純資産 1,500

取引２の後のB/S②

流動資産 1,800 （給料払現金200減少）	流動負債 1,000
	固定負債 3,000
固定資産 3,500	純資産 1,300 （200の減少）

網掛け部分は変動しません

サービス提供によって受け取るべき報酬等が発生します。報酬等を現金で受け取ると「現金預金」が増加しますが、未収の場合は、受け取る権利を表す「事業未収金」が資産として増加します。なお会計では、**財産に変動が生じることを「取引」**と言います。ですから、会計では火事や盗難も「取引」です。

何しろ「バランスシート」なのです。

左の場合、流動資産が200減少するので、結果として、資産・負債の差額である純資産も200減ります。B/Sの借方・貸方合計が取引の前後を通じて左右バランスするということは変わりません。

取引１及び取引２によるB/Sの変動をひとまとめにしてみると、次のようになります。

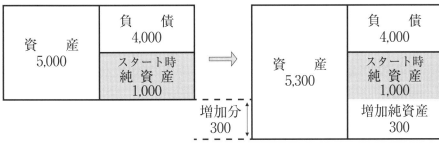

スタート時点のB/Sから、介護保険報酬500と職員給料200の発生があって、結果として、流動資産と純資産が300増えることになったのです。上の図で、網掛けした部分には変動はありません。

このことを「純資産の増減」という観点からみますと、次のように図示することができます。

〈純資産の増減〉

取引１及び取引２による変動を、ここでは省略します。

スタート時のB/S

資産 5,000	負債 4,000
	スタート時 純資産 1,000

取引２の後のB/S②

資産 5,300	負債 4,000
	スタート時 純資産 1,000
	増加純資産 300

増加分 300

以上では、「純資産の増減」に注目してきましたが、「支払資金の増減」という観点から見直すと、どうなるでしょうか。

「支払資金」はB/Sの上半分ですから、次のように図示することができます。

〈支払資金の増減〉

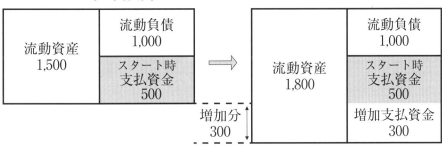

側注：
介護保険報酬500発生
➡流動資産と純資産が500増加
職員給料200支払
➡流動資産と純資産が200減少

純資産は全ての資産と全ての負債の差額ですから、全体のB/Sを見ることになります。

純資産に対して、支払資金は流動資産と流動負債の差額ですから、B/Sの上半分を見ることになります。

３．B/Sの変動を、もっとよく見てみよう

次の例題でB/Sの変動をさらに見てゆきましょう。

例題ー3

> 取引3　取引2の後に食材100を掛けで買って費消しました。

　取引2の後のB/S②は、この取引によって、どのように変動するでしょうか。

　食材を現金で買ったのなら、分かりやすいかもしれません。

　次のようになるのではないでしょうか。

取引2の後のB/S②

流動資産 1,800	流動負債 1,000
	固定負債 3,000
固定資産 3,500	純資産 1,300

食材を現金払した場合のB/S

流動資産 1,700 （食材払現金100減少）	流動負債 1,000
	固定負債 3,000
固定資産 3,500	純資産 1,200 （純資産100減少）

　しかし、設例は、食材を現金で買ったのではなく、「掛け」で買ったと書いてあります。「掛け」というのは、いわゆる「ツケ」で取引するということで、代金決済を後日に行うことになります。ですから、この場合、短期の負債＝流動負債（事業未払金）が発生します。

　結果として、次のようになります。純資産の金額は上と同じですね。

取引2の後のB/S②

流動資産 1,800	流動負債 1,000
	固定負債 3,000
固定資産 3,500	純資産 1,300

取引3の後のB/S③

流動資産 1,800	流動負債 1,100 （事業未払100増加）
	固定負債 3,000
固定資産 3,500	純資産 1,200 （純資産100減少）

　支払資金の増減という観点から、現金払の場合と未払にした場合とを比較すると、支払資金の減少額はどちらも同じ金額になります。

食材を現金払した場合の支払資金

| 流動資産 1,700 | 流動負債 1,000 |
| | 支払資金 700 |

取引3の後の支払資金

| 流動資産 1,800 | 流動負債 1,100 |
| | 支払資金 700 |

（右側余白）

使わずに置いていたら「貯蔵品」になります。例題では買って直ちに使っています。

流動資産が100減少して、純資産が同額減少します。網掛け部分は変動しません。

現金であろうが掛であろうが「食材を費消した」ので「純資産が減る」ことになります。

流動負債が100増えて、純資産が同額減少します。網掛け部分は変動しません。

支払資金残高は流動資産と流動負債との差額ですので、流動資産が減る場合、流動負債が増える場合、ともに支払資金残高は減少します。

以上の**取引1**から**取引3**では、支払資金の増減と純資産の増減は同額でしたね。では次の場合はどうでしょうか。

例題─4

> **取引4** 乗用車100を現金で購入しました。

現金という「流動資産」が減って、乗用車（会計では「車輌運搬具」といいます）という「固定資産」が増えることになります。

取引3の後のB/S③

流動資産 1,800	流動負債 1,100
	固定負債 3,000
固定資産 3,500	純 資 産 1,200

➡

取引4の後のB/S④

流動資産 1,700	流動負債 1,100
	固定負債 3,000
固定資産 3,600	純 資 産 1,200

網掛け部分は
変動しません。

さて、上の**取引4**では、流動資産が固定資産に振り替わっただけなので、純資産の額は変動しませんでした。しかし、支払資金は流動資産が減少した分だけ減少します。

取引3の後の支払資金

| 流動資産
1,800 | 流動負債
1,100 |
| | 支払資金
700 |

➡

取引4の後の支払資金

| 流動資産
1,700 | 流動負債
1,100 |
| | 支払資金
600 |

網掛け部分は変動
しません。

このように**取引4**では、純資産の増減額（＝ゼロ）と、支払資金の増減額（＝△100）とが異なっています。

支払資金と純資産とで増減額が異なることとなったのは、**取引4**では、流動資産と固定資産が100入れ替わったので支払資金は減少したけれど、資産総額や負債総額は変わらなかったので純資産は増減しなかったためです。

純資産は、全ての
資産と全ての負債
との差額。
支払資金は、流動
資産と流動負債と
の差額。

例題－1から例題－4までの取引と、B/Sの変動を振り返ると、次のようになります。

スタート時のB/S

流動資産 1,500	流動負債 1,000
	固定負債 3,000
固定資産 3,500	純 資 産 1,000

左のB/Sからスタートして、次の取引を行いました。

スタート時の
支払資金残高は
　　1,500
△1,000
　　　500

取引　括弧（　）内は、資産・負債の増減を示しています。

取引1	介護保険報酬500の発生	（流動資産の増加）
取引2	職員給料200の支払	（流動資産の減少）
取引3	食材100の掛買い・費消	（流動負債の増加）
取引4	乗用車100の現金購入	（流動資産の減少・固定資産の増加）

どこが増減するのか

流動資産	流動負債
	固定負債
固定資産	純資産

以上の**取引1**から**取引4**の後のB/Sは右のようになりました。

結果として、純資産は200増加しています。しかし、支払資金の方は、100の増加しかありません。

取引1〜4の後のB/S④

流動資産 1,700	流動負債 1,100
	固定負債 3,000
固定資産 3,600	純 資 産 1,200

取引4の後の
支払資金残高は
　　1,700
△1,100
　　　600
スタート時と比べ
て100の増加

このことは、二つのB/Sを比較することで分かります。

結果としては、そうなのですが、何故そうなったのか。そのことを純資産の増減・支払資金の増減として整理すると、次のようになります。

取　　　　　引	純 資 産 の 増　　　減	支払資金の 増　　　減
取引1　介護保険報酬500の発生	＋500	＋500
取引2　職員給料200の支払	△200	△200
取引3　食材100の掛買い・費消	△100	△100
取引4　乗用車100の現金購入	——	△100
純資産・支払資金の増減合計	＋200	＋100

「純資産の増減」の
フローの計算書は
事業活動計算書で
す→32頁
「支払資金の増減」
のフローの計算書
は資金収支計算書
です→33頁

以上のように、**フローの計算書**には、純資産増減のフローを示すものと、支払資金増減のフローを示すものとの、二つの計算書があります。

コラム

「車輌」か「車両」か

輌？ 両？ 輌？

　多くの辞書には、「車両」あるいは「車輌」は載っていますが、「車輌」は載っていません。

　「車輌」は「車輌」の略字です。もともと「両」という字は、旧字体では「兩」と書きます。兩の字は「天秤の皿が両側に等しくぶら下がった様子」をあらわしており、ここから、以下のような意味として使うようになりました。

　　① 左右が対をなす「2つ」

　　② 左右の平均の「重さを量る」

　　③ 左右対称のような「車を数える」

　このうち車などを数える際には、意味を明確にするために、両にくるまへんをつけた「車輌」を使用することとなりました。しかし、戦後の常用漢字表に「輌」の字が入らなかったことから、多くの法律や政府文書あるいは新聞やテレビなどのメディアでは「車両」が使用されています。なお、電車やバス等の公共交通機関等では、いまだ「車輌」という字を使用しています。

　また、旧大蔵省や法務省が制定している法律やガイドラインでは、「車両」が使用されていますが、この簿記の本では勘定科目の「しゃりょううんぱんぐ」を「車輌運搬具」と表記しています……んっ？

　車輌？

　それは、「社会福祉法人会計基準」では「しゃりょううんぱんぐ」に「車輌運搬具」の文字が充てられているからです。「社会福祉法人会計基準」は社会福祉法人会計がこれに拠るべきものとして定められた法令（厚生労働省令）ですので、社会福祉法人会計の勘定科目としては、「車輌運搬具」を使用することが適当だということになります。言い換えると、「車両」の表記は、現在の「社会福祉法人の会計」の用字としては不適切だとなります。

　なお後で出てきますが、新聞などで「寄付金」と表記している「きふきん」についても、社会福祉法人会計では「寄附金」と表記することになっていますので、くれぐれもご注意ください。

4．B/Sとフローの計算書

① フローの計算書　その1．事業活動計算書

純資産の増減内容を表したフローの計算書を、**事業活動計算書**といいます。

【会計基準省令】　　　　　　　　　　　　　　　（第3章　計算関係書類）

> **第3節　事業活動計算書**
> **（事業活動計算書の内容）**
> **第19条**　事業活動計算書は、当該会計年度における全ての純資産の
> 増減の内容を明瞭に表示するものでなければならない。

事業活動計算書は、その会計年度の社会福祉法人の純資産の全ての増減内容を表示するものです。

取引1から**取引4**までの「事業活動計算書」を示すと、次のようになります。

取引1から取引4の「事業活動計算書」

費用	職　員　給　料	200	収益	介護保険事業収益	500
	給　食　費	100			
	費　用　合　計	300			
	当期活動増減差額	200		収　益　合　計	500

純資産の増加内容を**収益**といい、減少内容を**費用**といいます。

そして、収益合計と費用合計との差額である純資産の増減差額を**当期活動増減差額**といいます。事業活動計算書の当期活動増減差額は、B/Sの純資産増加額と一致します。

〈純資産の増減〉

なお「事業活動計算書」は、一般の企業会計の「損益計算書」にほぼ相当します。一般企業では、損益計算書をProfit & Loss Statementを略して、**P/L**と呼んでおり、このテキストでも、以下では、事業活動計算書をP/Lと記載します。

30頁の下の表の「純資産の増減」の欄に相当します。

純資産の増加は事業活動の成果に他なりませんので、それを「当期活動増減差額」といいます。
また、事業活動計算書は、その年度の社会福祉法人の事業活動の成果を生じた原因・内容を表わすものと考えられています。

30頁の下の表の「純資産の増減」の欄を参照してください。

収益＝純資産増加
費用＝純資産減少
収益合計と費用合計との差額が活動増減差額

事業活動計算書の「当期活動増減差額」は、当期間の増加純資産としてB/Sに計上されることになります。

P/L＝
事業活動計算書の略称　なお、Income Statementという呼び方もあります。

② フローの計算書 その２．資金収支計算書

支払資金の増減状況を表したフローの計算書を、**資金収支計算書**といいます。

【会計基準省令】 （第3章 計算関係書類）

> **第2節 資金収支計算書**
> **（資金収支計算書の内容）**
> **第12条** 資金収支計算書は、当該会計年度における全ての支払資金の増加及び減少の状況を明瞭に表示するものでなければならない。

支払資金の増加内容を**収入**といい、また減少内容を**支出**といいます。そして支払資金の増減差額を、**当期資金収支差額**といいます。**取引1**から**取引4**の「資金収支計算書」を示すと、次のようになります。

取引1から取引4の「資金収支計算書」

支出	職 員 給 料 支 出	200	収入	介護保険事業収入	500
	給 食 費 支 出	100			
	固定資産取得支出	100			
	支 出 合 計	400			
	当期資金収支差額	100		収 入 合 計	500

資金収支計算書の「当期資金収支差額」は、B/Sの支払資金増減額と一致します。

〈支払資金の増減〉

スタート時の支払資金

流動資産 1,500	流動負債 1,000
	スタート時支払資金 500

取引1〜4の後の支払資金

流動資産 1,700	流動負債 1,100
	スタート時支払資金 500
	増加支払資金 100

支払資金増加 100

P/L（事業活動計算書）と資金収支計算書。どちらもフローの計算書であり、計算の構造も同じです。ただ、増減計算を行う対象が異なっているだけなのです。

P/Lは、B/S全体というダムに貯えられた純資産の増減を記載しており、また、資金収支計算書は、B/Sの上半分というダムに貯えられた支払資金の増減を記載しているのです。

事業活動計算書は純資産の増減を対象にし、資金収支計算書は支払資金の増減を対象にします。

支払資金は、Cashとその仲間、Cashのマイナスの二つからなっています。

収入＝支払資金増加
支出＝支払資金減少
収入合計と支出合計との差額が資金収支差額

30頁の下の表の「支払資金の増減」の欄を参照してください。

前頁下の図は

全ての資産	全ての負債
	純資産

左の図は

流動資産	流動負債
	支払資金

B/SとP/L、そして資金収支計算書とは、社会福祉法人会計にとって最も重要な財務書類であり、「**計算書類**」とされています。

③　B/Sとフローの計算書の関係

　B/Sの純資産、あるいは支払資金がどのような原因によって増減したのか、その内容・状況を明らかにするのが**フローの計算書**です。

　さて、16頁から17頁の、一郎さんが勤務を始めて10年間の純資産増加を、25頁のダムの図で考えると、次のようになります。

　ここでは、「純資産」がダムの貯水量として示されています。

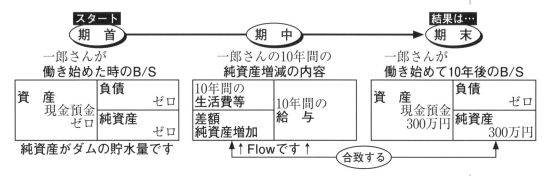

　同じように、26頁以下の**取引1**から**取引4**を、ダムの図で考えると次のようになります。いずれも中央の図表がフローの計算書です。

　まず、**純資産の増減**に着目すると…、

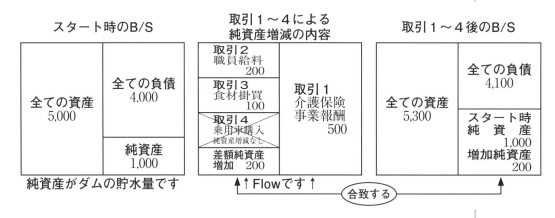

　そして、**支払資金の増減**に着目すると…、

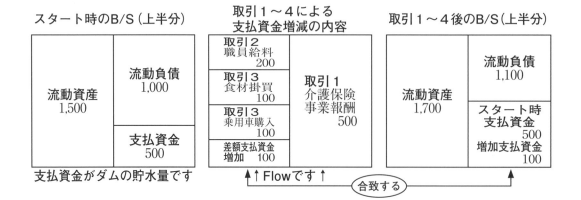

下の表の「期中」の増減を示しているのがフローの計算書です。

30頁下の表を参照

30頁下の表を参照

練習問題 4 期首B/Sと期中取引から期末の計算書類を作成する

次の期首B/S及び期中取引から、期末要約B/S及び当期のP/L並びに資金収支計算書を作成してください。

1．期首B/S

資　産	流動資産	1,500	負　債	流動負債	1,000
				固定負債	3,000
	固定資産	3,500		負債合計	4,000
			純 資 産		1,000
	資産合計	5,000	負債・純資産合計		5,000

期首支払資金残高＝500（流動資産1,500－流動負債1,000）

2．期中取引（取引を見ながら、（A）欄を記入し、その後（B）欄、（C）欄に記入してください）

取　引	（A）B/Sの資産・負債増減				（B）純資産増減	（C）支払資金増減
	流動資産	固定資産	流動負債	固定負債		
① 介護保険報酬500の事業未収金を計上した。	＋	―	―	―	＋	＋
② 職員給料200を現金で支払った。	△	―	―	―	△	△
③ 食材100を掛買・費消し、事業未払金を計上した。	―	―	＋	―	△	△
④ 乗用車100を現金で購入した。	△	＋	―	―	―	△
⑤ 経常経費に対する寄附80を受けた。	＋	―	―	―	＋	＋
⑥ 設備資金200を借り入れた。	＋	―	―	＋	―	＋
⑦ 備品30がこわれたので廃棄した。	―	△	―	―	△	―
それぞれの増減合計	＋	＋	＋	＋	＋	＋

【解答欄】

1．期末要約B/S（下線部に金額を記入してください）

資　産	流動資産	＿＿＿	負　債	流動負債	＿＿＿
				固定負債	＿＿＿
	固定資産	＿＿＿		負債合計	＿＿＿
			純 資 産		＿＿＿
	資産合計	＿＿＿	負債・純資産合計		＿＿＿

期末支払資金残高＝＿＿＿＿＿（流動資産＿＿＿＿＿－流動負債＿＿＿＿＿）

2．フローの計算書（下線部に金額を記入してください）

摘　要	P/L	資金収支計算書
① 介護保険事業収益（収入）	＿＿＿	＿＿＿
⑤ 経常経費寄附金収益（収入）	＿＿＿	＿＿＿
⑥ 設備資金借入金収入	―	＿＿＿
収益・収入合計	＿＿＿	＿＿＿
② 職員給料（支出）	＿＿＿	＿＿＿
③ 給食費（支出）	＿＿＿	＿＿＿
④ 固定資産取得支出	―	＿＿＿
⑦ 固定資産売却損・処分損	＿＿＿	―
費用・支出合計	＿＿＿	＿＿＿
当期差額	＿＿＿	＿＿＿

コラム

はたらくこと

「はたらく」という漢字は、「動（うごく）」という漢字に「人」（にんべん）が付いてできています。「動」は、ただ動いているだけですが、そこに人間としての思いと知恵がついて「働」きになるのです。職場でも、忙しそうに「動いている」人は多いのですが、その動きが「働き」になっているのか、よ〜く、観てみる必要がありそうです。そこで、働くこととその結果を「**純資産増減のフロー**」（下では単に**フロー**と書きます）で考えてみましょう。

狩猟採集・自給自足のフロー

あなたが、狩猟採集で自給自足しているとしたら、その場合の**フロー**は、どのようになるでしょうか。右のようになるのではないでしょうか。

働くことによって、食べるもの等々を手に入れ、生活で消費した以上の余剰は、家を建てたり、翌年の備蓄に回したりすることができます。

狩猟採集・自給自足の場合の**フロー**

生活費	美味しい
余剰	お米・野菜 採れたお肉

現実には、自給自足しているわけではないので、あなたは作ったものを売却して、その代金によって生活費、余剰を生みだします。この場合、売却代金は、あなたが世の中に提供した喜び、あるいは世の中から集めた感謝の総額だと考えられます。また、「余剰」は、いわゆる「個人資産の形成」を意味します。

貨幣・交換社会のフロー

では、以上の前提で、あなた個人の**フロー**と事業者の**フロー**を考えるとどうなるでしょうか。次のようになるのではないでしょうか。

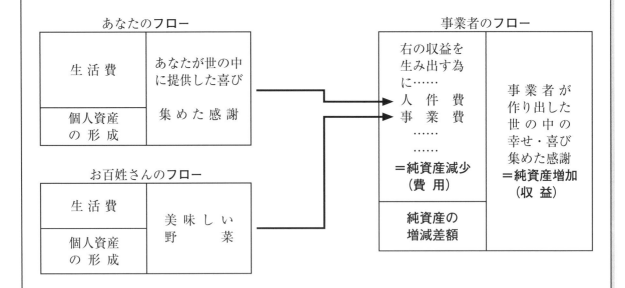

事業者の純資産の増減差額がマイナスであれば、次のようになっていると考えられます。

事業者が生み出すために使った喜び・感謝 ＞ 事業者が生み出した喜び・感謝

➡純資産増減差額が継続してマイナスである事業体には、存続する意義が認められません。

もちろんマイナスが継続すれば、いずれ資金不足となり、「倒産」することとなります。

4 建物は老朽化する…

1．「減価償却」という考え方

　固定資産を購入したときは、支払資金が減少するので「資金収支計算書」に支出として計上するのですが、資産の形が変わっただけで、純資産は増減しないので、P/Lには計上されません。

　しかし、土地はともかく、建物や器具及び備品など、およそ形のあるものは、時の経過又は使用等によって劣化し、やがて使用に耐えなくなります。

　このことは、固定資産は使用によって資産の価値が減少し（これを「減価」といいます）、純資産が減少することを意味しています。

　図では、次のように示すことができるでしょう。網掛け部分□□□が、使用による減価を示しています。

固定資産使用前のB/S

流動資産	流動負債
	固定負債
固定資産	
	純資産

→

固定資産使用後のB/S

流動資産	流動負債
	固定負債
固定資産	
	純資産

使用による減価

純資産が減少する？

　そうです。したがって、毎年の決算では、減価した分だけ固定資産を減らし、同額をP/Lの費用に計上する必要があります。会計では、この手続を「減価償却」といい、B/Sの固定資産の帳簿価額を減らし、P/Lには、同額を「減価償却費」として費用に計上するのです。つまり「資産の減価（減少）」によって「純資産が減少した（損失が発生した）」と考えるのです。これが、「損益計算」の考え方です。

　なお、減価償却費は純資産が減少するので、P/Lの費用として計上されますが、資産としては固定資産が減少するだけで、支払資金（流動資産・流動負債）は何ら増減しません。したがって、**減価償却費はP/Lの費用項目に計上されるが、資金収支計算書には出てこないことになります。**

固定資産の購入
⇒ 支払資金減少
But純資産増減なし

土地は、使用によって減価しませんので、減価償却の対象になりません。他方、ソフトウエアのようなものは、形がなくても、年月とともに機能が古くなって使用できなくなるので、減価償却の対象になります。

言葉を変えると、「減価償却費は資金流出を伴わない費用」です。

2．減価償却費の計算方法

次の場合、減価償却費は、どのように計算すればよいのでしょうか。

> 100万円の乗用車を購入し、事業のために使用した。

さて、どうしましょうか。…いくらの金額を、何年にわたって償却するのか。そのように考えます。

したがって、

> 取得価額100万円…減価償却すべき総額　と考えます。

では、上で出てきた償却すべき総額を、何年で償却すればよいのでしょうか。

そのためには、「償却しようとする資産は、一体何年使えるのか」を考えます。そして、使用可能な期間にわたって減価償却を行うのです。この使用可能な期間のことを**耐用年数**といいます。

耐用年数の決定は、実際には困難な問題ですが、ここでは、「乗用車の耐用年数は、5年である」とします。

では、1年間当たりの減価償却費は、一体いくらになるでしょうか。

「5年で丸々減少させるのなら、1年では一体いくら償却するのか」と考えると、1年間当たり取得価額の20%を償却すればよいことが分かります。つまり、この場合の減価償却費は、以下のように計算することになります。20万円ずつ5年で償却して100万円ちょうどになります。

> 100万円×0.200＝20万円／年

上の計算方法では、償却額が毎年「定額」となりますので、このような償却方法を**定額法**といいます。

なお、上の計算のように0.200を掛けずに、耐用年数の5年で割ってもよさそうなものです。しかし税法が、定額法の償却額は上のような計算によるべしと決めているので、このような計算方法になっています。耐用年数ごとの率も、次のように決まっています。

年度中の購入（あるいは売却等による減少）の場合には、使用した月数分だけを償却します。
なお、建物や車輌運搬具など、形のある固定資産（無形固定資産に対して、有形固定資産といいます）の場合には、備忘価額1円を残すこととされていますので、最終年の減価償却費は199,999円とします。

減価償却資産の償却率（一部抜粋）

耐用年数	定額法償却率	6	0.167	11	0.091	16	0.063
2	0.500	7	0.143	12	0.084	17	0.059
3	0.334	8	0.125	13	0.077	18	0.056
4	0.250	9	0.112	14	0.072	19	0.053
5	0.200	10	0.100	15	0.067	20	0.050

３．減価償却費と計算書類

減価償却費は、計算書類にどのように反映されるのでしょうか？

Ｘ１年３月31日B/S

流動資産 400	流動負債 200
	固定負債 300
固定資産 （土　地） 400	純　資　産 300

Ｘ１年３月31日のB/Sが左のようなある法人の例を考えます。

この法人が、翌４月１日に100万円のソフトウエア（固定資産）を現金で購入したとします。この年には、その他の取引が一切ないとしたら？

現金が100減って、固定資産が100増えますね。総資産は増減しませんし、負債も増減しません。だから純資産も増減しません。しか

Ｘ１年４月１日のB/S

流動資産 300	流動負債 200
	固定負債 300
固定資産 （土　地） 500	純　資　産 300

網掛け部分□は変化しません。

し、支払資金は？

そう、支払資金は100減っています。つまり資金収支計算書に100の支出（固定資産取得支出）が出てくることになります。

更に、翌年３月31日の決算に当たっては、減価償却費を計上する必要があります。ソフトウエアの耐用年数は５年と定められていますので、100の５分の１、つまり20だけ固定資産を償却し、同額の純資産減少を、事業活動計算書に減価償却費として計上することになります。このようなことで、Ｘ２年３月31日の計算書類は次のようになります。

Ｘ２年３月31日の計算書類

資金収支計算書

| 固定資産
取得支出
100 | 収入ナシ |
| 支払資金の
当期増減
△　　100 | |

↑計算書類での表示は
当期資金収支差額(△)

事業活動計算書（P/L）

| 減価償却費
20 | 収益ナシ |
| 純資産の
当期増減
△　　20 | |

↑計算書類での表示は
当期活動増減差額(△)

貸借対照表（B/S）

流動資産 300	流動負債 200
	固定負債 300
固定資産 480	純資産 280

ソフトウエアの取得により支払資金が100減少して、ソフトウエアは減価償却によって20減少します（ソフトウエアも固定資産です）。

Ｘ２年度決算以降では、他の取引が無いとすれば、支払資金の増減はなく、P/Lに減価償却費が毎年20ずつ計上され（当期活動増減差額は同額の△20）、同額だけ固定資産と純資産が毎年減少し、５年すればソフトウエアはゼロになります。

練習問題 5 5年間の計算書類を作成する！

××01年3月31日（真夜中12時と考えてください）に、次のような状態で設立された社会福祉法人があります。

設立時B/S

| 建　　物 | 10,000 | 負　　債 ゼ　ロ | |
| | | 基　本　金 | 10,000 |

設問1 この法人の、××02年3月期以降の計算書類を作成してください。

ただし、××01年4月1日以後の事業収益（＝収入）が年間8,000、減価償却費以外の人件費・事業費・事務費等の費用（＝支出）が年間7,500で固定されているものとします。

便宜上、建物の耐用年数は5年、残存価額はないものとし、5年後には建物が消滅するものとします。また、××01年4月1日から償却を開始するものとし、減価償却は定額法で行います（備忘価額1円については、考慮する必要はありません）。

【解答欄】

(1) 第1年度

資金収支計算書

事業費等支出 （　　　　）	事 業 収 入 （　　　　）
当　　期 資金収支差額 （　　　　）	
当　期　末 支払資金残高 （　　　　）	前　期　末 支払資金残高 0

P/L

事業費等費用 （　　　　） 減価償却費 （　　　　）	事 業 収 益 （　　　　）
当　　期 活動増減差額 （　　　　）	
次　期　繰　越 活動増減差額 （　　　　）	前　期　繰　越 活動増減差額 0

B/S

| 現 金 預 金 等 （　　　　） 建　　物 （　　　　） | 負　　債 ゼ　ロ |
| | 基　本　金 （　　　　） 次　期　繰　越 活動増減差額 （　　　　） |

減価償却累計額
（　　　　）

(2) 第2年度

資金収支計算書

事業費等支出 （　　　　）	事 業 収 入 （　　　　）
当　　期 資金収支差額 （　　　　）	
当　期　末 支払資金残高 （　　　　）	前　期　末 支払資金残高 （　　　　）

P/L

事業費等費用 （　　　　） 減価償却費 （　　　　）	事 業 収 益 （　　　　）
当　　期 活動増減差額 （　　　　）	
次　期　繰　越 活動増減差額 （　　　　）	前　期　繰　越 活動増減差額 （　　　　）

B/S

| 現 金 預 金 等 （　　　　） 建　　物 （　　　　） | 負　　債 ゼ　ロ |
| | 基　本　金 （　　　　） 次　期　繰　越 活動増減差額 （　　　　） |

減価償却累計額
（　　　　）

(3) 第3年度

資金収支計算書

事業費等支出 （　　　　　）	事　業　収　入 （　　　　　）
当　　期 資金収支差額 （　　　　　）	
当　期　末 支払資金残高 （　　　　　）	前　期　末 支払資金残高 （　　　　　）

P/L

事業費等費用 （　　　　　） 減価償却費 （　　　　　）	事　業　収　益 （　　　　　）
当　　期 活動増減差額 （　　　　　）	
次　期　繰　越 活動増減差額 （　　　　　）	前　期　繰　越 活動増減差額 （　　　　　）

B/S

現　金　預　金　等 （　　　　　） 建　　物 （　　　　　）	負　　　　　債 ゼ　ロ
	基　本　金 （　　　　　） 次　期　繰　越 活動増減差額 （　　　　　）

減価償却累計額
（　　　　　）

(4) 第4年度

資金収支計算書

事業費等支出 （　　　　　）	事　業　収　入 （　　　　　）
当　　期 資金収支差額 （　　　　　）	
当　期　末 支払資金残高 （　　　　　）	前　期　末 支払資金残高 （　　　　　）

P/L

事業費等費用 （　　　　　） 減価償却費 （　　　　　）	事　業　収　益 （　　　　　）
当　　期 活動増減差額 （　　　　　）	
次　期　繰　越 活動増減差額 （　　　　　）	前　期　繰　越 活動増減差額 （　　　　　）

B/S

現　金　預　金　等 （　　　　　） 建　　物 （　　　　　）	負　　　　　債 ゼ　ロ
	基　本　金 （　　　　　） 次　期　繰　越 活動増減差額 （　　　　　）

減価償却累計額
（　　　　　）

(5) 第5年度

資金収支計算書

事業費等支出 （　　　　　）	事　業　収　入 （　　　　　）
当　　期 資金収支差額 （　　　　　）	
当　期　末 支払資金残高 （　　　　　）	前　期　末 支払資金残高 （　　　　　）

P/L

事業費等費用 （　　　　　） 減価償却費 （　　　　　）	事　業　収　益 （　　　　　）
当　　期 活動増減差額 （　　　　　）	
次　期　繰　越 活動増減差額 （　　　　　）	前　期　繰　越 活動増減差額 （　　　　　）

B/S

現　金　預　金　等 （　　　　　） 建　　物 ゼ　ロ	負　　　　　債 ゼ　ロ
	基　本　金 （　　　　　） 次　期　繰　越 活動増減差額 （　　　　　）

減価償却累計額
（　　　　　）

設問2　上記の社会福祉法人において、支出・費用が **設問1** のままであった場合、毎年の収入・収益がいくらであれば、5年後において、施設の再生資金10,000が確保されるでしょうか？

【解答欄】　_____

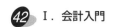

5 自法人の経理規程を見てみよう！

1．自法人の会計にとっての憲法

　社会福祉法は、「社会福祉法人は、厚生労働省令で定める基準に従い、会計処理を行わなければならない」と規定しており、この厚生労働省令が**会計基準省令**でしたね（20頁）。

社会福祉法第45条の23（☞8頁）

　しかし、会計基準省令は全ての社会福祉法人に適用されるものなので、原則的な方法だけでなく簡便的な方法が定められている事項、さらには省略できる場合も定められています。そして、会計基準省令には実務において具体的にどのように処理をするか、細かなところまでは書かれていません。例えば、次のような場合にどのように処理するのかは、会計基準省令だけを見ても、具体的には分かりません。

　☆　保護者が事務所に遠足のバス代を現金で持ってきた。

　☆　明日からのバザー用に釣銭を用意しなければいけない。

　☆　送迎用のバンを買い替えることをこれから検討しよう。

　また、社会福祉法人の規模や実施する事業は様々です。そこで各法人が、会計基準省令に適合しながらも自法人の状況に応じた具体的な会計処理についての規程を整備する必要があることになります。そのようにして定められた規程が「経理規程」です。なお、厚生労働省が各法人で作成する定款の例として示した**定款例**では、「この法人の会計に関しては、法令等及びこの定款に定めのあるもののほか、理事会において定める経理規程により処理する。」とされています。

定款例第34条
できたら自法人の定款を見てください。定款はあなたの法人運営の憲法です。

　これらの関係を図示すると、右のようになります。

　皆さんの日常の会計処理は、全て「経理規程」に従って行われる必要があります。

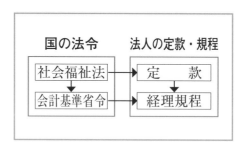

　いわば経理規程は自法人の会計に関する憲法です。そして、その憲法は外部から定められるものではなく、法人が自ら整備するものです。しかし、そうは言ってもゼロから各法人で作成することは困難です。

行政監査では会計管理に関する事項について、実務と経理規程との整合性が確認されます。

　そんな場合に参考になるのが、全国経営協（全国社会福祉経営者協議会）から公表されている「社会福祉法人モデル経理規程」（以下、「モデル経理規程」）です。

２．モデル経理規程の項目と内容

　「モデル経理規程」には、経理規程に網羅すべき事項が織り込まれていますが、その項目内容を目次風に掲げると、次頁以下のとおりです。一見するとムツカシそうですが、下でその冒頭を少し紹介させていただきます。

「モデル経理規程」には何種類かあるのですが、ここでは最もシンプルなものを取り上げます。

「モデル経理規程」から

第１章　総則（第１条－第９条）

（目的）

第１条　この規程は、社会福祉法人○○の経理の基準を定め、適切な経理事務を行い、支払資金の収支の状況、経営成績及び財政状態を適正に把握することを目的とする。

（経理事務の範囲）

第２条　この規程において経理事務とは、次の事項をいう。

(1)　会計帳簿の記帳、整理及び保管に関する事項

(2)　予算に関する事項

(3)　金銭の出納に関する事項

(4)　資産・負債の管理に関する事項

(5)　財務及び有価証券の管理に関する事項

(6)　棚卸資産の管理に関する事項

(7)　固定資産の管理に関する事項

(8)　引当金に関する事項

(9)　決算に関する事項

(10)　内部監査及び任意監査に関する事項

(11)　契約に関する事項

(12)　社会福祉充実計画に関する事項

（会計処理の基準）

第３条　会計処理の基準は、法令及び定款並びに本規程に定めるもののほか、社会福祉法人会計基準によるものとする。

経理業務が担う意義が記載されています。

第２条に掲げられている事項が経理事務の内容になります。

　そんなにムツカシイものではありませんね？　そして、理解できないところは読み飛ばしてイイのです。

　あなたが、会計の実務を担当している方でしたら、**ゴシック体**表記した「第４章　出納」の箇所を是非とも読んでください。それも、「モデル経理規程」とご自身の法人の経理規程とを突き合わせて。どんなことが書かれているのか確認してみてください。きっと実務に役立ちます。

たまにご覧になると、会計の全体について、ご自身の理解がどの程度進んだのか、よく分かると思います。

モデル経理規程の内容

章	条	見出し　（おおむねの内容　★以外のものは、ほとんどの法人で同様の内容）	
第1章 総　則	第1条	目的	（経理規程を定める目的）
	第2条	経理事務の範囲	（記帳、予算、金銭出納など）
	第3条	会計処理の基準	（経理規程のほか、法令、定款、会計基準など）
	第4条	会計年度及び計算関係書類 及び財産目録	（会計年度は毎年4月1日から翌年3月31日まで ★作成する書類は法人の事業内容に応じて整理する必要がある）
	第5条	会計の単位	（1円単位で表示する）
	第6条	事業区分、拠点区分及びサービス区分	（★法人で実施する事業により設定する）
	第7条	共通収入支出の配分	（共通収入支出を複数の会計区分に配分する方法）
	第8条	統括会計責任者、会計責任者 及び出納職員	（会計責任者、出納責任者は必置 場合によっては統括会計責任者を設置）
	第9条	規程の改廃	（この経理規程の改廃するために必要な手続）
第2章 勘定科目 及び帳簿	第10条	記録及び計算	（正規の簿記の原則に従った記録の必要性）
	第11条	勘定科目	（★各法人で経理処理に必要な勘定科目の別表を作成する）
	第12条	会計帳簿	（★法人が作成する主要簿、補助簿、その他帳簿を規定する）
	第13条	会計伝票	（伝票作成の流れ）
	第14条	会計帳簿の保存期間	（各書類の保存期間）
第3章 予　算	第15条	予算基準	（予算の作成単位）
	第16条	予算の事前作成	（会計年度開始前に理事長が編成し、理事会承認を受ける）
	第17条	予算管理責任者	（理事長を補佐する予算管理責任者の任命）
	第18条	各勘定科目の流用	（拠点区分内の中区分の勘定科目相互間の流用）
	第19条	予備費の計上	（理事会承認の上で支出予算に相当額の予備費の計上可）
	第20条	予備費の使用	（予備費使用の流れ）
	第21条	補正予算	（予算に変更事由が生じたときの手続）
第4章 出　納	第22条	金銭の範囲	（金銭とは現金、預金、貯金）
	第23条	収入の手続	（領収書の発行について）
	第24条	収納した金銭の保管	（収納した金銭を直接支出に充てない ★収入後一定日以内に金融機関に預け入れる）
	第25条	寄附金品の受入手続	（寄附申込書に基づくこと）
	第26条	支出の手続	（金銭を支払う際の手続）
	第27条	支払期日	（★法人ごとに債務の締め日と支払日を定める）
	第28条	小口現金	（★法人の実情に沿った小口現金の運用方法を規定する）
	第29条	概算払	（概算払いが可能な経費の範囲など）
	第30条	残高の確認	（出納職員による確認、報告など）
	第31条	金銭過不足	（金銭過不足が生じた際の手続）
	第32条	月次報告	（★月次試算表の提出日等を設定する）
第5章 資産・負債の管理	第33条	資産評価の一般原則	（資産の貸借対照表計上額）
	第34条	負債評価の一般原則	（負債の貸借対照表計上額）
	第35条	債権債務の残高確認	（債権債務の残高確認の必要性）
	第36条	債権の回収・債務の支払い	（期限どおり回収又は支払いが行われていない場合の処理）
	第37条	債権の免除等	（債権の免除等の扱い）
第6章 財務及び 有価証券 の 管 理	第38条	資金の借入	（資金を借り入れる際の手続）
	第39条	資金の積立て	（将来の特定の目的のための積立金、積立資産）
	第40条	資金の運用等	（資金の確実な運用）
	第41条	金融機関との取引	（金融機関との取引の手続）
	第42条	有価証券の取得価額及び評価	（有価証券を保有する際の、貸借対照表計上額）
	第43条	有価証券の管理	（有価証券の時価の定期的な見直し）

第7章 棚卸資産 の 管 理	第44条	棚卸資産の範囲	（★法人によって必要な勘定科目を設ける）
	第45条	棚卸資産の取得価額及び評価	（棚卸資産の貸借対照表計上額など ★評価方法を定める　　）
	第46条	棚卸資産の管理	（棚卸資産の管理方法）
第8章 固定資産 の 管 理	第47条	固定資産の範囲	（固定資産の定義）
	第48条	固定資産の取得価額及び評価	（固定資産の貸借対照表計上額　時価が帳簿価額 から50％を超えて下落している場合の時価評価 替えなど）
	第49条	リース会計	（リース取引に関する会計処理）
	第50条	建設仮勘定	（建設途中の案件に係る会計処理）
	第51条	改良と修繕	（固定資産に対して改良や修繕を実施した際の会計処理）
	第52条	現物管理	（固定資産管理責任者の設定）
	第53条	取得・処分の制限等	（固定資産の取得・処分・運用）
	第54条	現在高報告	（固定資産現在高報告書、固定資産管理台帳）
	第55条	減価償却	（★法人が選択した減価償却方法など）
第9章 引 当 金	第56条	退職給付引当金	（法人が負担する額についての見積もり）
	第57条	賞与引当金	（その会計年度の負担に属する額の見積もり）
	第58条	徴収不能引当金	（徴収不能のおそれがある場合の引当）
第10章 決 算	第59条	決算整理事項	（年度決算において必要な計算）
	第60条	税効果会計	（収益事業がある場合に検討）
	第61条	内部取引	（内部取引の相殺消去）
	第62条	注記事項	（計算書類に記載する注記事項）
	第63条	計算関係書類及び財産目録の作成	（計算関係書類及び財産目録の作成の必要性）
	第64条	計算書類の監査	（監査報告）
	第65条	計算書類の承認	（理事会、評議員会による承認の必要性）
	第66条	計算書類の備置き	（計算書類の備置きが必要な期間）
	第67条	所轄庁への届出	（毎会計年度終了後3か月以内の提出）
	第68条	計算関係書類及び財産目録の公開	（公開の範囲、手段）
第11章 内部監査及 び任意監査	第69条	内部監査	（内部監査人の選任・実施方法など）
	第70条	任意監査	（独立した第三者の立場からの監査）
第12章 契 約	第71条	契約機関	（契約に関する権限の明確化）
	第72条	一般競争契約	（一般競争契約に関する事項）
	第73条	指名競争契約	（指名競争入札によることができる場合）
	第74条	随意契約	（随意契約によることができる場合）
	第75条	契約書の作成	（契約書に必要な記載事項）
	第76条	契約書の作成を省略する ことができる場合	（契約書の作成が省略可能な場合）
	第77条	定期的な契約内容の見直し	（継続的な取引を行っている場合の契約見直し）
第13章 社会福祉 充実計画	第78条	社会福祉充実残額の計算	（社会福祉充実残額の有無の計算の必要性）
	第79条	社会福祉充実計画の作成	（社会福祉充実計画の作成、提出、承認の必要性）
附則			

（参考） 全国経営協の「モデル経理規程」は、次のホームページで
見ることができます。

https://www.keieikyo.gr.jp/mypage/data/kai_h290315_00.pdf

左のホームページには
次のQRコードからも
アクセスできます。

練習問題 6 会計入門復習問題

次の文章の空欄にあてはまる適切な語句を下に示す語群の中から選んで答えてください。

(1) 貸借対照表は、当該会計年度末現在における全ての資産、（ ア ）及び純資産の状態を明瞭に表示するものでなければならない。

(2) 流動資産は短期的な支払手段となり、他方、流動負債は短期的に支払う必要のあるものなので、「流動資産－流動負債」は、その法人の（ イ ）を示していると考えることができる。

(3) 流動資産はそのほとんどを「Cashとその仲間」と考えることができ、流動負債はそのほとんどを「Cashのマイナス」と考えることができる。社会福祉法人会計では「Cashとその仲間」としての流動資産と「Cashのマイナス」としての流動負債との差額を（ ウ ）としている。（ ウ ）の増減状況を表示した計算書を（ エ ）という。

(4) 社会福祉法人が存続・成長を続けていくためには、全ての資産と全ての負債との差額である（ オ ）を保持し増やす必要がある。（ オ ）の増減状況を内容別に表示した計算書を（ カ ）という。

(5) 支払資金の増加を（ キ ）といい、純資産の増加を（ ク ）という。

(6) 減価償却費は事業活動計算書に（ ケ ）が、資金収支計算書には（ コ ）。

資産	基本財産	負債	純資産	支払資金
支払能力	事業活動計算書		資金収支計算書	
計上される	計上されない	フロー	収益	収入

【解答欄】

ア		カ	
イ		キ	
ウ		ク	
エ		ケ	
オ		コ	

II
簿記初級

1 簿記・会計とは？

1．会計の役割

会計の役割は、経営体の財産を管理することです。

ここに「経営体」とは、一般の企業など経済活動を行っている主体のことです。社会福祉法人も経営体のひとつです。

また、「財産」とは、現金預金や事業未収金・車輌・建物などの**資産**と、事業未払金や借入金などの**負債**、そして、資産・負債の差額としての**純資産**を指しています。

では、「財産を管理する」というのは、どのような意味でしょうか。

ひとつは、資産や負債の残高・内容とそのバランスを管理することです。**貸借対照表（B/S）**は、一定時点の資産・負債・純資産を一覧に対照させた表なので、**一定時点の財政状態**を把握するのに最も適した表ですね。

また、本当の意味で財産を管理するためには、そのような財政状態が変動した原因・内容を把握することも大切です。そのために、一定期間の増減（流れ＝**フロー**）の内容を記載した**フローの計算書**があります。

社会福祉法人では、「**Cashとその仲間**」と「**Cashのマイナス**」の差額としての**支払資金**がどのような原因によって増減したのか、また、すべての資産・負債の差額としての**純資産**についても、その増減原因は何なのか、を明らかにすることが必要です。

支払資金の増減原因・内容を明らかにするのが、**資金収支計算書**ですね。そして、純資産の増減原因・内容を明らかにするのが、**事業活動計算書（P/L）**です。そのために社会福祉法人では、二つのフローの計算書が必要とされるのです。

会計は、これらのB/S・資金収支計算書・P/Lの計算書類を主な守備範囲とし、経営体の財産とその増減を管理し、その情報を伝達します。

B/Sは、一定時点の残高（**ストック**）を一覧にしたものです。これに対し、**資金収支計算書・事業活動計算書（P/L）**の二つがフローの計算書です。

ダムの絵（テキスト25頁）を思い出してください。

B/Sと二つのフローの計算書の関係を改めて図で示すと、次頁のようになります。

❑ 貸借対照表（B/S）の役割

会計年度末現在における、全ての資産、負債及び純資産の状態を明瞭に表示する。

B/S

全ての資産	流動資産 現金預金 事業未収金 ・・・	全ての負債	流動負債 短期運営資金借入金 事業未払金
	固定資産 基本財産 ・・・ その他の固定資産 ・・・		固定負債 設備資金借入金
		純資産	基本金 次期繰越活動増減差額

会計基準省令第3章第4節（貸借対照表）

❑ 資金収支計算書の役割

会計年度における、全ての支払資金の増加及び減少の状況を明瞭に表示する。

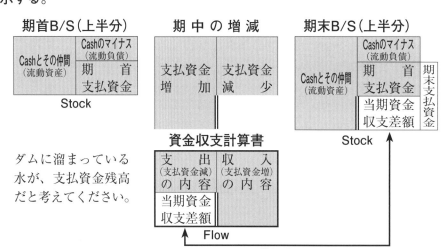

ダムに溜まっている水が、支払資金残高だと考えてください。

必ず合致する！

会計基準省令第3章第2節（資金収支計算書）
資金収支計算書は支払資金の増加と減少を扱います。そして、支払資金の増加を「収入」、支払資金の減少を「支出」と呼んでいます。例えば、介護報酬の発生は、資金収支計算書では、「介護保険事業収入」科目で表示されます。

❑ 事業活動計算書（P/L）の役割

会計年度における、全ての純資産の増減の内容を明瞭に表示する。

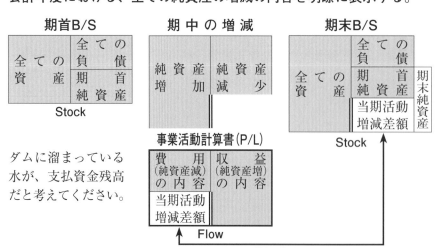

ダムに溜まっている水が、支払資金残高だと考えてください。

必ず合致する！

会計基準省令第3章第3節（事業活動計算書）
P/Lは純資産の増加と減少を扱います。そして、純資産の増加を「収益」、純資産の減少を「費用」と呼んでいます。例えば、介護報酬の発生は、P/Lでは、「介護保険事業収益」科目で表示されます。

２．簿記は、左右の金額を一致させて取引を記録する

　会計は、計算書類を主な守備範囲とするのですが、では、膨大な日常取引をどのように整理して計算書類を作成するのでしょうか。

　実は、その秘密を皆さんはもうご存知なのですが、「会計」の考え方を基に、膨大な日常取引を整理する技術があります。その技術・方法論が、これから皆さんが学ばれる「簿記」です。

　では、簿記はどのようにして、計算書類を作るのでしょうか。ここで、そのことを理解するために、もう一度、会計の基本的な考え方を整理しておきましょう。

　会計では、先の『Ⅰ　会計入門』で見ました資産に対する負債と純資産のように、物事を二面に分解して考え、それらの金額を一致（バランス）させます。財産の変動についても、常にそのように考えます。

　例えば、銀行から短期運営資金100万円を借り入れて預金に入れたとすると、「現金預金」という資産が100万円増えたが、「短期運営資金借入金」という負債も100万円増えた、と考えるのです。

　このことを貸借対照表の変動という観点から見ると、次のように図示することができます。

取引前のB/S		取　　引		取引後のB/S	
（借　方）	（貸　方）	（借　方）	（貸　方）	（借　方）	（貸　方）
流動資産 （A）	流動負債 （B）	現金預金 ＋100	短期運営 資金借入金 ＋100	流動資産 （A＋100）	流動負債 （B＋100）
	固定負債 （D）				固定負債 （D）
固定資産 （C）	純資産 （E）			固定資産 （C）	純資産 （E）

$$A＋C＝B＋D＋E$$

$$A＋C＋100＝B＋D＋E＋100$$

　このことを次の頁以下で、より詳しく見てみましょう。

簿記は「帳簿記入」を略したのだとか、英語の「簿記」に相当するBook Keepingの頭の音から名付けたのだとか言われています。

「会計」の取り扱う範囲の内、取引を整理して計算書類を作り上げる技術を扱うのが「簿記」の役割範囲です。「簿記」と「会計」とは、このテキストではあまり厳密には使い分けていませんが、本来は区別して使うべき言葉です。

「現金預金」は、中区分の科目です。実務的には、小区分科目の「○○銀行／当座」等の科目を用います。

簿記は極めて技術的なものですので、決して難しいものではありません。しかし、慣れ親しむと、多くの取引を整然と整理して決算を仕上げる、簿記の世界に驚嘆されることと思います。

3．取引によってB/Sと事業活動計算書（P/L）は、どう変動するか

　簿記では、会計の考え方にしたがって、左右の金額を一致させて取引を整理します。このことを、取引例とB/S・P/Lの変動を通して見てみます。

　練習問題4（35頁）の期中取引「①～③」を、もう一度掲げます。

取　　　　　　　引	B/Sの資産・負債は				P/L	資金収支
	流動資産	固定資産	流動負債	固定負債	純資産増　減	支払資金増　減
① 介護保険報酬500の事業未収金を計上した。	＋500	－	－	－	＋500	＋500
② 職員給料200を現金で支払った。	△200	－	－	－	△200	△200
③ 食材100を掛買・費消し、事業未払金を計上した。	－	－	＋100	－	△100	△100

　取引①では、事業未収金という流動資産が増加し、同額だけ純資産が増加しています。増加の原因は…？介護保険事業**収益**という**純資産の増加**があったからですね。簿記風に書くと、次のようになります。

期中取引①

（借　方）				（貸　方）	
事業未収金				介護保険事業収益	
資産の増加	500	その原因は？→		純資産の増加	500

　これによって、B/SとP/Lがどのようになるのかを図示したのが、次の頁の上に書きました「期中取引①による変動」です。

　では、取引②は、どうなるでしょう？　現金という流動資産が減少し、同額だけ純資産が減少するのですが、その原因は、職員給料という費用ですね。左右に分けて考えると…？　少し困りますか？　資産はB/Sの左側（借方）で、費用もP/Lの左側（借方）ですが…。

　簿記では、「右」と「左」に分けて考えることにして、プラス・マイナスを使いません。そこで、資産は左側（借方）の項目なので、マイナスのときは、反対側の右側（貸方）に書くという約束を作っています。

期中取引②

（借　方）			（貸　方）	
職員給料		その原因は？←	現金預金	
純資産の減少	200		資産の減少	200

　期中取引③についても、同じように考えます。取引②と③をあわせて書いたものが、次の頁の「期中取引②・③による変動」です。

　以上のような計算を繰り返すことによって、B/Sと事業活動計算書（P/L）が作成されることになります。

純資産の増加＝収益の発生 です。

借方・貸方の意味は11頁の欄外に書いてありますが、単なる符号だと思って構いません。信号の「青と赤」を逆にしたっていいじゃないか？って。そんなことを考えると疲れますよ。

純資産の減少＝費用の発生 です

〈練習問題4（35頁）を例に、B/S・純資産の変動を見る〉

期中取引①による変動

期首のB/S
（借　方）（貸　方）

現金預金 1,000	短期運営資金借入金 700
	事業未払金 300
事業未収金 500	長期運営資金借入金 3,000
基本財産 3,400	期首純資産 1,000
器具及び備品 100	

期中取引①
（借　方）（貸　方）

介護報酬が発生して事業未収金（資産）が増加します

事業未収金（＋）500

事業未収金が増えます。→

事業未収金という資産が増えて…

結果として↓
純資産の増加 500

取引①後のB/S
（借　方）（貸　方）

現金預金 1,000	短期運営資金借入金 700
	事業未払金 300
事業未収金 1,000	長期運営資金借入金 3,000
基本財産 3,400	期首純資産 1,000
器具及び備品 100	当期活動増減差額 500

純資産増加内容

純資産増加の内容がP/Lの収益として表わされる

介護保険事業収益 500

取引①後のP/L
（借　方）（貸　方）

| 当期活動増減差額 500 | 介護保険事業収益（取引①）500 |

期中取引②・③による変動

取引①後のB/S
（借　方）（貸　方）

現金預金 1,000	短期運営資金借入金 700
事業未収金 1,000	事業未払金 300
	長期運営資金借入金 3,000
基本財産 3,400	期首純資産 1,000
器具及び備品 100	当期活動増減差額 500

期中取引②③
（借　方）（貸　方）

取引②で現金が減って（減るときは貸借逆に書きます）取引③で事業未払金が増えて…

現金預金（△）200
事業未払金（＋）100

結果として↓
純資産の減少 300

資産 200減少
負債 100増加

取引①～③後のB/S
（借　方）（貸　方）

現金預金 800	短期運営資金借入金 700
事業未収金 1,000	事業未払金 400
	長期運営資金借入金 3,000
基本財産 3,400	期首純資産 1,000
器具及び備品 100	当期活動増減差額 200

取引①後のP/L
（借　方）（貸　方）

| 当期活動増減差額 500 | 介護保険事業収益（取引①）500 |

純資産減少内容

| 職員給料 200 |
| 給食費 100 |

減少計300

純資産減少の内容がP/Lの費用として表わされる

当期活動増減差額は、取引②③で300減少して累計では200増加する

取引①～③後のP/L
（借　方）（貸　方）

職員給料（取引②）200	
給食費（取引③）100	介護保険事業収益（取引①）500
当期活動増減差額 200	

　上のようにして、取引が終わった後のB/Sと事業活動計算書（P/L）を作成することができます。しかし、現実に取引のつど、上に書いたような計算を行っていては大変です。そこで、簿記では「仕訳」「転記」という方法を考え出しました。これが、素晴らしいのです。

2 勘定科目

1．勘定と科目

　さて、仕訳・転記の詳しい説明に入る前に、勘定科目について整理しておきます。

　簿記では経営体の財産に変動が生じる取引について、資産・負債・純資産・収益・費用等を細分して計算上の単位とします。この計算上の単位を勘定といいます。その勘定に付けられた名称が勘定科目（科目名）です。勘定科目は、経営体の財産変動の内容を分類し、作成される計算書類の基礎となります。そのようなことから、仕訳に際して、どのような勘定を使うかは、とても重要なことです。

　なお、勘定科目を単に「科目」という場合もあります。また、「勘定」の英語「account」を略して℀と略記することもあります。

2．貸借対照表（B/S）の勘定科目

　初級で学習する貸借対照表（B/S）関係の勘定科目は、おおむね次のとおりです。

　なお、勘定科目については、学習の進展によって、おいおい理解できるものなので、今ここですべてを覚える必要はありません。「一つの資料だ」と考えてください。

下表の「課長通知」とは、「社会福祉法人会計基準の制定に伴う会計処理等に関する運用上の留意事項について」（平成28年 3 月31日　雇児総発0331第 7 号・社援基発0331第 2 号・障障発0331第 2 号・老総発0331第 4 号：最終改正令和3年11月12日）のことです。詳しくは《中級編》で取り扱います。

〈大区分〉 中区分	説　　明 （厚生労働省から発出されている**課長通知**に沿った説明です。）
【資産の部】 〈流動資産〉	
現 金 預 金	現金(硬貨、小切手、紙幣、郵便為替証書、郵便振替貯金払出証書、官公庁の支払通知書等)及び預貯金(当座預金、普通預金、定期預金、郵便貯金、金銭信託等)をいいます。
有 価 証 券	国債、地方債、株式、社債、証券投資信託の受益証券などのうち時価の変動により利益を得ることを目的とする有価証券をいいます。
事業未収金	事業収益に対する未収入金をいいます。
未 収 金	事業収益以外の収益に対する未収入金をいいます。
未収補助金	施設整備、設備整備及び事業に係る補助金等の未収額をいいます。
未 収 収 益	一定の契約に従い、継続して役務の提供を行う場合、すでに提供した役務に対していまだその対価の支払を受けていないものをいいます。
貯 蔵 品	消耗品等で未使用の物品をいいます。
商品・製品	売買又は製造する物品の販売を目的として所有するものをいいます。
仕 掛 品	製品製造又は受託加工のために現に仕掛中のものをいいます。
立 替 金	一時的に立替払いをした場合の債権額をいいます。
前 払 金	物品等の購入代金及び役務提供の対価の一部又は全部の前払額をいいます。

前 払 費 用	一定の契約に従い、継続して役務の提供を受ける場合、いまだ提供されていない役務に対し支払われた対価をいいます。
1年以内回収予定長期貸付金	長期貸付金のうち貸借対照表日の翌日から起算して1年以内に入金の期限が到来するものをいいます。
短 期 貸 付 金	生計困窮者に対して無利子または低利で資金を融通する事業、法人が職員の質の向上や福利厚生の一環として行う奨学金貸付等、貸借対照表日の翌日から起算して1年以内に入金の期限が到来するものをいいます。
仮 払 金	処理すべき科目又は金額が確定しない場合の支出額を一時的に処理する科目をいいます。
徴収不能引当金	未収金や受取手形について回収不能額を見積もったときの引当金をいいます。
〈固定資産〉	
（基本財産）	定款において基本財産と定められた固定資産をいいます。
土 地	基本財産に帰属する土地をいいます。
建 物	基本財産に帰属する建物及び建物付属設備をいいます。
定 期 預 金	定款等に定められた基本財産として保有する定期預金をいいます。
投資有価証券	定款等に定められた基本財産として保有する有価証券をいいます。
（その他の固定資産）	基本財産以外の固定資産をいいます。
土 地	基本財産以外に帰属する土地をいいます。
建 物	基本財産以外に帰属する建物及び建物付属設備をいいます。
構 築 物	建物以外の土地に固着している建造物をいいます。
機械及び装置	機械及び装置をいいます。
車輌運搬具	送迎用バス、乗用車、入浴車等をいいます。
器具及び備品	器具及び備品をいいます。ただし、取得価額が10万円以上で、耐用年数が1年以上のものに限ります。
建設仮勘定	有形固定資産の建設、拡張、改造などの工事が完了し稼働するまでに発生する請負前渡金、建設用材料部品の買入代金等をいいます。
権 利	法律上又は契約上の権利をいいます。
ソフトウェア	コンピュータソフトウェアに係る費用で、外部から購入した場合の取得に要する費用ないしは制作費用のうち研究開発費に該当しないものをいいます。
投資有価証券	長期的に所有する有価証券で基本財産に属さないものをいいます。
長 期 貸 付 金	生計困窮者に対して無利子または低利で資金を融通する事業、法人が職員の質の向上や福利厚生の一環として行う奨学金貸付等、貸借対照表日の翌日から起算して入金の期限が1年を超えて到来するものをいいます。
退職給付引当資産	退職金の支払に充てるために退職給付引当金に対応して積み立てた現金預金等をいいます。
差入保証金	賃貸用不動産に入居する際に賃貸人に差し入れる保証金をいいます。
【負債の部】	
〈流動負債〉	
短期運営資金借入金	経常経費に係る外部からの借入金で、貸借対照表日の翌日から起算して1年以内に支払の期限が到来するものをいいます。
事業未払金	事業活動に伴う費用等の未払い債務をいいます。
その他の未払金	上記以外の未払金(施設整備等未払金を含む)をいいます。
1年以内返済予定設備資金借入金	設備資金借入金のうち、貸借対照表日の翌日から起算して1年以内に支払の期限が到来するものをいいます。
1年以内返済予定長期運営資金借入金	長期運営資金借入金のうち、貸借対照表日の翌日から起算して1年以内に支払の期限が到来するものをいいます。
1年以内支払予定長期未払金	長期未払金のうち貸借対照表日の翌日から起算して1年以内に支払の期限が到来するものをいいます。
未 払 費 用	賃金、支払利息、賃借料など時の経過に依存する継続的な役務給付取引において既に役務の提供は受けたが、会計期末までに法的にその対価の支払債務が確定していない分の金額をいいます。
預 り 金	職員以外の者からの一時的な預り金をいいます。
職員預り金	源泉徴収税額及び社会保険料などの徴収額等、職員に関する一時的な預り金をいいます。
前 受 金	物品等の売却代金及び役務提供の対価の一部又は全部の前受額をいいます。

前 受 収 益	受取利息、賃貸料など時の経過に依存する継続的な役務提供取引に対する前受分のうち未経過の金額をいいます。
仮 受 金	処理すべき科目又は金額が確定しない場合の収入金額を一時的に処理する科目をいいます。
賞 与 引 当 金	支給対象期間に基づき定期に支給する職員賞与に係る引当金をいいます。
〈固定負債〉	
設備資金借入金	施設設備等に係る外部からの借入金で、貸借対照表日の翌日から起算して支払の期限が1年を超えて到来するものをいいます。
長期運営資金借入金	経常経費に係る外部からの借入金で、貸借対照表日の翌日から起算して支払の期限が1年を超えて到来するものをいいます。
退職給付引当金	将来支給する退職金のうち、当該会計年度末までに発生していると認められる金額をいいます。
長 期 未 払 金	固定資産に対する未払債務（リース契約による債務を除く）等で貸借対照表日の翌日から起算して支払の期限が1年を超えて到来するものをいいます。
【純資産の部】	
〈基 本 金〉	会計基準省令第6条第1項に規定された基本金をいいます。
〈国庫補助金等特別 積立金〉	会計基準省令第6条第2項に規定された国庫補助金等特別積立金をいいます。
〈その他の積立金〉	
（何）積立金	会計基準省令第6条第3項に規定されたその他の積立金をいいます。積立ての目的を示す名称を付した科目で記載します。
〈次期繰越活動増減 差額〉	事業活動計算書に計上された次期繰越活動増減差額をいいます。

3．資金収支計算書、事業活動計算書（P/L）の勘定科目

　フローの計算書には二つあることは、皆さんもうご存知ですね。

　社会福祉法人の日常活動は、その法人の行う社会福祉事業が中心です。以下では、社会福祉事業を中心に二つのフローの計算書の勘定科目を見ていきます。

① サービス対価の受取

　社会福祉法人は、社会福祉事業を行うことによって、その提供したサービスの対価を受け取ることができます。サービスの対価は、サービス提供の時点で現金預金によって受け取る場合と、いったん未収の権利として成立してから後日に現金預金で受け取る場合があります（これをB/Sでは「事業未収金」に計上するのですね）。このようにサービスの提供によって、現金預金あるいは事業未収金という資産が増加します。

　資産が増加しますので、貸借対照表で見ると、純資産が増加することになります。図示すると、次のとおりです。

一つは、支払資金の増減状況を表す資金収支計算書。もう一つが純資産の増減内容を表す事業活動計算書（P/L）ですね。

53頁図表の上部分の再掲〈練習問題4（35頁）を例に、B/S・純資産の変動を見る〉

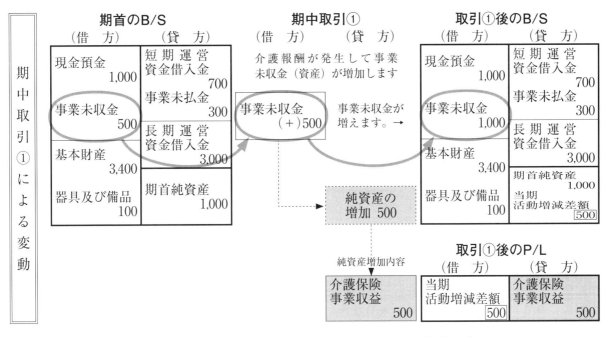

上の図は、貸借対照表（B/S）全体に注目したものですが、支払資金の増減に注目すると、どうなるでしょうか。

下の図のようになります。

〈練習問題4（35頁）を例に、B/S・支払資金の変動を見る〉

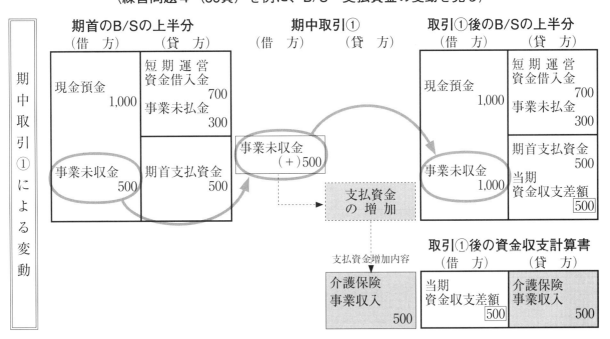

上下の図をよく見比べてください。P/Lは貸借対照表（B/S）全体に対応し、**資金収支計算書は貸借対照表（B/S）の上半分に対応している**ことが分かります。また、二つのフローの計算書の勘定科目が、微妙に異なっていることに気付きますか？

　サービス提供による事業未収金の発生という同じ取引であっても、純資産増減の観点からは「事業収益」が発生したと考え、支払資金増減の観点からは「事業収入」が発生したと考えます。純資産増減と、支払資金増減とは観点がまったく異なることから、その区別を明確にするために、このように勘定科目を別にしているのです。

　純資産の増加は**収益**の発生によるものと考え、支払資金の増加は**収入**の発生によるものと考えます。

　以下に、ほぼ同じ取引によって発生すると考えられる**収益**と**収入**の主な勘定科目を対比して示します。

> 事業活動計算書（P/L）と資金収支計算書とに共通する取引の勘定科目として、初級では、下の表に出てくる勘定科目を扱います。

P／L 勘定科目		資金収支計算書勘定科目		説　　明
大区分	中区分	大区分	中区分	（厚生労働省から発出されている課長通知に沿った説明です。）
【収益の部】		【収入の部】		
介護保険事業収益		介護保険事業収入		
老人福祉事業収益		老人福祉事業収入		
児童福祉事業収益		児童福祉事業収入		
保育事業収益		保育事業収入		
就労支援事業収益		就労支援事業収入		
障害福祉サービス等事業収益		障害福祉サービス等事業収入		
生活保護事業収益		生活保護事業収入		
医療事業収益		医療事業収入		
（何）事業収益		（何）事業収入		事業の内容を示す名称を付した科目で記載します。
（何）収益		（何）収入		収益（収入）の内容を示す名称を付した科目で記載します。
経常経費寄附金収益		経常経費寄附金収入		経常経費に対する寄附金及び寄附物品をいいます。
借入金利息補助金収益		借入金利息補助金収入		施設整備及び設備整備に対する借入金利息に係る地方公共団体からの補助金等をいいます。
受取利息配当金収益		受取利息配当金収入		預貯金、有価証券、貸付金等の利息及び出資金等に係る配当金等の収益（収入）をいいます。
その他のサービス活動外収益		その他の収入		
	雑収益		雑収入	上記に属さないサービス活動外による収益（事業活動外による収入）をいいます。
施設整備等補助金収益		施設整備等補助金収入		施設整備及び設備整備に係る地方公共団体等からの補助金等をいいます。
施設整備等寄附金収益		施設整備等寄附金収入		施設整備及び設備整備に係る寄附金をいいます。なお、施設の創設及び増築時等に運転資金に充てるために収受した寄附金を含みます。
長期運営資金借入金元金償還寄附金収益		長期運営資金借入金元金償還寄附金収入		長期運営資金（設備資金を除く）借入金元金償還に係る寄附金収益（収入）をいいます。

　なお、上では事業収益（収入）の勘定科目は、大区分の勘定科目を示しました。現実の社会福祉法人の現場では、大区分だけでは詳細が把握できないので、中区分、小区分を設けています。例えば、介護保険事業に係る収益の勘定科目は、次頁のようになっています。

　勘定科目がこのように細分化されているのは、介護保険報酬単価改定等の資料を収集するためだと思われますが、《初級編》では、事業収益の内のこのように細分化された科目については取り扱いません。

> 次頁の勘定科目は、あくまで参考に記載するものです。これを見て、目を回さないでください。
>
> 《初級編》では、基礎となる仕組み、考え方をマスターすることが大切です。

(参考)「介護保険事業収益」勘定のうちの中区分・小区分の勘定科目

中区分 　小区分	説　明 (厚生労働省から発出されている**課長通知**に沿った説明です。)
施設介護料収益	
介護報酬収益	介護保険の施設介護料で介護報酬収益をいいます。
利用者負担金収益（公費）	介護保険の施設介護料で利用者負担収益（公費）をいいます。
利用者負担金収益（一般）	介護保険の施設介護料で利用者負担収益（一般）をいいます。
居宅介護料収益	
(介護報酬収益)	
介護報酬収益	介護保険の居宅介護料で介護報酬収益をいいます。
介護予防報酬収益	介護保険の居宅介護料で介護予防報酬収益をいいます。
(利用者負担金収益)	
介護負担金収益（公費）	介護保険の居宅介護料で介護負担金収益（公費）をいいます。
介護負担金収益（一般）	介護保険の居宅介護料で介護負担金収益（一般）をいいます。
介護予防負担金収益（公費）	介護保険の居宅介護料で介護予防負担金収益（公費）をいいます。
介護予防負担金収益（一般）	介護保険の居宅介護料で介護予防負担金収益（一般）をいいます。
地域密着型介護料収益	
(介護報酬収益)	
介護報酬収益	介護保険の地域密着型介護料で介護報酬収益をいいます。
介護予防報酬収益	介護保険の地域密着型介護料で介護予防報酬収益をいいます。
(利用者負担金収益)	
介護負担金収益（公費）	介護保険の居宅介護料で介護負担金収益（公費）をいいます。
介護負担金収益（一般）	介護保険の居宅介護料で介護負担金収益（一般）をいいます。
介護予防負担金収益（公費）	介護保険の居宅介護料で介護予防負担金収益（公費）をいいます。
介護予防負担金収益（一般）	介護保険の居宅介護料で介護予防負担金収益（一般）をいいます。
居宅介護支援介護料収益	
居宅介護支援介護料収益	介護保険の居宅介護支援介護料で居宅介護支援介護料収益をいいます。
介護予防支援介護料収益	介護保険の居宅介護支援介護料で居宅予防介護支援介護料収益をいいます。
介護予防・日常生活支援総合事業費収益	
事業費収益	介護保険の介護予防・日常生活支援総合事業費で事業費収益をいいます。
事業負担金収益（公費）	介護保険の介護予防・日常生活支援総合事業費で事業負担金収益(公費)をいいます。
事業負担金収益（一般）	介護保険の介護予防・日常生活支援総合事業費で事業負担金収益(一般)をいいます。
利用者等利用料収益	
施設サービス利用料収益	介護保険の利用者等利用料収益で施設サービス利用料収益をいいます。
居宅介護サービス利用料収益	介護保険の利用者等利用料収益で居宅介護サービス利用料収益をいいます。
地域密着型介護サービス 　利用料収益	介護保険の利用者等利用料収益で地域密着型介護サービス利用料収益をいいます。
食費収益（公費）	介護保険の利用者等利用料収益で、食費収益（公費）をいいます。
食費収益（一般）	介護保険の利用者等利用料収益で、食費収益（一般）をいいます。
食費収益（特定）	食事に係る特定入所者介護サービス費をいいます。
居住費収益（公費）	介護保険の利用者等利用料収益で、居住費収益（公費）をいいます。
居住費収益（一般）	介護保険の利用者等利用料収益で、居住費収益（一般）をいいます。
居住費収益（特定）	居住費に係る特定入所者介護サービス費をいいます。
介護予防・日常生活支援総合 　事業利用料収益	介護保険の利用者等利用料収益で、介護予防・日常生活支援総合事業の実費負担等に係る収益をいいます。
その他の利用料収益	介護保険の利用者等利用料収益で、その他の利用料収益をいいます。
その他の事業収益	
補助金事業収益（公費）	介護保険に関連する事業に対して、国及び地方公共団体から交付される補助金事業に係る収益をいいます。
補助金事業収益（一般）	介護保険に関連する事業に対して、国及び地方公共団体以外から交付される補助金事業に係る収益をいい（受配者指定寄付金を除く共同募金からの配分金及び助成金を含みます）、補助金事業に係る利用者からの収益も含みます。
市町村特別事業収益（公費）	介護保険のその他の事業で、市町村特別事業のうち、公費からの収益をいいます。
市町村特別事業収益（一般）	介護保険のその他の事業で、市町村特別事業のうち、利用者からの収益をいいます。
受託事業収益（公費）	介護保険に関連する、地方公共団体から委託された事業に係る収益をいいます。
受託事業収益（一般）	介護保険に関連する、受託事業に係る利用者からの収益をいいます。
その他の事業収益	上記に属さないその他の事業収益をいいます。利用者からの収益も含みます。
(保険等査定減)	社会保険診療報酬支払基金等の審査機関による審査減額をいいます。

② サービス提供のための費用（支出）の発生

　社会福祉法人がその社会福祉事業を行うには、**費用**あるいは**支出**の発生が伴います。人件費（支出）、事業費（支出）及び事務費（支出）がそれです。ここで**費用**とは、純資産減少の内容をいい、**支出**とは、支払資金減少の内容をいいます。

　これを53頁と同じようにB/S・純資産の変動として見ると、次のようになります。

53頁図表の下部分の再掲〈練習問題4（35頁）を例に、B/S・純資産の変動を見る〉

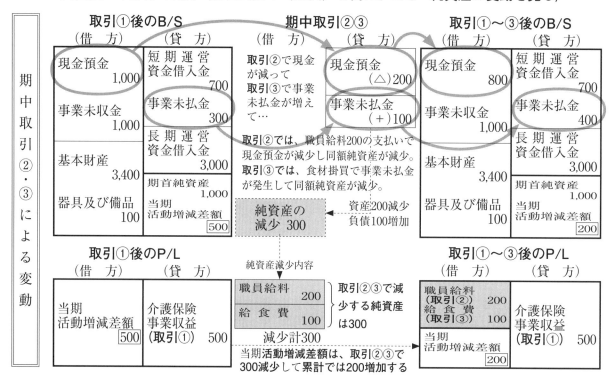

　上の図は、貸借対照表（B/S）全体に注目したものですが、支払資金増減に注目すると、次頁の図のようになります。

　この頁の図と次頁の図とをよく見比べてください。どう違うのでしょうか？　そう、「P/Lは貸借対照表（B/S）全体に対応し、**資金収支計算書**は貸借対照表（B/S）の上半分に対応して」いますね。

　そして、フローの計算書の勘定科目も、純資産増減の内容を表すP/L科目としては「職員給料」、「給食費」が使われていますが、支払資金増減状況を表す**資金収支計算書科目**としては「職員給料支出」、「給食費支出」と、いずれも「支出」という語句が付加されています。純資産の減少は**費用**の発生によるものと考え、支払資金の減少は**支出**の発生によるものと考えるのです。

　この頁の図と次頁の図とは瓜二つです。しかし、この頁の図は、「全資産と全負債の差額」の純資産増減を見ており、次の頁の図は、「流動資産と流動負債の差額」の支払資金残高を見ています。

〈練習問題4（35頁）を例に、B/S・支払資金の変動を見る〉

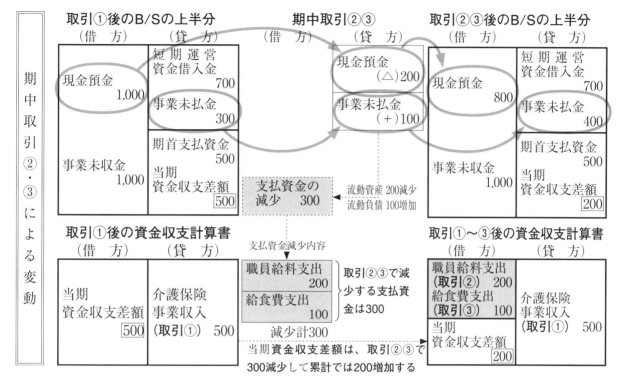

　純資産増減と支払資金増減とは観点がまったく異なることから、**収益**と**収入**を使い分けたように、**費用**と**支出**もこのように勘定科目名を別にしています。

純資産増加：**収益**
支払資金増加：**収入**
純資産減少：**費用**
支払資金減少：**支出**

　ほぼ同じ取引によって発生すると考えられる**費用**と**支出**の主な勘定科目を、以下に対比して示します。

P／L 勘定科目 大区分 中区分	資金収支計算書勘定科目 大区分 中区分	説　明 （厚生労働省から発出されている課長通知に沿った説明です。）
費用の部	支出の部	
人件費	人件費支出	
役員報酬	役員報酬支出	法人役員等に支払う報酬、諸手当をいいます。
職員給料	職員給料支出	常勤職員に支払う俸給・諸手当をいいます。
非常勤職員給与	非常勤職員給与支出	非常勤職員に支払う俸給・諸手当及び賞与をいいます。
法定福利費	法定福利費支出	法令に基づいて法人が負担する健康保険料、厚生年金保険料、雇用保険料等の費用（支出）をいいます。
事業費	事業費支出	
給食費	給食費支出	食材及び食品の費用（支出）をいいます。
介護用品費	介護用品費支出	利用者の処遇に直接使用するおむつ、タオル等の介護用品の費用（支出）をいいます。
保健衛生費	保健衛生費支出	利用者の健康診断の実施、施設内又は事業所内の消毒等に要する費用（支出）をいいます。
医療費	医療費支出	利用者が傷病のために医療機関等で診療等を受けた場合の診療報酬等をいいます。
被服費	被服費支出	利用者の衣類、寝具等（介護用品及び日用品を除く）の購入のための費用（支出）をいいます。
教養娯楽費	教養娯楽費支出	利用者のための新聞雑誌等の購読、娯楽用品の購入及び行楽演芸会等の実施のための費用（支出）をいいます。

日用品費	日用品費支出	利用者に現物で給付する身のまわり品、化粧品などの日用品（介護用品を除く）の費用（支出）をいいます。
保育材料費	保育材料費支出	保育に必要な文具材料、絵本等の費用（支出）及び運動会等の行事を実施するための費用（支出）をいいます。
本人支給金	本人支給金支出	利用者に小遣い、その他の経費として現金支給するための費用（支出）をいいます。
水道光熱費	水道光熱費支出	電気、ガス、水道等の費用（支出）をいいます。（事務用のものを含みます。〈注〉）
燃料費	燃料費支出	灯油、重油等の燃料費（車輌費で計上する燃料費を除く）をいいます。（事務用のものを含みます。〈注〉）
消耗器具備品費	消耗器具備品費支出	利用者の処遇に直接使用する介護用品以外の消耗品、器具備品で、固定資産の購入に該当しない費用（支出）をいいます。
保険料	保険料支出	利用者に対する損害保険料等をいいます。（事務用のものを含みます。〈注〉）
賃借料	賃借料支出	利用者が利用する器具及び備品等のリース料、レンタル料をいいます。（事務用のものを含みます。〈注〉）
教育指導費	教育指導費支出	利用者に対する教育訓練に直接要する費用（支出）をいいます。
就職支度費	就職支度費支出	児童等の就職に際し必要な被服寝具類の購入に要する費用（支出）をいいます。
葬祭費	葬祭費支出	利用者が死亡したときの葬祭に要する費用（支出）をいいます。
車輌費	車輌費支出	乗用車、送迎用自動車、救急車等の燃料費、車輌検査等の費用（支出）をいいます。
雑費	雑支出	事業費のうち他のいずれにも属さない費用（支出）をいいます。
事務費	事務費支出	
福利厚生費	福利厚生費支出	役員・職員が福利施設を利用する場合における事業主負担額、健康診断その他福利厚生のために要する法定外福利費をいいます。
職員被服費	職員被服費支出	職員に支給又は貸与する白衣、予防衣、診察衣、作業衣などの購入、洗濯等の費用（支出）をいいます。
旅費交通費	旅費交通費支出	業務に係る役員・職員の出張旅費及び交通費（ただし、研究、研修のための旅費を除く）をいいます。
研修研究費	研修研究費支出	役員・職員に対する教育訓練に直接要する費用（支出）（研究・研修のための旅費を含む）をいいます。
事務消耗品費	事務消耗品費支出	事務用に必要な消耗品及び器具什器のうち、固定資産の購入に該当しないものの費用（支出）をいいます。
印刷製本費	印刷製本費支出	事務に必要な書類、諸用紙、関係資料などの印刷及び製本に要する費用（支出）をいいます。
修繕費	修繕費支出	建物、器具及び備品等の修繕又は模様替の費用（支出）をいいます。ただし、建物、器具及び備品を改良し、耐用年数を延長させるような資本的費用（支出）を含まない。
通信運搬費	通信運搬費支出	電話、電報、ファックスの使用料、インターネット接続料及び切手代、葉書代その他通信・運搬に要する費用（支出）をいいます。
会議費	会議費支出	会議時における茶菓子代、食事代等の費用（支出）をいいます。
広報費	広報費支出	施設及び事業所の広告料、パンフレット・機関誌・広報誌作成などの印刷製本費等に要する費用（支出）をいいます。
業務委託費	業務委託費支出	洗濯、清掃、夜間警備及び給食（給食材料費を除く）など施設の業務の一部を他に委託するための費用（支出）（保守料を除く）をいいます。
手数料	手数料支出	役務提供にかかる費用（支出）のうち、業務委託費以外のものをいいます。
土地・建物賃借料	土地・建物賃借料支出	土地、建物等の賃借料をいいます。
租税公課	租税公課支出	消費税及び地方消費税の申告納税、固定資産税、印紙税、登録免許税、自動車税、事業所税等をいいます。

保守料	保守料支出	建物、各種機器等の保守・点検料等をいいます。
渉外費	渉外費支出	創立記念日等の式典、慶弔、広報活動（広報費に属する費用（支出）を除く）等に要する費用（支出）をいいます。
諸会費	諸会費支出	各種組織への加盟等に伴う会費、負担金等の費用（支出）をいいます。
雑費	雑支出	事務費のうち他のいずれにも属さない費用（支出）をいいます。
支払利息	支払利息支出	設備資金借入金、長期運営資金借入金及び短期運営資金借入金の利息をいいます。

＜注＞ 水道光熱費（支出）、燃料費（支出）、保険料（支出）、賃借料（支出）については、特定の場合を除き、事業費（支出）のみに計上できることとされています。

以上のように同じ取引であっても、資産、負債の増減によって支払資金が増減する点に着目すると資金収支計算書の勘定科目が、また、純資産が増減する点に着目するとP/Lの勘定科目が、それぞれ使われることになります。なんだか頭がこんがらかりそうですね。

でも大丈夫！

以下で帳簿記入の説明を行うに当っては、資金収支計算書の勘定科目を使わず、**B/SとP/Lの勘定科目**を使って説明を進めます。資金収支計算書の勘定科目は、資金収支計算書を作成する必要があるときにのみ使いますので、当分の間、忘れていただいていてもかまいません。

なお、帳簿の記入は、例えば60頁・61頁の図表で「期中取引」の部分に記載されているような取引（網掛け部分）を「借方」と「貸方」に分解して整理する作業（「仕訳」下図の②）と、その結果を各勘定科目ごとにまとめる作業（「転記」下図の③）に分かれます。その後、一定の手続を経て（下図の④・⑤）、計算書類が作成されるのです。

簿記手続全体の流れ

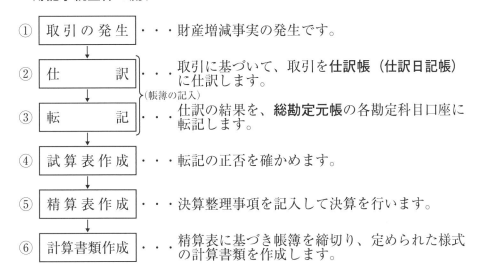

① 取引の発生 ・・・財産増減事実の発生です。

② 仕 訳 ・・・取引に基づいて、取引を**仕訳帳（仕訳日記帳）**に仕訳します。（帳簿の記入）

③ 転 記 ・・・仕訳の結果を、**総勘定元帳**の各勘定科目口座に転記します。

④ 試算表作成 ・・・転記の正否を確かめます。

⑤ 精算表作成 ・・・決算整理事項を記入して決算を行います。

⑥ 計算書類作成 ・・・精算表に基づき帳簿を締切り、定められた様式の計算書類を作成します。

資金収支計算書の勘定科目を使わずに、B/SとP/Lの勘定科目だけを使うのは、P/LがB/Sの全体に対応しているからです。（資金収支計算書はB/Sの上半分にしか対応していませんので、全体を理解するには、資金収支計算書の勘定科目は不適切です。）

なお、皆さんが会計実務を行われるときには、それぞれの法人の「経理規程」で定められている勘定科目に従って処理してください。「経理規程」では、それぞれの法人で使用する勘定科目が定められています。

3 仕訳と転記

1.「仕訳」ってなんだ?

　「仕訳」という言葉は元々、物事を分類することです。

　会計では、今まで見てきましたように、資産と負債及び純資産、収益と費用のように貸借の二面に分けて考えます。簿記では、経営体の財産に変動が生じると、取引を借方・貸方の二面に分類します。これを**仕訳**といいます。

　このテキストの51頁では、

『例えば、銀行から短期運営資金100万円を借り入れて預金に入れたとすると、「現金預金」という資産が100万円増えたが、「短期運営資金借入金」という負債も100万円増えた、と考えるのです。』

と記載した上で、次の図を掲げました。

　そして、このことを貸借対照表の変動という観点から見ると、次のように図示することができる、と説明しました。

取引前のB/S		取　引		取引後のB/S	
(借　方)	(貸　方)	(借　方)	(貸　方)	(借　方)	(貸　方)
流動資産 (A)	流動負債 (B)	現金預金 ＋100	短期運営 資金借入金 ＋100	流動資産 (A＋100)	流動負債 (B＋100)
	固定負債 (D)				固定負債 (D)
固定資産 (C)	純資産 (E)			固定資産 (C)	純資産 (E)
A ＋ C ＝ B＋D＋E				A＋C＋100＝B＋D＋E＋100	

　上の図の取引による資産・負債そして純資産の増減を、「借方」と「貸方」に分解して整理したものが「仕訳」であり、次のように示されます。

借　　　　　方		貸　　　　　方	
現　金　預　金	100	短期運営資金借入金	100

　また、53頁の上の図は、「発生した介護保険報酬500を未収に計上した」という取引による増減とその結果を示しています。

仕訳という言葉は、簿記では専門用語として使われています。

左のように**取引**(26頁中ほどの欄外を参照してください)を**貸借二面的に記録する**簿記方法を**複式簿記**といいます。

左の仕訳によって、借方・貸方の金額が、各々貸借対照表の各科目に加算されることになります。

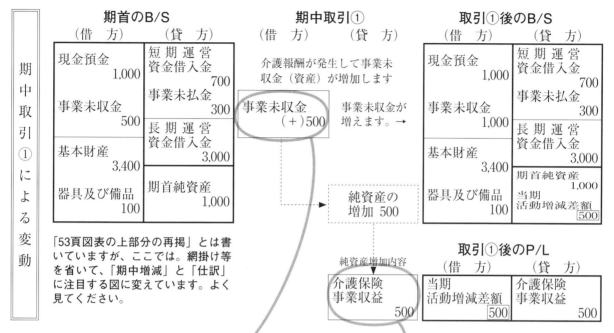

53頁図表の上部分の再掲〈練習問題4（35頁）を例に、B/S・純資産の変動を見る〉

上の場合の期中取引①の仕訳を示すと、次のようになります。

借　　方	貸　　方
事　業　未　収　金　　500	介護保険事業収益　　500

「借方」に「事業未収金」と記入することで「事業未収金」という資産が増えたことを示し、「貸方」に「介護保険事業収益」と記入することで「介護保険事業収益」によって純資産が増えたことを示すのです。

なお、金額単位は、実務では円単位としますが、以下では一切記載していません。

2. どのように仕訳するのか

現金預金の増減を例に、仕訳をしてみましょう。

現金預金が入ってきたら、次のように仕訳します。

借　　　方	貸　　　方
現　金　預　金　　××××	○　○　○　○　　××××

貸方には、なぜ入金されたか、その原因を表す科目を記入します。

現金預金が出ていったら、次のように仕訳します。

借　　　方	貸　　　方
○　○　○　○　　××××	現　金　預　金　　××××

借方には、なぜ出金されたか、その原因を表す科目を記入します。

では、次に示す例で、どのように仕訳するのかを確認しましょう。

現金預金％のB/Sの指定席は「借方」だから、増加するときは「借方」に記入する、と考えます。逆に減少する時は、反対の「貸方」に記入する、と考えます。
60頁期中取引の「職員給料200を現金で支払った」取引を仕訳すると左の仕訳になります。

例題 5 次の①から⑩の取引の仕訳を示してください。

① 介護保険に係る利用者負担金30を現金で受け取った。

② 車輌のためのガソリン代40を現金で支払った。

③ 発生した介護保険報酬100を未収計上した。

④ 未収計上していた介護保険報酬100が振り込まれた。

⑤ 食材80を購入し代金は翌月末の支払とした。

⑥ 未払計上していた食材代金80を支払った。

⑦ パソコン50を購入し、代金は現金で支払った。

⑧ 設備資金1,000を借り入れ、口座振込を受けた。

⑨ 設備資金借入金100を返済し、利息15とともに支払った。

⑩ 職員給料300から源泉所得税20を控除して、現金で支払った。

解 答

① 介護保険に係る利用者負担金30を現金で受け取った。

借　　方		貸　　方	
現 金 預 金	30	介護保険事業収益	30

現金預金の入金ですから、借方は現金預金です。貸方にはその入金の原因となった科目を記入します。介護保険事業に係る収益は、利用者負担金を含め、すべてを「介護保険事業収益」の科目で処理します。

② 車輌のためのガソリン代40を現金で支払った。

借　　方		貸　　方	
車 　輌 　費	40	現 金 預 金	40

現金預金の出金ですから、現金預金が貸方にきます。借方には、支払の原因となったガソリン代を「車輌費」という科目で処理します。

③ 発生した介護保険報酬100を未収計上した。

借　　方		貸　　方	
事 業 未 収 金	100	介護保険事業収益	100

収益の発生は、貸方に記入します。介護保険事業による収益ですので、「介護保険事業収益」という科目で処理します。借方科目は、一般の未収金と区別して事業未収金という資産科目で処理します。事業未収金は、事業収益に伴って発生した請求権をあらわす科目です。

④ 未収計上していた介護保険報酬100が振り込まれた。

借　　方		貸　　方	
現 金 預 金	100	事 業 未 収 金	100

現金預金の入金ですから、(借方)現金預金です。また、既に計上していた事業未収金という資産が減少したので、(貸方)事業未収金となります。

以下の仕訳例では資金収支計算書を考えていません。全ての資産と全ての負債に対応して、純資産が増減します。その純資産の増減内容はP/Lによって示されます。

以上のことから、統一的に簿記を理解するために、資金収支計算書はいったん脇に置いて考えてください。あくまでB/SとP/Lです。

車輌に係る費用は全て「車輌費」科目で処理します（62頁中ほど参照）。

当月に発生した介護保険報酬の請求は翌月です。しかし、会計上の計上は「発生」した時点で行います。「収益」・「費用」を発生した期間に正しく帰属させる。これが、会計の考え方です。

⑤　食材80を購入し代金は翌月末の支払とした。

借　　方	貸　　方
給　食　費　　　　80	事 業 未 払 金　　　80

費用の発生は借方に記入します。食材及び食品の費用科目は給食費です。貸方は、代金をまだ払っていませんので事業未払金（負債）です。

⑥　未払計上していた食材代金80を支払った。

借　　方	貸　　方
事 業 未 払 金　　　80	現 金 預 金　　　　80

現金預金が減少するので、（貸方）現金預金と記入します。また、すでに未払計上していた事業未払金という負債が減少するので（借方）事業未払金となります。

⑦　パソコン50を購入し、代金は現金で支払った。

借　　方	貸　　方
器 具 及 び 備 品　　50	現 金 預 金　　　　50

現金預金が減少するので、（貸方）現金預金ですね。借方はパソコンという資産が増加したので「器具及び備品」という科目で処理します。

⑧　設備資金1,000を借り入れ、口座振込を受けた。

借　　方	貸　　方
現 金 預 金　　　1,000	設備資金借入金　　1,000

現金預金が増加するので、（借方）現金預金ですね。貸方には設備資金借入金という負債の増加を記入します。

⑨　設備資金借入金100を返済し、利息15とともに支払った。

借　　方	貸　　方
設備資金借入金　　　100	現 金 預 金　　　115
支 払 利 息　　　　15	

現金預金が減少するので、（貸方）現金預金です。借方は設備資金借入金と支払利息です。

⑩　職員給料300から源泉所得税20を控除して、現金で支払った。

借　　方	貸　　方
職 員 給 料　　　300	現 金 預 金　　　280
	職 員 預 り 金　　　20

費用の発生は職員給料300ですが、支払ったのは280です。差額は職員から天引きして預かり、後日税務署に納付しますので負債で処理します。

事業活動に伴う費用等の未払債務は事業未払金で処理します。

取得価額が10万円以上で、耐用年数が1年以上の器具・備品は固定資産として計上します。

設備資金借入金は、長期の借入金なので「固定負債」となります。

左のように仕訳の借方合計金額と貸方合計金額とは必ず一致します。

源泉徴収税額等、職員に関する一時的な預り金は職員預り金科目で処理します。

では、次の頁の練習問題を解いてみましょう。

練習問題　7　仕訳する

次の期中取引を仕訳してください。なお、仕訳に使う科目は、次のとおりです。

資産科目	負債科目	費用科目	収益科目
現　　金　　預　　金	短期運営資金借入金	職　　員　　給　　料	介護保険事業収益
事　業　未　収　金	事　業　未　払　金	給　　　食　　　費	
車　輌　運　搬　具	設備資金借入金	支　　払　　利　　息	経常経費寄附金収益

期　中　取　引	仕　　訳			
	借　　方		貸　　方	
	科　　目	金　額	科　　目	金　額
① 発生した介護保険報酬500を未収に計上した。				
② 職員給料200を現金で支払った。				
③ 食材100を掛買いし未払を計上した。なお、食材は直ちに費消した。				
④ 乗用車100を現金で購入した。				
⑤ 設備資金200を借り入れた。				
⑥ 経常経費に対する寄附80の入金を受けた。				
⑦ 借入金利息10を支払った。				
⑧ 未収計上していた介護保険報酬340の振込を受けた。				
⑨ 短期運営資金借入金を250返済した。				
⑩ 未払計上していた食材費150を支払った。				

どのように仕訳すればよいのでしょうか？

① どのような資産あるいは負債が増加するのか、また、減少するのか、を考えます。

② 資産が増加する場合は（B/Sを思い出してください…）、借方に資産科目を記入し、貸方に相手の科目を記入します。資産が減少するとき、あるいは負債が増加するときは、逆になりますね。

③ 資産・負債の相手科目が、資産・負債ではないときは…？　そう、収益・費用の科目になります。このようにして、左右の金額を同じにします。

なお、この練習問題に出てくる仕訳科目は、あらかじめ指定しましたが、B/S科目については54頁～56頁、P/L科目については58頁、61頁～63頁の科目の表を見て、どの科目になるか考えてみましょう。このように仕訳をすることができるようになれば、実務でも、日常の仕訳に困ることはほとんどありません。

3．転記

　仕訳を見れば、どのような取引があったのかが分かります。つまり、仕訳をすれば、取引を文章で書くよりもスッキリと整理されるのです。ただし、期中には多くの取引があるため、それぞれの科目に期中どれだけの取引があり、残高がいくらあるのかは、仕訳を見ただけでは分かりません。

　そこで、簿記では、それぞれの科目ごとに口座を設け（これを「勘定口座」といいます）、そこに、仕訳を写していく作業をします。これを、「転記」といいます。

　学習簿記では、借方に仕訳された勘定口座の借方に、日付・相手科目、そして、金額を記載します。同じように、貸方に仕訳された勘定口座の貸方に、日付・相手科目・金額を記載します。

> 仕訳を記載する帳簿を、**仕訳帳**といいます。
> 勘定口座は、**元帳**という帳簿に設けられます。また、すべての勘定口座をつづった帳面のことを、**総勘定元帳**といいます。
> 仕訳帳と総勘定元帳とは、複式簿記に不可欠な会計帳簿なので**主要簿**といいます。
> 主要簿に対して、現金出納帳などの主要簿以外の会計帳簿は**補助簿**といいます。

例題 6　次の具体例に従って転記を行ってみます。

　次の**取引①**が行われたものとして、仕訳及び転記を示すと、以下のようになります。

取引①　4月5日　介護用品50を購入し、現金で支払った。

日付	借　方		貸　方	
4/5	介 護 用 品 費	50	現 金 預 金	50

現金預金

××01年 月 日	摘　要	借　方	貸　方	差引借方残高
4　1	期首残高	500	―	500
5	介護用品費		50	450

介護用品費

××01年 月 日	摘　要	借　方	貸　方	差引借方残高
4　5	現金預金	50		50

> 左に示したのは、通常市販されている元帳の様式ですが、学習用には、次の**例題−7**のような「Tフォーム」と呼ばれる様式が多用されます。
> 元帳上、B/S科目には、基本的に期首残高が記載されますが、損益及び収支の科目には、期首残高はありません。

　転記のルールは、とても簡単です。現金預金勘定を見てください。

　貸方に「4/5 介護用品費 50」と記載されています。このように貸方に仕訳をした場合には、そのまま現金預金勘定の貸方に記載すればよいということです。

　言い換えると、「転記」とは、仕訳で右か左かを決められた結果を、そのまま各勘定に写す作業のことをいいます。したがって、介護用品費

についても同様に、借方に仕訳をしたのですから、そのまま介護用品費勘定の借方に50と金額を記載する（転記する）ことになります。

　また、転記の際には、金額のほかに日付と仕訳されている相手科目を記載することになっています。日付を記載するのは、その取引がいつの時点で行われたかを明らかにするため、相手科目を記載するのは、その科目の増減（発生・消滅）理由を明確にするためです。

─《転記のルール》─
借方に仕訳された科目の借方に、日付と仕訳の借方金額を、
貸方に仕訳された科目の貸方に、日付と仕訳の貸方金額を、各記入
そして、摘要に相手科目を、

学習簿記においては転記の3点セットは、日付・金額・相手科目です。洩れなく記載してください。
ただし、相手科目の記載はあくまでも、増減理由を記載しているに過ぎないということは、肝に銘じておいてくださいね。

さて、続いて例題です。

例題　7　例題－6に引き続いて、4月中に取引①のほか、以下のような取引があったとします。

取引②　4月20日　介護事業に係る利用者負担金25を現金で受け取った。

取引③　4月30日　未収計上していた介護保険報酬200の振込を受けた。

仕訳は、以下のとおりです。

日付	借　　方		貸　　方	
4/20	現　金　預　金	25	介護保険事業収益	25
4/30	現　金　預　金	200	事　業　未　収　金	200

　4月には、上記**取引①**から**取引③**までの三つの取引しかなかったものとして、各勘定の締め切りを示すと、以下のとおりとなります。

現　金　預　金

4/1	期　首　残　高	500	4/5	介　護　用　品　費	50
4/20	介護保険事業収益	25	4/30	月　末　残　高	675
4/30	事　業　未　収　金	200			
	合　　計	725		合　　計	725

事　業　未　収　金

4/1	期　首　残　高	300	4/30	現　金　預　金	200
			4/30	月　末　残　高	100
	合　　計	300		合　　計	300

介護保険事業収益

4/30	月　末　残　高	25	4/20	現　金　預　金	25
	合　　計	25		合　　計	25

介護保険事業に係る収益は、「介護保険事業収益」の科目を使用します。
4/20の仕訳（借方）現金25は現金預金勘定の借方に転記し、同じく、（貸方）介護保険事業収益25は介護保険事業収益勘定の貸方に転記します。
以下、同じように転記します。

月末残高・合計は転記が終わってから最後に記入します。

介 護 用 品 費

4/ 5	現 金 預 金	50	4/30	月 末 残 高	50
	合　計	50		合　計	50

69頁**取引**①の転記です。

　各勘定の締切りは、期末残高を記入して、必ず貸借の合計金額が一致するように行います(**ゴシック部分**)。左右に対照させて合計で合わせる。これが、簿記の勘所です。

4. 転記の実際

　以上が学習簿記の転記ですが、手作業で実務を行う場合には、下のような元帳に転記を行うことになります。上記例題2・3は4月中の取引ですが、4月次、5月次と月ごとに締め、3月末は決算なので、年間累計までを算出して締め切ることになります。

記入例は月次で決算を行うものとして「月末残高」としていますが、通常の学習簿記では月次決算を考えず、会計期末で締め切るものとしていますので、教科書的には「月末残高」ではなく「**期末残高**」となります。

事 業 未 収 金

××01年 月　日	摘　　　要		借　　方	貸　　方	差引借方残高
4　1	前期繰越	−	−	−	54,350
25	××銀行／普通	2月分入金		23,800	
30	介護保険事業収益	4月保険請求	26,500		
		4月月計	26,500	23,800	57,050
		4月累計	26,500	23,800	
5　25	××銀行／普通	3月分入金		24,200	
30	介護保険事業収益	5月保険請求	23,900		
		5月月計	23,900	24,200	56,750
		5月累計	50,400	48,000	

右の斜体文字は、手作業による元帳への記入例です。

　上の4月25日の取引は、2月分として計上した未収金が、××銀行の普通預金口座に入金されたことを示します。

　仕訳は、次のようになされているはずです。

借　　　方	貸　　　方
××銀行／普通　　23,800	事 業 未 収 金　　23,800

「××銀行／普通」のような科目は、「現金預金」の小科目として、各々の法人が実態に応じて経理規程で定めることになります。

　学習簿記の場合の転記では、「2月分入金」のような内容までを書く必要はありません。しかし、実務では、帳面を見ただけで取引内容を理解できるように記載した方がよいでしょう。

　また、転記においては、相手勘定科目が複数であるときは、相手勘定科目を記載する欄に「諸口」と記載します。

　67頁に出てくる、**例題－5**の⑨の「設備資金借入金100を返済し、利息15とともに支払った。」という取引が4月10日に行われた場合、具体的な仕訳と転記はどうなるか見てみましょう。

　仕訳は、次のようになります。

日付	借　　　　　方		貸　　　　　方	
4/10	設備資金借入金	100	現　金　預　金	115
	支　払　利　息	15		

　この仕訳の元帳への転記は、次のように行います。

　まず、借方の「設備資金借入金 100」及び「支払利息 15」を転記します。どちらも相手勘定科目は、貸方の「現金預金」だけですので、転記では「現金預金」と記載することになります。

設 備 資 金 借 入 金

××01年 月 日	摘　　　　　要	借　方	貸　方	差引貸方残高
4　1	期首残高	－	×××	×××
10	現金預金	100		

支 払 利 息

××01年 月 日	摘　　　　　要	借　方	貸　方	差引借方残高
4　10	現金預金	15		15

　次に、「現金預金」勘定を転記します。上の仕訳で、貸方の「現金預金」の相手勘定科目は、借方の「設備資金借入金」と「支払利息」となっており、複数あります。このような場合の転記の際には、相手勘定科目をそのまま記載するのではなく、「諸口」と記載します。

現 金 預 金

××01年 月 日	摘　　　　　要	借　方	貸　方	差引借方残高
4　1	期首残高	×××	－	×××
10	諸口		115	

練習問題 8 転記する

練習問題7の解答（別冊解答12頁）の仕訳を、総勘定元帳に転記したうえで、各勘定を締め切ってください。また、日付の代わりに取引番号①～⑩を記入してください。

なお、この現金預金勘定は、元帳の構造を分かっていただくために、あえて変則フォームにしています。その他は、簡略なTフォームによっています。事業未収金勘定の記載にならって、他の科目の勘定記入を行ってください。

総勘定元帳

現 金 預 金 勘 定

（借　　　方）			（貸　　　方）		
摘　　　要		金　額	摘　　　要		金　額
期 首 残 高		1,000	期中出金額		
期中入金額					
			期中出金額小計		710
期中入金額小計		620	期 末 残 高		
借 方 合 計		1,620	貸 方 合 計		1,620

事 業 未 収 金

4/1 期首残高	500	⑧現金預金	340
①介護保険事業収益	500	3/31 期末残高	660
合　　計	1,000	合　　計	1,000

短 期 運 営 資 金 借 入 金

		4/1 期首残高	700
3/31 期末残高			
合　　計		合　　計	700

事 業 未 払 金

		4/1 期首残高	300
3/31 期末残高			
合　　計	400	合　　計	

車 輌 運 搬 具

4/1 期首残高	0	3/31 期末残高	100
合　　計	100	合　　計	100

設 備 資 金 借 入 金

3/31 期末残高		4/1 期首残高	0
合　　計		合　　計	

介 護 保 険 事 業 収 益

3/31 期末残高			
合　　計		合　　計	

経 常 経 費 寄 附 金 収 益

3/31 期末残高			
合　　計		合　　計	

職 員 給 料

		3/31 期末残高	
合　　計		合　　計	

給 食 費

		3/31 期末残高	100
合　　計		合　　計	100

支 払 利 息

		3/31 期末残高	
合　　計		合　　計	

練習問題 9 仕訳と転記

次の保育所の期中取引を仕訳し、勘定口座に転記してください。

なお、仕訳に使う科目は、B/Sの資産・負債及びP/Lの科目とし、B/Sの科目は本テキスト54頁から56頁の中区分の勘定科目、P/Lの収益科目は本テキスト58頁の大区分の勘定科目、P/Lの費用科目は本テキスト61頁から63頁の中区分の勘定科目によるものとします。

期　中　取　引		仕　　訳			
		借　　方		貸　　方	
		科　　目	金　額	科　　目	金　額
4/ 2	食材150（給食費）を掛買いし未払を計上した。				
5/10	電話代30（通信運搬費）が普通預金から自動引落としされた。				
6/15	保育事業に係る利用者負担金70（保育事業収益）を現金で受け入れた。				
7/25	短期運営資金500を借り入れた。				
8/ 2	パソコン（器具及び備品）200を現金で購入した。				
9/30	未収に計上していた保育事業に係る委託費550を受け入れた。				
10/31	預金を引き出して設備資金借入金300を返済した。	設備資金借入金			
10/31	預金を引き出して設備資金借入金の利息20（支払利息）を支払った。				
11/10	電気代50（水道光熱費）を現金で支払った。				
12/20	未払の食材費120を支払った。				
1/20	業務委託費60を現金で支払った。				
2/25	職員給料350から源泉所得税30（職員預り金）を控除して現金で支払った。				
3/10	経常経費に対する寄附100（経常経費寄附金収益）をいただいた。				
3/31	発生した保育事業の委託費（保育事業収益）600を未収に計上した。				

10/31の仕訳を二つ足すと、次のようになります。

（借　方）　　　　　（貸　方）
設備資金借入金　300　現金預金　320
支　払　利　息　　20

これをヒントに、2/25の仕訳を考えてください。

現　金　預　金

4/ 1 期首残高　100	
	3/31 期末残高
合　　計	合　　計　1,320

事業未収金

4/ 1 期首残高	950		
		3/31 期末残高	
合　計		合　計	

短期運営資金借入金

3/31 期末残高		4/ 1 期首残高	450
合　計		合　計	

事業未払金

		4/ 1 期首残高	130
3/31 期末残高			
合　計		合　計	

職員預り金

3/31 期末残高		4/ 1 期首残高	45
合　計		合　計	

器具及び備品

4/ 1 期首残高	700	3/31 期末残高	900
合　計		合　計	900

設備資金借入金

		4/ 1 期首残高	850
3/31 期末残高			
合　計		合　計	

保育事業収益

3/31 期末残高	670		
		3/31 事業未収金	600
合　計	670	合　計	670

経常経費寄附金収益

3/31 期末残高			
合　計		合　計	

職員給料

2/25 諸　　口	350	3/31 期末残高	
合　計	350	合　計	

給食費

		3/31 期末残高	
合　計		合　計	

水道光熱費

		3/31 期末残高	
合　計		合　計	

通信運搬費

		3/31 期末残高	
合　計		合　計	

業務委託費

		3/31 期末残高	
合　計		合　計	

支払利息

		3/31 期末残高	
合　計		合　計	

　このような仕訳問題を解く場合、元帳を見れば、どんな科目を使えば良いかが、分かりますね。でも、それでは力が付きませんので、54〜63頁を見て、科目を考えるクセをつけてください。

まとめ　B/SとP/Lの科目は、仕訳上、次のように対応します。

借　方	貸　方
資産の増加	資産の減少
負債の減少	負債の増加
費用の発生	収益の発生

仕訳の要素の結びつきをよく考えて仕訳をしてください。

4 支払資金の取引

1．期中取引は、ほとんどが支払資金増減取引

　社会福祉法人における日常の取引のほとんどは支払資金が増減する（あるいは、支払資金間の振替）取引です。

　以下では、このような支払資金の増減取引を中心に、その科目と内容、そして、仕訳を見ていきます。

2．「現金預金」勘定の内容と細分化

　日常取引のなかでも、一番多い取引は「現金預金」の取引です。

　「現金預金」は、現金（硬貨、小切手、紙幣、郵便為替証書、郵便振替貯金払出証書、官公庁の支払通知書等）及び、預貯金（当座預金、普通預金、定期預金、郵便貯金、金銭信託等）をいいます。

　ここで「硬貨」や「紙幣」は、常識的に「現金」と言えますが、「小切手」や「郵便為替証書」等は、どうでしょうか。日常生活では、このようなものは「現金」とは言いませんね。しかし、小切手や郵便為替証書等は、銀行や郵便局の窓口で通貨に引き換えることができます。そこで、会計ではあらゆる財産の増減を記録する必要がありますので、これらの証券を受け取ったときは、現金が入ってきたときと同じように扱うのです。

　ところで、小切手とは、そもそも一体何なのでしょうか。

　銀行などの金融機関と**当座取引契約**を結んで預けた預金を当座預金といいます。この当座預金口座を持っている人（法人）は、その預金口座から券面に記載された一定金額の支払を約束する証券（これが小切手です）を振り出すことができます。この小切手を、その口座のある金融機関に呈示すると、その金融機関は、振出人の当座預金から出金して持参人に通貨を渡すことになっています。そこで、小切手を受け取ったときは、現金として会計処理を行うことになります。

　では、小切手を受け取るのではなく、小切手を振り出したときは、どのように処理するのでしょうか。会計では、当座預金は**当座預金**勘定で処理し、小切手を振り出したときは、当座預金から出金されることになりますので、当座預金勘定の貸方に記入することになります。

　B/Sでは、「現金預金」という科目にまとめて表示しますが、実際の

「支払資金」とは流動資産のCashとその仲間（プラスの支払資金）と流動負債のCashのマイナス（マイナスの支払資金）ですね。

54頁を参照してください。

ここで「小切手」は、**他人振出しの小切手、送金小切手**を指しています。

左の説明は、教科書的な説明で、本来、このような証券を受け取ったときは、ただちに預金に入金すべきなので、現金として扱わず、預金入金の処理をするべきです。

記帳を「現金預金」という科目で処理すると、内容が分からなくなってしまいます。そこで、適宜、科目を細分化することが必要です。

　現金預金勘定をどのように細分化するかについては、実務では各法人が経理規程で定めることになりますが、学習簿記では、次のように科目を細分化します。

❑現金預金勘定の細分化
小口現金
現金
当座預金
普通預金
⋮

実務では、各法人の「経理規程」によって、当座預金や普通預金については、××銀行当座預金・××銀行普通預金等の小科目を設けることになります。

「小口現金」については、次の項で学びます。

３．小口現金

　上の勘定科目のうち、「小口現金」は聞き慣れない言葉かもしれません。

　法人の管理上、多額の現金を手許においておくことは望ましくありません。また、入金した現金を直接外部の支払に充てることも好ましくありません。そこで、現金のすべてを当座預金に預け入れ、多額の支払は小切手を振り出して行うこととし、会計係が一定の金額を定めて用度係・小口係などに前渡しをしておき（これが**小口現金**です）、毎日発生する小口の支払は、用度係がこの小口現金から支払うという方法が取られることがあります。小口現金勘定は、このような小口現金を処理する科目です。

①　小口現金の管理

　小口現金の管理方法には、定額資金前渡法と任意補給法（あるいは「随時補給法」）の二つの方法があります。

　定額資金前渡法は、会計係が前もって一定額の現金を用度係に渡し、後日定められた日（月末又は月初等）に使用した金額を用度係から会計係に報告し、使用した金額を補給する方法です。また、**任意補給法**（「**随時補給法**」）は、用度係の小口現金有高が少なくなったときに、必要に応じて会計係から用度係に随時小口現金を補給する方法です。

　会計上の処理は、報告を受け小口現金を補給したときに行いますので、仕訳は同じです。次の頁の例題を見てください。

管理上は、任意補給法よりも、定額資金前渡法が望ましいと考えられます。また、前渡した小口現金については、毎月確実に管理することが必要です。

例題 8 各取引の仕訳を示してください。なお、現金預金について
は、「小口現金」「当座預金」の小区分の勘定科目を使用して仕訳してく
ださい。

① 小口現金を設けることとし、会計係が用度係に小切手50を振り出し
て渡した。

借　　　方		貸　　　方	
小　口　現　金	50	当　座　預　金	50

「小口現金」という資産が増えるので、借方は小口現金ですね。

また、小切手を振り出したのですから、貸方は当座預金になります。

② 用度係から次のような支払をした旨の報告を受けたので、小切手を
振り出して補給した。

旅費交通費27、事務消耗品費8、通信運搬費5、会議費7

借　　　方		貸　　　方	
旅　費　交　通　費	27	小　口　現　金	47
事　務　消　耗　品　費	8		
通　信　運　搬　費	5		
会　　　議　　　費	7		
小　口　現　金	47	当　座　預　金	47

まず、小口現金を使った仕訳をします。貸方には、小口現金がきます
ね。そして、相手科目の借方に各々使った科目を記入します。

次に、小切手を振り出して補給したのですから…、貸方は、当座預金
ですね。小口現金設定時と同じ仕訳になります。

なお、上の仕訳の簡便法として、小口現金勘定を省略し、次のように
仕訳する方法もあります。

借　　　方		貸　　　方	
旅　費　交　通　費	27	当　座　預　金	47
事　務　消　耗　品　費	8		
通　信　運　搬　費	5		
会　　　議　　　費	7		

しかし、このような簡便法では、総勘定元帳を見ても期中の小口現金
の動きを把握することができませんので、実務上お勧めできません。

会計では「管理」ということを考えますので、「簡便な方法＝実務的
な方法」とは限らないのです。

簡便法では、
小口現金勘定
は一切増減し
ませんね。

② 小口現金出納帳

小口現金の支払明細を記入した補助簿を**小口現金出納帳**といいます。

小口現金を管理する用度係は、入出金の都度小口現金出納帳に日付・内容・金額を記入し、月末などの定められた時期にこの帳簿を締め切り、支払の明細を小口現金支払明細表に記入して会計係に報告します。

では、次の例題で小口現金出納帳を見ていただきます。

> **補助簿**は、主要簿に対する言葉です。主要簿は、仕訳帳と総勘定元帳でしたね。（69頁欄外参照）

例題 9

① 次の４月中の小口現金に関する取引から下記の小口現金出納帳を完成させてください。

４月１日	前月繰越 50,000円	15日	郵送料 2,000円
5日	地下鉄回数券 15,000円	20日	ノート代 1,200円
10日	バス回数券 10,000円	25日	タクシー代 1,500円

小口現金出納帳

受　入	××01年 月	日	摘要	支払	旅　費交通費	事　務消耗品費	通　信運搬費	諸　口	残　高
50,000	4	1	前月繰越						50,000
		5	地下鉄回数券	15,000	15,000				35,000
		10	バス回数券	10,000	10,000				25,000
		15	郵送料	2,000			2,000		23,000
		20	ノート代	1,200		1,200			21,800
		25	タクシー代	1,500	1,500				20,300
			合計	29,700	26,500	1,200	2,000	－	
29,700		30	本日補給						50,000
		〃	次月繰越	50,000					
79,700				79,700					
50,000	5	1	前月繰越						50,000

> 実務的には、連続式の出納帳とせず、Ａ４用紙１枚で１か月分を記入し、下の小口現金支払明細表に替えることもできます。
> その方が内容も明確で、実務的だと思います。

② 上の小口現金出納帳の記入に基づいて右のような小口現金支払明細表が作成されます。では、会計係が月末に用度係から支払報告を受けて、支払額を小切手を振り出して補給したとき、どのように仕訳しますか。

小口現金支払明細表
××01年４月30日

前受額		50,000円
支払額		
旅費交通費	26,500	
事務消耗品費	1,200	
通信運搬費	2,000	29,700
残高		20,300円

借　　　方		貸　　　方	
旅 費 交 通 費	26,500	小 口 現 金	29,700
事 務 消 耗 品 費	1,200		
通 信 運 搬 費	2,000		
小 口 現 金	29,700	当 座 預 金	29,700

4．未収金と事業未収金

収益が発生したにもかかわらず、まだ入金されていない未収入金（未回収の債権）等は**未収金**勘定で処理します。このうち、事業収益の発生によって生じた未収入金は**事業未収金**勘定で処理します。

仕訳例を示すと、次のとおりです。

なお、施設整備、設備整備及び事業に係る補助金等の未収額は、「**未収補助金**」勘定で処理します。

◆ **例題** 10　各取引の仕訳を示してください。

① 4月30日　4月に発生した介護保険報酬20,300を未収に計上した。

借　　　方	貸　　　方
事 業 未 収 金　　20,300	介護保険事業収益　　20,300

「事業未収金」という資産が増えることになります。相手科目は、介護保険事業収益です。なお、介護保険の場合、4月発生額のうち利用者負担分（原則10%）を控除した額の国民健康保険団体連合会（国保連）に対する請求は、5月に行うことになりますが、上の仕訳は、4月末の日付で行います。また、利用者負担分についても、月末締切りで請求することが多く、そのような場合、同様の仕訳が必要になります。

② 5月5日　4月に発生した介護保険報酬20,300を国保連に請求した。

4月の処理で計上済みなので、仕訳は行いません。

③ 5月31日　4月分請求額のうち500が返戻された。返戻額のうち150は再請求できないことが判明した。残額350については、5月発生額21,500とともに国保連に請求することとした。

借　　　方	貸　　　方
事 業 未 収 金　　21,500	介護保険事業収益　　21,500
介護保険事業収益　　　150	事 業 未 収 金　　　150

150は再請求できないので、取り消すことになります。

④ 6月25日　4月分保険請求額のうち、19,800が当座預金に振り込まれた。

借　　　方	貸　　　方
当 座 預 金　　19,800	事 業 未 収 金　　19,800

一般に「未収計上する」などの言い方をします。簿記的に正しく言うなら、「事業未収金に計上する」、となります。

発生した時点で収益を計上する。これが会計の基本です。

左の②場合、実務的には、5月5日に4月30日付の仕訳を行うことになります。

③に「返戻」とあるのは、請求額の一部（又は全部）が国保連から差し戻されることです。

5．その他の流動資産

①　有価証券

　会計では、国債・社債・株券のように市場で売買される（あるいは、その可能性がある）証券を有価証券と呼んでいます。

　有価証券のうち、時価の変動により利益を得ることを目的として所有する有価証券が、流動資産に属する「**有価証券**」です。

　長期的に所有する有価証券は「**投資有価証券**」として、固定資産に計上することになります。

　社会福祉法人では、資金の運用は安全確実で換金性の高い方法によることが求められるため、社会福祉法人の実務で有価証券にお目にかかることは少ないと思われます。

②　貯蔵品

　事務用の消耗品や郵便切手などを買い入れたときは、それぞれ事務消耗品費勘定、通信運搬費勘定で処理するのが普通ですが、決算に当たり未使用分があれば、その金額をそれぞれの勘定から差し引き、貯蔵品勘定の借方に振り替えて、次期に繰り延べます。

翌期に使用されたときに、貯蔵品から消耗品費等の科目に振り替えることになります。

　例：3月15日　郵便切手100を現金で購入した。

借　　方		貸　　方	
通　信　運　搬　費	100	現　　　　　　金	100

　3月31日　郵便切手未使用分は30であった。

借　　方		貸　　方	
貯　　蔵　　品	30	通　信　運　搬　費	30

③　立替金

　法人の職員などが購入すべき物品を、法人が一時的に代金を立て替えて購入した場合などに使用される勘定科目です。実質的に、法人外部への貸付になるようなものは、認められません。

　例：慰安旅行に要した費用のうち職員負担部分35につき、小切手を振り出し立替払した。

後日、本人負担分を回収したときは、
（借方）現金
　（貸方）立替金
の仕訳を行います。

借　　方		貸　　方	
立　　替　　金	35	当　座　預　金	35

④ 前払金

　自動車などの物品を購入したような場合には、内金として購入代金の一部を前払することがあります。このような前払については、前払金勘定で処理します。

　　例：送迎用自動車を購入することとし、内金として小切手を振り出して500を支払った。引渡しを受けるのは、翌月の予定である。

借　　方	貸　　方
前　払　金　　　　500	当　座　預　金　　　　500

⑤ 短期貸付金

　貸付期間が1年以内の金銭の貸付債権をいいます。貸付期間が1年を超えるものは「長期貸付金」として、固定資産に計上します。

⑥ 仮払金

　処理すべき科目・金額が確定しない場合の支出を一時的に処理する科目です。通常は、職員が研修会に出席するための旅費の概算払の金額等を計上します。

　　例：6月10日　研修旅費として現金300を仮払した。

借　　方	貸　　方
仮　払　金　　　　300	現　　　　金　　　　300

　　例：6月12日　研修旅費は280であったので、残金20の返戻を現金で受けた。

借　　方	貸　　方
研　修　研　究　費　　280 現　　　　金　　　　20	仮　払　金　　　　300

6．流動負債

① 短期運営資金借入金

　短期運営資金借入金は、借入期間が1年以内の経常経費に係る借入債務を処理する勘定科目です。借入期間が1年を超えるものは、長期運営資金借入金として固定負債に計上します。

　　例：銀行から運転資金5,000を借り入れ、当座預金に入金した。

借　　方	貸　　方
当　座　預　金　　5,000	短　期　運　営　資　金 借　　入　　金　　5,000

左の取引の続きで、翌月に車両の引渡しを受け、残金500を支払った場合の仕訳は、次のようになります。
（借方）
車輌運搬具 1,000
　（貸方）
　現金預金　500
　前払金　500

「長期貸付金」のうちの1年以内回収予定分については、決算時に流動資産に振り替えますが、これは支払資金には該当しません。

研修研究費には、「研修・研究のための旅費を含む」とされています（62頁を見てください）。

「長期運営資金借入金」等のうちの1年以内返済予定分については、決算時に流動負債に振り替えますが、これは支払資金には該当しません。

② 事業未払金とその他の未払金

事業未払金は、事業活動等に伴う事業費や事務費などの費用等の未払債務を処理する勘定科目です。

事業未払金以外の施設整備等未払金など固定資産購入のような場合の未払債務は、**その他の未払金**勘定で処理します。

③ 預り金と職員預り金

各種の一時的な預り金は**預り金**勘定で処理します。このうち職員の源泉所得税、特別徴収住民税、健康保険料、厚生年金保険料等の本人負担分のように、職員に関する一時的な預り金は**職員預り金**勘定で処理することとされています。

なお、入所者から管理を委託されているお小遣い等の金銭等は、法人の会計には計上されません。しかし別途管理することが必要です。

例：職員給料50から源泉所得税5を控除して支給した。

借 方		貸 方	
職 員 給 料	50	現 金 預 金	45
		職 員 預 り 金	5

例：上記の源泉所得税を納付した。

借 方		貸 方	
職 員 預 り 金	5	現 金 預 金	5

④ 前受金

前受金は、物品等の売却代金及び役務提供の対価の一部又は全部の前受額を処理する勘定科目です。

例：4月10日引渡し予定の就労支援事業収益100のうちの20を、3月31日に小切手で受け取り、ただちに普通預金に入金した。

借 方		貸 方	
普 通 預 金	20	前 受 金	20

⑤ 仮受金

仮受金は、処理すべき科目・金額が確定しない場合の収入を一時的に処理する勘定科目です。

例：普通預金に10が振り込まれてきたが、内容が不明確だった。

借 方		貸 方	
普 通 預 金	10	仮 受 金	10

源泉所得税等、役職員が負担すべき金額は、いったん法人が預かり、後日、各々の官庁等に納付します。

左のような金銭等は、管理を委ねられているだけなので、法人の資産・負債ではありませんね。

例：上記の受入金は、利用者の家族の方からの経常経費に対する寄附
であることが判明した。

借　　方		貸　　方	
仮　受　金	10	経　常　経　費 寄　附　金　収　益	10

7．日常取引の収益・費用科目

　社会福祉法人の現場で日常発生する取引のほとんどは、以上の支払資
金が増減する取引です。

　このうち、「事業未収金が預金に振り込まれた」とか、「事業未払金を
支払った」などの取引は、支払資金が同額だけ増減しますので、支払資
金残高も、純資産残高も増減しません。

　しかし、事業収益が発生した場合には、現金預金での回収や事業未収
金の計上によって支払資金と純資産が増加します。他方、人件費・事業
費・事務費が発生した場合は、現金預金での支払や事業未払金の計上に
よって支払資金と純資産が減少します。

　事業収益の発生を仕訳で示すと、次のように、貸方に「○○事業収益」
が計上され、借方に現金預金や事業未収金が計上されます。

　例：事業収益100を未収計上した場合の仕訳

借　　方		貸　　方	
事　業　未　収　金	100	○　○　事　業　収　益	100

　事業収益を未収計上せずに現金預金で回収した場合（例えば、利用者
負担金を直接現金でいただいた場合）、借方には現金預金が計上される
ことになります。

　また、人件費、事業費、事務費の発生を仕訳で示すと、次のように借
方に費用が計上され、貸方に現金預金や事業未払金が計上されます。

　例：事業費70を現金で支払った場合の仕訳

借　　方		貸　　方	
事　業　費	70	現　金　預　金	70

　上は、現金払のときの仕訳であり、例えば、発生の翌月に支払う場合
には、貸方には事業未払金が計上されることになります。

　以上の事業収益の発生と、人件費、事業費、事務費の発生取引が日常
取引の９割以上を占めています。

支払資金残高も純
資産残高も増減し
ないということ
は、フローの計算
書には出てこない
ということです。
逆に、支払資金残
高も純資産残高も
増減するというこ
とは、二つのフ
ローの計算書に計
上されるというこ
とです。

「○○事業収益」
の「○○」には、
実施している事業
種類が入ります。
58頁を見てくださ
い。
事業費は、利用者の
処遇に直接要する
費用を計上します。
事務費は、人件費
及び事業費以外の、
運営事務に要する
費用を計上します。
人件費,事業費,事務
費は大区分科目で
す。皆さんは折に触
れて、61頁以下の中
区分科目に親しんで
ください。

練習問題 10 支払資金関係取引の仕訳

次の取引を仕訳してください。なお、仕訳に使う科目はB/S・P/Lの科目とし、B/S科目については、小口現金・現金・当座預金以外は中区分科目（54〜56頁）、P/L科目については、収益は大区分科目（58頁）としてください。また費用については括弧（　）内に大区分科目を書いていますので、その下に中区分科目（61〜63頁）を記載してください。

期 中 取 引	仕 訳			
	借　方		貸　方	
	科　目	金　額	科　目	金　額
① 小口現金500を小切手を振り出し補給した。				
② 用度係から小口現金の支払報告を受けた。 　　旅費交通費　　250 　　通信運搬費　　 95 　　事務消耗品費　110	（事務費）			
③ 上記の金額について小切手を振り出して補給した。				
④ 前月に未払計上していた食材費650及び保育材料費240を小切手を振り出して支払った。				
⑤ 入金理由不明で仮受金処理していた100は、保護者からの経常経費に対する寄附金であることが判明した。				
⑥ 保育事業に係る補助金5,000が当座預金口座に振り込まれた。				
⑦ 職員に対して研修費用300を現金で概算仮払した。				
⑧ 過日、⑦で概算払していた研修の精算報告を下記のとおり受け、残額は現金で受け取った。 　　宿泊費及び日当　150 　　研修受講料　　　120	（事務費）			
⑨ 職員用のトイレ用品50を購入し、現金で支払った。	（事務費）			
⑩ 児童の昼寝用毛布等800を購入し、代金は小切手を振り出して支払った。	（事業費）			
⑪ 自動車350を購入し、代金は翌月に支払うことにした。				
⑫ 職員給料550の支給に当たり、源泉所得税、健康保険料等125を控除した残額を当座預金口座から振込支給した。	（人件費）			
⑬ 当月分の購入額として下記金額を計上した。（代金翌月払い） 　　食材　　　　　750 　　厨房用消耗品　150 　　児童用絵本　　350 　　絵の具・粘土　140	（事務費）			
⑭ 当月分の保育事業に係る委託費2,000が当座預金に振り込まれた。				

5 精算表

1．転記の結果をどう使うか

　転記を行った結果、各科目の元帳を見ると、その科目の「期首残高」・「期中借方発生額」・「期中貸方発生額」・「期末残高」が分かります。

　すべての科目について「期首残高」・「期中借方発生額」・「期中貸方発生額」・「期末残高」を、下のような形式の表に書き出したものを「試算表」といいます。

摘　　要	期首残高		期中取引		期末残高	
	借　方	貸　方	借　方	貸　方	借　方	貸　方
現 金 預 金						
事 業 未 収 金						

　では、「試算表」を一度、作成してみましょう。

> 「期中借方発生額」は、借方科目の期中増加、貸方科目の期中減少を意味します。では、「期中貸方発生額」は？
>
> 「月次」で試算表を作成すると、左の「期首」「期中」「期末」はそれぞれ「月初」「月中」「月末」となります。

練習問題 11 試算表を作成する(1)

　練習問題8の解答（解答13頁）をもとに、次頁の試算表を完成してください。

　なお、試算表の作成手順は、次のとおりです。

〈試算表作成の手順〉

　まず、**練習問題8の解答**の現金預金勘定を見てください。

　期中入金額620が期中取引額借方、期中出金額710が期中取引額貸方ですね。これを次頁の試算表期中取引欄の現金預金の行に、それぞれ記入します。次に、

　期首残高1,000＋期中取引借方620－期中取引貸方710＝910

を試算表の期末残高欄の借方に記入します。

　以下同様に、**練習問題8の解答**の各勘定科目転記面から、試算表の期中取引欄に記入し、残高を計算します。

　その際、短期運営資金借入金や事業未払金のように期首残高が貸方にある科目については、期中取引の貸方をプラスし、借方をマイナスします。そして、期末残高は貸方に記入することになります。

　上記の記入が終わると、期中取引欄の借方合計、貸方合計を計算し、最下行に記入します。転記及び計算に誤りがなければ、貸借が一致します。

　同様に期末残高欄も借方合計、貸方合計を計算し、最下行に記入します。貸借が一致すれば、完成です。

試　算　表

摘　要	期首残高		期中取引		期末残高	
	借　方	貸　方	借　方	貸　方	借　方	貸　方
現　金　預　金	1,000					
事　業　未　収　金	500					
短　　　　　期 運営資金借入金		700				
事　業　未　払　金		300				
（基本財産） 土　地・建　物	1,300				1,300	
車　輌　運　搬　具	―					
設備資金借入金		―				
基　　本　　金		1,500				1,500
次期繰越活動 増減差額（期首）		300				300
介護保険事業収益						
経常経費寄附金収益						
職　員　給　料						
給　　食　　費						
支　払　利　息						
合　　計	2,800	2,800				

　以上のように、試算表を作ることによって、転記や集計が誤りなく行われたか、どうかが分かります。そして、もし誤りが発見されたら、訂正のうえ、再度試算表を作りなおして合計が合致していることを確かめます。そんなことから、「試算」表と名付けられたのです。

　もう一度、よく試算表を眺めて見ましょう。

　期首残高は、期首のB/Sですね。そして、期中取引合計は、貸借が一致しています。何故かって？

　これは、期中の取引を貸借同じ額で仕訳し、その仕訳どおりに各勘定科目に転記したからですね。つまり、この金額は、仕訳の合計金額と合致しています。そして、期首がバランスして期中がバランスしているので…、期末残高も当然に貸借が一致するはずです。

　科目の配列順序は、**Cashとその仲間**（流動資産）に続けて**Cashのマイナス**（流動負債）が続き、それから「固定資産」・「固定負債」…、という順になっています。

　また、試算表の横の計算は、次の頁のようになっています。

転記や集計が誤りなく行われたかどうかを確かめるために、試みに計算してみる……で「試算表」です。
そのような目的のための表を「試算表」というので、他の形式のものもあります。

仕訳の合計金額を出して、確かめてください。

社会福祉法人の場合、この配列には大切な意味があります。

試 算 表 の 計 算 は

$\left(\begin{array}{c}\text{期中取引の}\\+\text{は増加}\quad\triangle\text{は減少}\end{array}\right)$

摘　　要	期首残高		期中取引		期末残高	
	借　方	貸　方	借　方	貸　方	借　方	貸　方
Cashとその仲間 （ 流 動 資 産 ）	期首残高	－	＋	△	期末残高	－
Cashのマイナス （ 流 動 負 債 ）	－	期首残高	△	＋	－	期末残高
固 　 定 　 資 　 産	期首残高	－	＋	△	期末残高	－
固 　 定 　 負 　 債	－	期首残高	△	＋	－	期末残高
純 　 　 資 　 　 産	－	期首残高	△	＋	－	期末残高
P ／ L 収 益			△	＋		P/L収益
P ／ L 費 用			＋	△	P/L費用	－
合 　 　 　 計	イ	イ	ロ	ロ	ハ	ハ

　以上のようなことにも気を付けながら、もうひとつ、練習問題を解い
てください。

練習問題 12 試算表を作成する⑵

　練習問題9の解答（解答14〜15頁）の元帳面をもとに、下の試算表を完成してください。

試 　 算 　 表

摘　　要	期首残高		期中取引		期末残高	
	借　方	貸　方	借　方	貸　方	借　方	貸　方
現 　 金 　 預 　 金	100					
事 　 業 　 未 　 収 　 金	950					
短　　　　　期 運営資金借入金		450				
事 　 業 　 未 　 払 　 金		130				
職 　 員 　 預 　 り 　 金		45				
（基本財産） 土 　 地 ・ 建 　 物	2,000					
器 　 具 　 及 　 び 　 備 　 品	700					
設 　 備 　 資 　 金 　 借 　 入 　 金		850				
基 　 　 　 本 　 　 　 金		2,000				
次 期 繰 越 活 動 増減差額（期首）		275				
保 　 育 　 事 　 業 　 収 　 益						
経 常 経 費 寄 附 金 収 益						
職 　 員 　 給 　 料						
給 　 　 食 　 　 費						
水 　 道 　 光 　 熱 　 費						
通 　 信 　 運 　 搬 　 費						
業 　 務 　 委 　 託 　 費						
支 　 払 　 利 　 息						
合 　 　 　 計	3,750	3,750				

２．試算表の構造と精算表

さて、試算表科目の記載順は、流動資産、流動負債、固定資産、固定負債の順でしたね。

そうしますと、試算表の構造は、次のように表わすことができます。

〈ただし、**期中取引仕訳が、Cashとその仲間あるいはCashのマイナスを含む仕訳（以後「資金取引」と言います）だけで構成されている場合です。**〉

> Cashとその仲間、Cashのマイナスが支払資金です。

試算表の構造 （期中取引が資金取引のみの場合）

摘　要	期首残高		期中取引		期末残高	
	借　方	貸　方	借　方	貸　方	借　方	貸　方
Cashとその仲間（流動資産）	A		F 支払資金の増加	G 支払資金の減少	期末のCashとその仲間	
Cashのマイナス（流動負債）		C				期末のCashのマイナス
固定資産	B				期末固定資産	
固定負債		D	H 支払資金減少原因別内訳（支出）	I 支払資金増加原因別内訳（収入）		期末固定負債
純資産		E				期首純資産
P／L収益						P／L収益
P／L費用					P／L費用	
合　計	A＋B＝C＋D＋E		F＋H＝G＋I		借方合計＝貸方合計	

期中取引欄は、次の内容からなっています。

① Cashとその仲間あるいはCashのマイナス…支払資金自体の増加・減少

② それ以外の部分………………………支払資金増減の相手科目

　　　　　　　　　　　→支払資金の増減原因別の内容

> ②は、仕訳でいうと、①の相手科目ですね。

また、期末残高欄は、次の内容からなっています。

① 資産・負債・純資産部分………B/S科目残高

② それ以外の部分…………………P/L科目残高

　　　　　　　　　　　→純資産の増減原因別の内容

以上に記載した試算表の構造に着目すると、少し工夫をすると、期末のB/SやP/L、そして、ナント！資金収支計算書までが作成できるのです。このような表を**精算表**といいます。

次の**練習問題13**で、そのことを実感してください。

練習問題 13 6桁精算表を作成する⑴

練習問題11の解答（解答17頁）をもとに、次頁の6桁精算表を完成してください。

（チャレンジしようという方は、**練習問題8の解答**（解答13頁）をもとに解いてみてください。）

〈解答の手順〉

① 試算表作成と同じように、総勘定元帳に記載されている各科目の期中取引欄「借方」・「貸方」、そして、期末B/S残高とP/L残高を記入します。

② 次いで、期中取引欄を完成させます。期中取引欄は、次の順に記入します。

イ．「支払資金計」を算出して、記入します。

ロ．「イ」で算出した金額の差額を、二重線ワク内の「差引支払資金増加額」に記載します。
期中に、この金額だけ支払資金が増加したことが分かりますね。

ハ．期中取引欄の下から3行目の「収益・費用（収入・支出）小計」を算出して、記入します。

ニ．「ハ」で算出した金額の差額を、二重線ワク内の「当期資金収支差額」に記載します。
この金額は、収支からみた資金増加額です。「ロ」で書いた金額と同じになりましたか。

ホ．「増減等（収支）合計」を算出し、記載します。借方・貸方ともに780になりますね。

③ 次に、P/Lを次の手順で完成させます。

イ．「収益・費用（収入・支出）小計」を算出し、記入します。

ロ．「イ」で算出した金額の差額を、二重線ワク内の「当期活動増減差額」に記載します。
期中に、この金額だけ純資産が増加しました。

ハ．「増減等（収支）合計」を算出し、記載します。借方・貸方ともに、580になりますね。

④ 最後に、B/Sを完成させます。

イ．「支払資金計」を算出し、記入します。

ロ．「イ」で算出した金額の差額を、「（差引支払資金）」に記載します。これは、期末時点の支払資金残高です。期首B/Sの支払資金に、期中取引欄の金額を加算すると、同じ額になります。

ハ．二重線ワク内の「差引純資産増加額」には、P/Lの「当期活動増減差額」の額を記入します。

ニ．B/S合計を算出し、記入します。貸借は、一致しましたか。
なお、B/S合計を算出するとき、上記「ロ」で記載した（　）内の数値を合計に含めないように注意してください。

精　算　表

摘　要	期首B/S 借方(資産)	期首B/S 貸方(負債・純資産)	期中取引 借方	期中取引 貸方	期末B/S 借方(資産)	期末B/S 貸方(負債・純資産)
現　金　預　金	1,000					
事 業 未 収 金	500					
短期運営資金借入金		700				
事 業 未 払 金		300				
支 払 資 金 計	1,500	1,000				
（差引支払資金）		(500)	差引支払資金増加額→			（　　）
			資金収支計算書 借方(支出)	貸方(収入)		
(基本財産)土 地・建 物	1,300				1,300	
車 輌 運 搬 具	―		固定資産取得支出			
設 備 資 金 借 入 金		―		借入金収入		
基　本　金		1,500				1,500
次期繰越活動増減差額(期首)		300				300
当期活動増減差額					差引純資産増加額→	
B / S 合 計	2,800	2,800				
					P/L 借方(費用)	貸方(収益)
介護保険事業収益(収入)						
経常経費寄附金収益(収入)						
職員給料(支出)						
給 食 費(支出)						
支払利息(支出)						
収益・費用(収入・支出)小計						
当期増減(収支)差額				←当期資金収支差額		←当期活動増減差額
増 減 等(収支)合計						

　仕訳は、B/S科目とP/L科目とで行いますが、P/L科目で資金収支計算書にも計上される科目については、P/L科目の後ろに「収入」「支出」を括弧（　）内に記載しています。

精算表には資金収支計算書も記載されるので、左のようにしています。

練習問題 14 6桁精算表を作成する(2)

練習問題9の解答（解答14〜15頁）をもとに、精算表を完成してください。

精 算 表

摘　要	期首B/S 借方 (資産)	期首B/S 貸方 (負債・純資産)	期中取引 借方	期中取引 貸方	期末B/S 借方 (資産)	期末B/S 貸方 (負債・純資産)
現 金 預 金	100					
事 業 未 収 金	950					
短　期 運営資金借入金		450				
事 業 未 払 金		130				
職 員 預 り 金		45				
支 払 資 金 計	1,050	625				
（差引支払資金）		(425)	差引支払資金増加額→ △			( )

資金収支計算書

			借方 (支出)	貸方 (収入)		
(基本財産) 土 地・建 物	2,000					
器 具 及 び 備 品	700		固定資産取得支出			
設 備 資 金 借 入 金		850	元金償還金支出			
基 本 金		2,000				
次 期 繰 越 活 動 増減差額（期首）		275				
当 期 活 動 増 減 差 額					差引純資産増加額 →	
B / S 合 計	3,750	3,750				

P/L

					借方 (費用)	貸方 (収益)
保育事業収益(収入)						
経常経費寄附金収益(収入)						
職 員 給 料(支出)						
給 食 費(支出)						
水 道 光 熱 費(支出)						
通 信 運 搬 費(支出)						
業 務 委 託 費(支出)						
支 払 利 息(支出)						
収 益・費 用 (収入・支出) 小計						
当期増減(収支)差額			△	←当期資金収支差額		←当期活動増減差額
増 減 等(収支)合計						

　期中取引の「当期支払資金増加額」は、この問題の場合マイナス、つまり「減少」となっています。しかし、本来は「簿記では、マイナスを使わない」のが約束ですから、上の解答欄と貸借を逆にしてプラス記入することが本来の簿記の姿です。しかし、様式を一定にした方が、学習には好都合と考え、このテキストでは、すべての精算表を上のような形式にしています。

練習問題 15 総合演習問題

次の〈**問題15－①**〉から〈**問題15－④**〉の連続した問題を解いてください。

収益の勘定科目については、大区分科目、その他の勘定科目については、中区分科目を使ってください。また、転記の際に相手科目が複数になるときは、「諸口」を使用してください。

〈問題15－①〉仕訳する

次の××01年4月中の取引について、仕訳してください。

2日　未収計上していた介護保険報酬950につき口座振込を受けた。
5日　業務委託費35を現金で支払った。
8日　先月、給与支払時に天引き（「職員預り金」処理）した源泉税10を現金で納付した。
9日　出張旅費概算額100を現金で仮払した。
12日　設備資金借入金40を返済し、あわせて借入金利息5を預金から支払った。
15日　水道・ガス・電気代30が預金から自動引落としされた。
18日　食材180を掛けで買い入れた。
20日　パソコン一式（固定資産）750を購入し、小切手を振り出して支払った。
25日　本月分職員給料250から、源泉所得税等40を差し引き、現金で支給した。
26日　介護保険利用者負担金80を現金で受け取った（「介護保険事業収益」科目を使用します）。
27日　未払計上していた前月分食材代金240を小切手を振り出して支払った。
28日　9日に概算払していた出張旅費の精算金額は90であり、残額10は現金で受け取った。
29日　設備資金500を借り入れ、当座預金に入金した。
30日　介護保険報酬920を未収計上した。
30日　社会保険料50（うち従業員からの預り分25）を現金で納付した。

【解答欄】

取引日	借　方		貸　方	
	科　目	金　額	科　目	金　額
2日				
5日				
8日				
9日				
12日				
15日				
18日				
20日				
25日				
26日				
27日				
28日				
29日				
30日				
30日				

〈問題15-②〉転記する

問題15-①で行った仕訳を転記し、取引合計を記入してください。

現 金 預 金

××01年 月 日	摘　　　　　　要	借　　方	貸　　方	差引借方残高
4 1	前期繰越	—	—	1,500
	取引合計			

事 業 未 収 金

××01年 月 日	摘　　　　　　要	借　　方	貸　　方	差引借方残高
4 1	前期繰越	—	—	1,800
	取引合計			

仮 払 金

××01年 月 日	摘　　　　　　要	借　　方	貸　　方	差引借方残高
4 1	前期繰越	—	—	0
	取引合計			

事 業 未 払 金

××01年 月 日	摘　　　　　　要	借　　方	貸　　方	差引貸方残高
4 1	前期繰越	—	—	240
	取引合計			

職 員 預 り 金

××01年 月 日	摘　　　　　　要	借　　方	貸　　方	差引貸方残高
4 1	前期繰越	—	—	100
	取引合計			

器 具 及 び 備 品

××01年 月 日	摘　　　　　　要	借　　方	貸　　方	差引借方残高
4 1	前期繰越	—	—	3,700
	取引合計		—	

設備資金借入金

××01年 月 日		摘　　　　　要	借　　方	貸　　方	差引貸方残高
4	1	前期繰越	―	―	3,000
		取引合計			

介護保険事業収益

××01年 月 日		摘　　　　　要	借　　方	貸　　方	差引貸方残高
4					
		取引合計	―		

職 員 給 料

××01年 月 日		摘　　　　　要	借　　方	貸　　方	差引借方残高
4					
		取引合計		―	

法定福利費

××01年 月 日		摘　　　　　要	借　　方	貸　　方	差引借方残高
4					
		取引合計		―	

給 食 費

××01年 月 日		摘　　　　　要	借　　方	貸　　方	差引借方残高
4					
		取引合計		―	

水道光熱費

××01年 月 日		摘　　　　　要	借　　方	貸　　方	差引借方残高
4					
		取引合計		―	

旅費交通費

××01年 月 日		摘　　　　　要	借　　方	貸　　方	差引借方残高
4					
		取引合計		―	

業務委託費

××01年 月 日		摘　　　　　要	借　　方	貸　　方	差引借方残高
4					
		取引合計		―	

支 払 利 息

××01年 月 日		摘　　　　　要	借　　方	貸　　方	差引借方残高
4					
		取引合計		―	

〈問題15−③〉 試算表を作成する

問題15−②で記帳した各勘定科目の元帳をもとに、次の試算表を作成してください。

試　算　表

自××01年4月1日　至××01年4月30日

摘　要	期首残高		月中取引		月末残高	
	借　方	貸　方	借　方	貸　方	借　方	貸　方
現　金　預　金						
事　業　未　収　金						
仮　払　金	―					
事　業　未　払　金						
職　員　預　り　金						
（基本財産）土　地・建　物	20,000					
器　具　及　び　備　品						
設　備　資　金　借　入　金						
基　本　金		23,000				
次　期　繰　越　活　動増　減　差　額（期首）		660				
介　護　保　険　事　業　収　益						
職　員　給　料						
法　定　福　利　費						
給　食　費						
水　道　光　熱　費						
旅　費　交　通　費						
業　務　委　託　費						
支　払　利　息						
合　計						

〈解答の手順〉

① 元帳は月中取引合計までが記入された状態です。

　ですから、上の試算表では、「期首残高」・「月中取引」までを元帳から移記します。

② その後、「合計」を算出し、各々合致していることを確かめます。

③ 期首残高・月中取引の合計が貸借一致していると、「転記」と元帳の取引合計の計算が合っ

　ていたことが分かります。それから、上の試算表の月末残高を算出するのです。

④ 月末残高の「合計」を算出して貸借の一致を確かめます。

　以上の手続を経て、試算表を見ながら元帳に残高を記入します。これが、実務の流れです。

　もっとも、最近は、「仕訳」をコンピュータへ入力すると、「転記」以降も終わるというのが、

多くの実務現場です。「楽チン」ですが、コンピュータ任せでは、いつまでたっても全体の流

れをつかむことができませんネ。

〈問題15－④〉 精算表を作成する

　問題15－③で作成した試算表をもとに、次の精算表を作成してください。

精 算 表

自××01年4月1日　至××01年4月30日

摘　　要	期首B/S 借方（資産）	期首B/S 貸方（負債・純資産）	月中取引 借方	月中取引 貸方	月末B/S 借方（資産）	月末B/S 貸方（負債・純資産）
現 金 預 金						
事 業 未 収 金						
仮 払 金	―					
事 業 未 払 金						
職 員 預 り 金						
支 払 資 金 計（差引支払資金）		（　　）	差引支払資金増加額→ ▢			（　　）
			資金収支計算書			
			借方（支出）	貸方（収入）		
（基本財産）土 地・建 物						
器 具 及 び 備 品			固定資産取得支出			
設 備 資 金 借 入 金			元金償還金支出	借入金収入		
基 本 金						
次 期 繰 越 活 動増 減 差 額（期首）						
当 期活 動 増 減 差 額					差引純資産増加額 → ▢	
B / S 合 計						
					P/L	
					借方（費用）	貸方（収益）
介護保険事業収益(収入)						
職 員 給 料(支出)						
法 定 福 利 費(支出)						
給 食 費(支出)						
水 道 光 熱 費(支出)						
旅 費 交 通 費(支出)						
業 務 委 託 費(支出)						
支 払 利 息(支出)						
収 益・費 用（収入・支出）小計						
当期増減(収支)差額			▢	←当月資金収支差額	▢	←当月活動増減差額
増 減 等(収支)合計						

6　固定資産と減価償却

1．固定資産とその内容

　「固定資産」は、「流動資産」に対応する概念です。基本的には、１年以内に資金化される資産であるかどうかが、固定資産であるか流動資産であるかの区分の基準になります。

　固定資産には、次のようなものがあります。初級段階では下の表のゴシック表記の勘定科目について、理解しておいてください。

14頁を参照してください。

下の表は55頁に記載したものの一部です。

大 区 分 　　中 区 分	説　　　　明 （厚生労働省から発出されている**課長通知**に沿った説明です。）
〈固定資産〉	
（基本財産）	**定款において基本財産と定められた固定資産をいいます。**
土　　　　地	基本財産に帰属する土地をいいます。
建　　　　物	基本財産に帰属する建物及び建物付属設備をいいます。
定　期　預　金	定款等に定められた基本財産として保有する定期預金をいいます。
投 資 有 価 証 券	定款等に定められた基本財産として保有する有価証券をいいます。
（その他の固定資産）	**基本財産以外の固定資産をいいます。**
土　　　　地	基本財産以外に帰属する土地をいいます。
建　　　　物	基本財産以外に帰属する建物及び建物付属設備をいいます。
構　　築　　物	建物以外の土地に固着している建造物をいいます。
機 械 及 び 装 置	機械及び装置をいいます。
車 輌 運 搬 具	送迎用バス、乗用車、入浴車等をいいます。
器 具 及 び 備 品	器具及び備品をいいます。ただし、取得価額が10万円以上で、耐用年数が１年以上のものに限ります。
建 設 仮 勘 定	有形固定資産の建設、拡張、改造などの工事が完了し稼働するまでに発生する請負前渡金、建設用材料部品の買入代金等をいいます。
権　　　　利	法律上又は契約上の権利をいいます。
ソ フ ト ウ ェ ア	コンピュータソフトウェアに係る費用で、外部から購入した場合の取得に要する費用ないしは制作費用のうち研究開発費に該当しないものをいいます。
投 資 有 価 証 券	長期的に所有する有価証券で基本財産に属さないものをいいます。
長 期 貸 付 金	生計困窮者に対して無利子または低利で資金を融通する事業、法人が職員の質の向上や福利厚生の一環として行う奨学金貸付等、貸借対照表日の翌日から起算して入金の期限が１年を超えて到来するものをいいます。
退 職 給 付 引 当 資 産	退職金の支払に充てるために退職給付引当金に対応して積み立てた現金預金等をいいます。
差 入 保 証 金	賃貸用不動産に入居する際に、賃貸人に差し入れる敷金、保証金等をいいます。

　上の表の器具及び備品の説明で、「取得価額が10万円以上で、耐用年数が１年以上のものに限る」となっていますね。耐用年数が１年に満たないものは、資金が長期に固定化されているものではないので、固定資産には計上しません。では、「取得価額が10万円以上」というのは、どういう意味でしょうか。これが、次の問題です。

「耐用年数」は、その固定資産の使用可能期間のことです。

2. 固定資産の取得価額

固定資産に限らず、会計では、資産は取得価額を基礎として計上することが原則です。

資産を取得するには、購入代価のほかに、購入手数料や引取費用という付随費用がかかります。固定資産の場合には、据付費や試運転費が必要なこともあります。**取得価額**というのは、購入代価にこれらの付随費用も含めたものを指します。

購入の場合の仕訳例を示すと、次のとおりです。

例：建物を300,000で購入し、不動産業者への手数料10,000と合わせて小切手310,000を振り出して支払った。

借　　　方	貸　　　方
建　　　物　　　310,000	現　金　預　金　　　310,000

不動産業者への手数料は、建物の購入に要した付随費用に該当するので、建物の取得価額に含めます。

さて、前頁の「器具及び備品」では、「取得価額が10万円以上で耐用年数が1年以上…」とありますが、「取得価額が10万円に満たなくて、耐用年数が1年以上のもの」を考えてみると、皆さんの施設にも随分多くあるのではないでしょうか。例えば、文具用品であるパンチ（穴あけ）などもそうです。少なくとも、10年以上の耐用年数がありそうです。しかし、このようなものまですべてを固定資産として計上していてはきりがありません。

そこで、「10万円未満のものは、重要性が低いので、固定資産にしなくてよい」と割り切ったのです。おかげで1本100円の定規や、場合によっては、9万9千円のデジタルカメラも固定資産とせずに、**消耗器具備品費**（利用者の処遇に使用するもの）あるいは**事務消耗品費**（事務用に使用するもの）として処理することができます。

例：利用者のために90,000（円）のテレビを現金で購入した。

借　　　方	貸　　　方
消耗器具備品費　　　90,000	現　金　預　金　　　90,000

なお、利用者の処遇に直接使用する消耗品類は消耗器具備品費で処理しますが、介護用品については**介護用品費**、利用者の衣類・寝具等については**被服費**で処理します。

取得価額＝
購入代価＋付随費用

なお、「取得価額が10万円」という場合の「取得価額」は、取引1単位当たりの価額で判定します。
例えば、1台98,000円のパソコンを10台購入し、搬入据付費5万円を支払った場合、合計103万円となり、1台当たり10万円以上となります。

会計では、このような考え方を「重要性の原則」と呼んでいます。

62頁の『勘定科目』の説明を参照してください。

教養娯楽費、日用品費、保育材料費は、左の科目とどう違うのでしょうか。

3．減価償却

『Ⅰ 会計入門』（37頁以下）の復習から、始めます。

建物や器具及び備品あるいはソフトウエアなど、時の経過又は使用等によって劣化し、やがて、使用に耐えなくなる固定資産（これを**償却資産**といいます）については、時の経過とともにB/Sに計上する資産としての価額を減少させる必要があり、また、同額だけ純資産を減少させる必要があります。

このような事実に対し、会計では、取得した償却資産について、価値の減少（減価）を計算し、B/Sの固定資産から簿価を減じて同額をP/Lの費用に計上する**減価償却**という手続を行うのですね。

減価償却を行ったときの仕訳は、次のようになります。

借　　方		貸　　方	
減 価 償 却 費	××××	固 定 資 産 勘 定	××××

なお、**減価償却費は、固定資産と純資産を減少させる「費用」**となりますが、支払資金（Cashとその仲間・Cashのマイナス）は何ら増減させません。したがって、**減価償却費は、資金収支計算書には計上されず支出とはならない**ことに、注意が必要です。

厚生労働省から発出されている局長通知（以下、単に「**局長通知**」と記載します。）では、次のように規定しています。

【局長通知】

16　減価償却について（会計基準省令第4条第2項関係）

（1）　減価償却の対象

耐用年数が1年以上、かつ、使用又は時の経過により価値が減ずる有形固定資産及び無形固定資産（ただし、取得価額が少額のものは除く。以下「償却資産」という。）に対して毎期一定の方法により償却計算を行わなければならない。

なお、土地など減価が生じない資産（非償却資産）については、減価償却を行うことができないものとする。

（2）　減価償却の方法

減価償却の方法としては、有形固定資産については定額法又は定率法のいずれかの方法で償却計算を行う。

また、ソフトウエア等の無形固定資産については定額法により償却計算を行うものとする。（以下省略）

償却資産に対して、減価しない固定資産を非償却資産といいます。非償却資産としては、土地の他に美術品としての価値を有している書画・骨董などがあります。

二つのフローの計算書。
P/Lは純資産増減
→減価償却費を計上
資金収支計算書は支払資金増減
→減価償却費計上せず

左記の「**局長通知**」とは、「社会福祉法人会計基準の制定に伴う会計処理等に関する運用上の取扱いについて」（平成28年3月31日　雇児発0331第15号・社援発0331第39号・老発0331第45号）のことです。
定率法その他の詳しいことは、簿記テキスト《中級編》で取り扱います。

４．減価償却費の計算方法（定額法）

① 残存価額

　減価償却すべき総額については、『Ⅰ 会計入門』では、単純に取得価額としていました。しかし、実はこれには問題があります。

　耐用年数がつきて減価償却し終わって、本来のその資産としての機能を失って役割が果たせなくなったとしても、もしも、その資産に価値があるとしたら（**残存価額**といいます）、減価償却すべき金額は、次のようになります。

$$減価償却すべき金額＝取得価額－残存価額$$

　これが正確な考え方です。しかし現在では、残存価額をゼロとして取り扱いますので、結果として、取得価額総額を償却することになっています。結果は同じことですが、本来の考え方を理解しておいてください。

② 具体的減価償却額の計算

　定額法の場合、１年当たりの減価償却費は、考え方としては取得価額を耐用年数で割ることによって一定額として求められます。しかし、実務上は次の計算式によることになっています（38頁参照）。

$$取得価額×定額法償却率$$

　そこで、100万円で取得した耐用年数５年の自動車（勘定科目は「車輌運搬具」です）の１年間当たりの減価償却費は、次のように計算できます。

　　100万円×0.200＝20万円／年

　しかし、上の計算は、あくまでも「１年当たりの減価償却費の計算」です。もし、この自動車の取得が１月だったとしたら、その年度の減価償却費はどうなるでしょうか。

　１月、２月、３月の３か月しか使用していないのですから、３か月分として、次のように計算します。

$$20万円×3か月÷12か月＝5万円$$

　このような減価償却の制度がどのような意味を持っているのか、もう一度、40頁の練習問題５をシッカリ見直してください（是非！）。

　では、次の例題を解いてみてください。

物としての実体を持っている固定資産を**有形固定資産**といいますが、平成18年度以前には、減価償却を行うべき有形固定資産の残存価額は、一律に取得価額の１割と定められていました。

しかし、平成19年度の税法改正で、残存価額がゼロとされたことから、社会福祉法人においても見直しが行われ、平成19年4月1日以降に取得した有形固定資産については、残存価額をゼロとして取り扱うこととされました。

有形固定資産は、物としての実体がありますので、最終年には備忘価額として１円を残さなければならないとされています。

左のように「使用」期間で計算します。実際に事業の用に供した時点から償却を開始する、これが会計の考え方です。

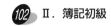

例題 11 次の取引の仕訳を示してください。

4月10日　応接セット400,000円を現金で購入した。

6月25日　駐車場を1,200,000円でアスファルト舗装し小切手を振り出した（「構築物」で処理します）。

9月30日　保育所用に椅子20脚（単価15,000円）を現金で購入した。

3月31日　決算に当たり、応接セットを耐用年数8年で償却した。

3月31日　同じく、舗装路面を耐用年数10年で償却した。

なお、減価償却資産の償却率は、次の表によります。

耐用年数	定額法償却率	6	0.167
2	0.500	7	0.143
3	0.334	8	0.125
4	0.250	9	0.112
5	0.200	10	0.100

解答

（単位：円）

日　付	借　　方		貸　　方	
4月10日	器具及び備品	400,000	現　金　預　金	400,000
6月25日	構　　築　　物	1,200,000	現　金　預　金	1,200,000
9月30日	消耗器具備品費	300,000	現　金　預　金	300,000
3月31日	減　価　償　却　費	50,000	器具及び備品	50,000
3月31日	減　価　償　却　費	100,000	構　　築　　物	100,000

〈解説〉

4月10日　応接セットは「器具及び備品」ですね。

6月25日　アスファルト舗装路面は「構築物」となります。

9月30日　1単位当たり10万円未満の減価償却資産は、資産に計上しなくてよいことになっています。1脚15,000円ですから、この場合も「器具及び備品」とせず「消耗器具備品費」とします。

3月31日　減価償却費の計算は、次のとおりです。
　　　　　400,000円×0.125＝50,000円

3月31日　減価償却費の計算は、次のとおりです。
　　　　　（1,200,000円×0.100）×10か月／12か月
　　　　　＝100,000円

金額を示す数値にはその単位が記載される必要がありますが、このテキストでは紙幅の関係と学習目的から原則として金額単位を記載していません（18頁）。

しかし、左の**例題-11**の場合には、金額の単位が記載されていないと、固定資産として処理すべきものか消耗器具備品費として処理すべきものか、その判断ができません。

舗装路面の他、ブロック塀や広告塔のように、土地に固着した建造物を構築物といいます。

減価償却費の計算は「日割り」ではなく「月割り計算」します。

5．固定資産の売却

　固定資産を売却したときの処理は、どのように行うのでしょうか。具体的な設例で、考えてみましょう。

　取得価額100万円、現在の減価償却後の帳簿価額（単純に「簿価」といいます）46万円の自動車を30万円で売却した場合は、どのように処理すればよいでしょうか。

　代金30万円を現金でもらったとすると、借方／現金預金30万円となり、貸方は車輌運搬具が売却によって減少したものですね。

　現金預金入金の処理（下の説明で、これを**仕訳A**とします）

借　　　方		貸　　　方	
現　金　預　金	300,000	車　輌　運　搬　具	300,000

　しかし、売却された車輌運搬具の簿価は46万円で、更に貸方／車輌運搬具16万円の処理が必要です。借方は自動車を売却したことによる損失ですので、「固定資産売却損・処分損」の科目になります。

　売却損の処理（下の説明で、これを**仕訳B**とします）

借　　　方		貸　　　方	
固　定　資　産 売却損・処分損	160,000	車　輌　運　搬　具	160,000

　仕訳Aでは、支払資金である現金預金が増加して固定資産が減少しています。結果、支払資金は増加するのですが、資産総額は変わりません。つまり、**仕訳A**の取引によって、

仕訳AのB/Sの変動

Cash等	負債・純資産は変動しない
⇧	
固定資産	

支払資金は増加するが（資金収支計算書の収入に計上される）、純資産は増減しない（P/Lには計上されない）ことになります。

　他方、**仕訳B**では、支払資金は一切増減せず、固定資産と同額の純資産が減少しています。つまり、**仕訳B**の取引は、資金収支計算書には計上されないが、P/Lには計上される、ということになります。

仕訳BのB/Sの変動

Cash等	Cashのマイナス
	固定負債
固定資産	純　資　産

売却損発生によって減少する

　以上のことから、「固定資産売却損・処分損」の勘定科目は、P/Lだけに特有の勘定科目だということはお分かりでしょうか。「減価償却費」も同じですが、ともに資金収支計算書には出てこない勘定科目です。

固定資産の売却には**仕訳A**と**仕訳B**の二つの仕訳が必要になります。今の学習段階ではそう理解しておいてください。

資金収支計算書では、左の支払資金の増加を「**固定資産売却収入**」として計上します。

左の図は、減価償却による固定資産と純資産の減少を示す図（37頁）と同じことを示しています。

６．減価償却費と精算表

　固定資産の取得と減価償却に関する会計処理を整理すると、次のようになります。

①　固定資産を**取得**したときは、支払資金が減少するので、資金収支計算書において、**取得支出として処理**されること。

②　しかし、取得の事実のみでは純資産は減少しないので、**取得の事実はP/Lには記載されない**こと。

③　時の経過、あるいは使用による減価を処理する**減価償却**は、**固定資産と純資産とを減少させる**こと。

④　その場合、純資産の減少は「減価償却費」として、**P/Lの費用に計上される**こと。しかし、支払資金は増減しないので、「減価償却費」は、**資金収支計算書には記載されない**こと。

　そして、減価償却費計上の仕訳は、次のとおりでした。

借　　　方		貸　　　方	
減 価 償 却 費	××××	固 定 資 産 科 目	××××

　さて、それでは、上の仕訳、あるいは固定資産売却は、精算表にどのように反映されるのでしょうか。今まで、このテキストで扱ってきた精算表（そして、試算表）の構造は、次のとおりでした。

精　算　表　の　構　造

Cashとその仲間 （ 流 動 資 産 ）	期首B/S		期　中　取　引 （資金増減取引のみ）		期末B/S	
Cashとその仲間 （ 流 動 資 産 ） Cashの マ イ ナ ス （ 流 動 負 債 ）	期　　　首 Ｃａｓｈ等		支払資金 の　増　加	支払資金 の　減　少	期　　　末 Ｃａｓｈ等	
		期　　　首 Ｃａｓｈの マ イ ナ ス				期　　　末 Ｃａｓｈの マ イ ナ ス
			資金収支計算書			
固 　定 　資 　産 固 　定 　負 　債 純 　　資 　　産	期　首 固定資産		資金支出	資金収入	期　末 固定資産	
		期　　　首 固 定 負 債				期　　　末 固 定 負 債
		期　　　首 純 　資 　産				期　　　末 純 　資 　産
P ／ L 収 益 P ／ L 費 用					P/L	
					P/L費用	P/L収益

　実は、今までこのテキストで取り扱っていた精算表は、期中に支払資金が増減する取引のみを扱っていたのです。そのために、支払資金が一

固定資産を売却した場合、売却損益以外の部分は、取得の場合のちょうど逆になります。

切増減しない減価償却費の計上や固定資産売却損・処分損の計上には、今までの精算表では、対応できません。

　では、どうすればよいのでしょうか。決算を諦めますか？

　イエイエ、そんな訳にはいきません。どうしましょう…？

　大丈夫です！　次のように期中取引を二つに分けた形式の精算表で、記入を行います。次の仕訳例を記入した状態で示してみます。

番号	借　　　方		貸　　　方	
①	減 価 償 却 費	50,000	器具及び備品	50,000
②	現 金 預 金	300,000	車 輌 運 搬 具	300,000
③	固 定 資 産売却損・処分損	160,000	車 輌 運 搬 具	160,000

なお、46万円の車輌を50万円で売却した場合、左の②の仕訳金額は46万円となり、③の仕訳金額は4万円で、

(借方)現金預金

　(貸方)固定資産売却益

となります。

精　算　表

摘　　要	期首B/S		期　中　取　引				期末B/S	
			資金増減取引		その他取引			
	借　方	貸　方	借　方	貸　方	借　方	貸　方	借　方	貸　方
Cash等	期首Cash等		支払資金の増加	支払資金の減少			期末Cash等	
Cashのマイナス		期首Cashのマイナス	②300,000					期末Cashのマイナス
			資金収支計算書					
			資金支出	資金収入				
固定資産　器具及び備品　車輌運搬具	期首固定資産			②300,000固定資産売却収入		① 50,000③160,000	期末固定資産	
固定負債		期首固定負債						期末固定負債
純　資　産		期首純資産						期末純資産
	複線で囲んだ部分が資金収支計算書→						P/L	
							P/L費用	P/L収益
P/L収　益				×××				×××
P/L費用　減価償却費　固定資産売却損	網掛け部分の合計がP/L→		×××		① 50,000③160,000		×××50,000160,000	

　期中の取引には、仕訳の中に「支払資金」に属する科目を含むものと、含まないものとがあります。そこで、仕訳の中に「支払資金」に属する科目を含むものだけを「期中取引」の「資金増減取引」として記入します。

　そして、仕訳の中に「支払資金」に属する科目を含まないものは、「期中取引」の「その他取引」として記入します。このようにして、資金収支計算書とP/Lとが一体的に作成されることになります。

「支払資金」に属する科目というのは、Cashとその仲間（流動資産）とCashのマイナス（流動負債）ですね。

７．固定資産科目の元帳

　前頁で掲げたような精算表を作るためには、元帳に工夫が必要です。

　一般に市販されている元帳の様式は、次のようになっています。

事 業 未 収 金

××01年 月 日		摘　　要		借　方	貸　方	差引借方残高
4	1	－	前期繰越	－	－	54,350
	25	××銀行／普通	2月分入金		23,800	
	30	介護保険事業収益	4月保険請求	26,500		
			4月月計	26,500	23,800	57,050
			4月累計	26,500	23,800	
5	25	××銀行／普通	3月分入金		24,200	
	30	介護保険事業収益	5月保険請求	23,900		
			5月月計	23,900	24,200	56,750
			5月累計	50,400	48,000	

左の元帳はこのテキストの71頁に記載したものと同じです。

　上の元帳記入をもとに４～５月の２か月で決算を組むとすれば（もちろん、２か月で決算を組むというのは設例上の話ですが）、次のように精算表（あるいは試算表）には、上記「５月累計」の数字が「期中資金増減取引」として記入されることになります。

会計人は、決算を行うことを「決算を組む」と言います。「予算を組む」と言うのと同じですね。

精 算 表

摘　要	期首B/S		期中資金増減取引		期中その他取引		期末B/S	
	（借方）	（貸方）	（借方）	（貸方）	（借方）	（貸方）	（借方）	（貸方）
現金預金	×××		×××	×××			×××	
事業未収金	54,350		50,400	48,000			56,750	

　以上のように、Cashとその仲間やCashのマイナスの科目は、支払資金科目ですので、一般に市販されている元帳の様式で、期中取引を記録しても何ら差し支えありません。

　問題は、その他の科目です。特に、「建物」、「器具及び備品」等の、期中増減が資金増減を伴う場合もあれば、伴わない場合もある、そのような科目です。しかし、心配は御無用。そのような科目のためには、右頁のような様式の元帳を使えば、問題解決！です。

「事業未収金」は、「支払資金」を構成する科目ですから、その増減はすべて「資金増減取引」と考えます。他にも良い方法があるのですが、混乱を避けるため、このテキストでは、この考え方で統一しています。

年		摘 要	資金増減取引		その他取引		差引(借方・貸方)
月	日		借 方	貸 方	借 方	貸 方	残高

期中取引を記載する「借方」・「貸方」の欄を上のように「資金増減取引」欄と「その他取引」欄とに分けます。

「資金増減取引」欄には、支払資金が増減する取引（つまり、Cashとその仲間やCashのマイナスの科目が出てくる仕訳）を転記し、支払資金が増減しない取引は、「その他取引」欄に転記するのです。「資金増減取引」欄と「その他取引」欄の合計が、精算表の該当する行に、そのまま移記されることはいうまでもありません。

次の**例題－12**のように、固定資産に属する科目については、減価償却費の計上以外にも、このように資金増減取引に属さない取引が発生します。

残念ながら上に記載したような形式の元帳は、市販されていません。
支払資金が増減する取引を表す仕訳を「資金仕訳」、そうでない仕訳を「非資金仕訳」ということもあります。

例題 12 次の取引の仕訳を示し、資金増減取引か、その他の取引かを答えてください。

取引1 **例題－11**の舗装路面を翌期に除却した。

取引2 **例題－11**の応接セットを翌期に100,000円で売却し、当座預金に同額の振込を受けた。

《解 答》

取引1 **例題－11**から舗装路面は「構築物」として、1,100,000円で計上されているはずです。そのすべてがなくなってしまいます。支払資金は、増減しません（仕訳に支払資金の勘定科目がありません）ので、「その他取引」になります。

借　　　方		貸　　　方	
固定資産売却損・処分損	1,100,000	構　　　築　　　物	1,100,000

取引2 応接セットは「器具及び備品」に350,000円で計上されています。仕訳は、次の二つになります。上段が「資金増減取引」、下段が「その他取引」です。

借　　　方		貸　　　方	
現　金　預　金	100,000	器　具　及　び　備　品	100,000
固定資産売却損・処分損	250,000	器　具　及　び　備　品	250,000

取得価額120万円から減価償却額10万円を差し引いて110万円になります。

売却収入は、資金収支計算書に、売却損・処分損はP/Lのみに記載されます。仕訳に支払資金科目があるかどうかで分かります。

　次の**練習問題16**では、単純化した取引から8桁精算表を作成してい
ただきます。仕訳→転記→精算表作成という、一連の手続の総復習の意
味もあります。

練習問題 16 仕訳・転記と精算表の完成⑴

　次の取引を仕訳し、転記した上で精算表を完成してください。なお、仕訳科目は精算表に記
載されたB/S・P/L科目とし、日付欄には問題番号を記入してください。

期 中 取 引		仕　　訳			
		借　　方		貸　　方	
		科　　目	金　額	科　　目	金　額
①	基本財産を取得するための補助金500の振込を受けた。				
②	①を財源として建物650を現金で取得し、基本財産とした。				
③	建物について85の減価償却を実施した。				
④	車輌について25の減価償却を実施した。				

現 金 預 金

××01年 月 日		摘　　　　　要	借　　方	貸　　方	差引借方残高
4	1	前期繰越	－	－	1,500
		施設整備等補助金収益			3,000
		建物			2,350
	××	諸口	15		1,570
		取引合計	1,540	1,470	

基本財産　　　　　　　　　　　　　建　　物

××01年 月 日		摘　　　　　要	資金増減取引		その他取引		差引借方残高
			借　　方	貸　　方	借　　方	貸　　方	
4	1	前期繰越	－	－	－	－	18,000
		取引合計					

その他の固定資産　　　　　　　　　車 輌 運 搬 具

××01年 月 日		摘　　　　　要	資金増減取引		その他取引		差引借方残高
			借　　方	貸　　方	借　　方	貸　　方	
4	1	前期繰越	－	－	－	－	450
		取引合計					

減 価 償 却 費

××01年 月 日	摘　　　　要	資金増減取引 借　方	資金増減取引 貸　方	その他取引 借　方	その他取引 貸　方	差引借方残高
4						
	取引合計					

施設整備等補助金収益

××01年 月 日	摘　　　　要	資金増減取引 借　方	資金増減取引 貸　方	その他取引 借　方	その他取引 貸　方	差引借方残高
4						
	取引合計					

精　算　表

摘　　　要	期首B/S 借　方 (資　産)	期首B/S 貸　方 (負債・純資産)	期中資金増減取引 (借方)	期中資金増減取引 (貸方)	期中その他取引 (借方)	期中その他取引 (貸方)	期末B/S 借　方 (資　産)	期末B/S 貸　方 (負債・純資産)
現 金 預 金	1,500							
事 業 未 収 金	1,800		1,120	950				
諸 流 動 負 債		340	275	220				
支 払 資 金 計 (差引支払資金)	3,300	340 ( )	差引支払資金増加額→					( )
			資金収支計算書 借　方(支　出)	貸　方(収　入)				
(基本財産) 土　　　　地	42,000						42,000	
建　　　　物	18,000		固定資産取得支出					
(その他の固定資産) 車 輌 運 搬 具	450							
設備資金借入金		3,000	元金償還支出 300	借入金収入 300				3,000
基 本 金 等		57,900						
次期繰越活動 増減差額(期首)		2,510						2,510
当　　　　期 活動増減差額							差引純資産 増加額　→	
B/S 合 計	63,750	63,750						
							P/L 借　方(費　用)	貸　方(収　益)
○○事業収益(収入)等				1,380				1,380
人 件 費(支 出)			200				200	
事 業 費(支 出)			435				435	
事 務 費(支 出)			300				300	
減 価 償 却 費								
施 設 整 備 等 補助金収益(収入)								
収 益・費 用 (収入・支出)小計								
当期増減(収支)差額			←当期資金 収支差額				←当期活動 増減差額	
増減等(収支)合計								

7 固定負債と引当金

1．固定負債とその内容

　「固定負債」は「流動負債」に対応する概念です。貸借対照表日（3月31日です）の翌日から起算して、1年以内に支払ったり、返済したりする必要のある負債かどうかが、固定負債であるか、流動負債であるかを区分する基準になります。

　したがって、貸借対照表日の翌日から起算して1年以内に支払期限が到来するものは、たとえ施設整備、設備整備のためのものであっても固定負債とはならず、流動負債として処理することになります。

　固定負債には、次のようなものがあります。

大 区 分 　中 区 分	説　　明 (厚生労働省から発出されている課長通知に沿った説明です。)
〔固定負債〕	
設 備 資 金 借 入 金	施設設備等に係る外部からの借入金で、貸借対照表日の翌日から起算して支払の期限が1年を超えて到来するものをいいます。
長期運営資金借入金	経常経費に係る外部からの借入金で、貸借対照表日の翌日から起算して支払の期限が1年を超えて到来するものをいいます。
退 職 給 付 引 当 金	将来支給する退職金のうち、当該会計年度末までに発生していると認められる金額をいいます。
長 期 未 払 金	固定資産に対する未払債務（リース契約による債務を除く）等で貸借対照表日の翌日から起算して支払の期限が1年を超えて到来するものをいいます。

　念のため、借り入れた場合の仕訳を示すと、次のようになります。

　例：施設を増築するために2,000を借り入れた。

借　　方		貸　　方	
現 金 預 金	2,000	設備資金借入金	2,000

　返済の場合は、借方と貸方が逆の仕訳を行うことになります。

　上の仕訳には、「現金預金」という支払資金に属する科目が入っていますので、資金増減取引となって、資金収支計算書に反映されることは、もうお分かりですね。

　ただ、資金収支計算書で単に「設備資金借入金」としたのでは分かりにくいので、「設備資金借入金収入」として計上されます。返済は少し長い科目名になりますが、「設備資金借入金元金償還支出」とします。また、純資産は増減しないので、P/Lには計上されません。

14頁を参照してください。
「貸借対照表日の翌日から起算して1年以内」というのは、「翌年の3月31日まで」ということです。

下の表は56頁に記載したものの抜粋です。

もちろん、純資産は増減しないので、P/Lには一切計上されません。長期運営資金の借入の場合は、「長期運営資金借入金収入」、そして返済は「長期運営資金借入金元金償還支出」となります。

２．徴収不能額と徴収不能引当金

　金銭債権、例えば、利用者負担金の未収については、徴収不能となる場合もあります。このような場合には、計上している事業未収金を減額する必要があります。そして、減額した金額は事業収益の減少として扱うのではなく、徴収不能が発生したとして、次のように処理を行います。

　例：事業未収金５が徴収不能となった。

借　　　方		貸　　　方	
徴 収 不 能 額	5	事 業 未 収 金	5

　上の徴収不能額は、金銭債権を徴収不能と認めて直接減額処理したものです。しかし、個別の利用者について徴収不能と認めるに至らないまでも、事業未収金等の金銭債権全体としては、何がしかの徴収不能が発生することは避けられません。

　このような場合、徴収不能と認められる金額を合理的に見積もって将来の発生に備えておく必要があります。このようにして設定されるのが、徴収不能引当金です。徴収不能引当金を増加させる（「引当金に繰り入れる」と表現します。）仕訳は、次のようになります。

　例：決算に際して、徴収不能引当金に24を繰り入れた。

借　　　方		貸　　　方	
徴収不能引当金繰入	24	徴 収 不 能 引 当 金	24

　この取引は、P/Lでは**費用**として計上されますが、支払資金が増減しませんので、資金収支計算書には計上されません。

３．引当金とは

① 引当金の考え方

　引当金には、徴収不能引当金のほかにも、賞与引当金、退職給付引当金などがあります。

　これらの引当金の会計処理の基本には、「現実に資金の支出として発生していなくても、将来に発生することが確実に見込まれ、その原因が当期の事業活動に起因しているものは、金額が合理的に算定できるならば、当期の純資産の減少として勘定しておく必要がある。」という考え方があります。正にP/Lの考え方ですね。

　会計基準省令では、引当金について次のように規定しています。

「事業未収金」という（流動）資産が減少するので支払資金・純資産がともに減少します。

仕訳に支払資金の勘定科目がないので、支払資金は増減しません。

【会計基準省令】 （第2章　会計帳簿）

（負債の評価）

第5条　（省略）

2　次に掲げるもののほか、引当金については、会計年度の末日において、将来の費用の発生に備えて、その合理的な見積額のうち当該会計年度の負担に属する金額を費用として繰り入れることにより計上した額を付さなければならない。

一　賞与引当金

二　退職給付引当金

三　役員退職慰労引当金

> 引当金について、
> 詳しくは《中級編》
> で学びます。

②　賞与引当金と退職給付引当金

　賞与引当金と退職給付引当金については、厚生労働省から発出されている局長通知は、次のように規定しています。

【局長通知】

18　引当金について（会計基準省令第5条第2項関係）

(1)、(2)　（省略）

(3)　職員に対し賞与を支給することとされている場合、当該会計年度の負担に属する金額を当該会計年度の費用に計上し、負債として認識すべき残高を賞与引当金として計上するものとする。

(4)　職員に対し退職金を支給することが定められている場合には、将来支給する退職金のうち、当該会計年度の負担に属すべき金額を当該会計年度の費用に計上し、負債として認識すべき残高を退職給付引当金として計上するものとする。（以下、省略）

　賞与引当金と退職給付引当金とは、未だ現金支出等がなくても、既に発生している人件費を見積もって計上しておこうというものです。

　賞与引当金計上の仕訳例を示すと、次のとおりです。

　例：決算に際して、賞与引当金200を設定した。

借　　　方		貸　　　方	
賞 与 引 当 金 繰 入	200	賞 与 引 当 金	200

　上の仕訳も、支払資金が増減しませんので、資金収支計算書には計上されません。「賞与引当金繰入」勘定は、P/Lの人件費勘定のうちの中区分勘定科目です。

> 繰入が資金収支計
> 算書に出てこない
> ことは、どの引当
> 金についても同じ
> です。

　徴収不能引当金も賞与引当金も、その繰入のP/L科目は「○○引当金繰入」でしたが、退職給付引当金の繰入に限っては「退職給付費用」という人件費勘定のうちの中区分勘定科目を使います。

　例：決算に際して、退職給付引当金に100を繰り入れた。

借　　　方		貸　　　方	
退職給付費用	100	退職給付引当金	100

　ここで、「人件費」及び「人件費支出」の大区分勘定の中区分勘定科目を比較すると次のようになります。なお、次の表は、人件費（支出）に関する全ての勘定科目を網羅しているわけではありません。

P/L 勘定科目 大区分 　中区分	資金収支計算書勘定科目 大区分 　中区分	説　　明 （厚生労働省から発出されている課長通知に沿った説明です。）
費用の部 人件費	支出の部 人件費支出	
役員報酬	役員報酬支出	法人役員に支払う報酬、諸手当をいいます。
職員給料	職員給料支出	常勤職員に支払う俸給・諸手当をいいます。
職員賞与	－	職員賞与のうち、当該会計期間に係る部分をいいます。
－	職員賞与支出	職員に支払った賞与。P/Lの「職員賞与」とは異なります。
賞与引当金繰入	－	翌会計期間に支給する職員賞与の当会計期間に係る部分をいいます。資金収支計算書には出てきません。
非常勤職員給与	非常勤職員給与支出	非常勤職員に支払う俸給・諸手当及び賞与をいいます。
退職給付費用	－	職員に対する退職給付のうち、当会計期間に係る部分をいいます。
－	退職給付支出	退職共済制度などに対して法人が拠出する掛金及び退職手当として支払う金額をいいます。
法定福利費	法定福利費支出	法令に基づいて法人が負担する健康保険料、厚生年金保険料、雇用保険料等の費用（支出）をいいます。

　なお、賞与引当金を取り崩す場合の仕訳を次に示します。

　例：職員の夏季賞与250を支給した。なお、うち200は前期に計上した賞与引当金を取り崩し、残額は当期の賞与として処理した。

借　　　方		貸　　　方	
賞　与　引　当　金	200	現　金　預　金	250
職　員　賞　与	50		

　上の仕訳では、250の賞与支出がありましたが（資金収支計算書に同額の「職員賞与支出」が計上されます）、うち200は前期の費用として「賞与引当金繰入」に計上済みなので、当期の費用は「職員賞与」の50だけになって、P/Lには、「職員賞与 50」が計上されます。

引当金の取崩しの会計処理は、初級では理解が難しい話です。
「今の段階では、よく分からない話なのだナ」、と割り切っておいてください。

③　引当金のB/S上の表示

引当金は、簿記の観点からすると「貸方」の項目ですが、そのB/S上の表示はどうなるでしょうか。

徴収不能引当金は、B/Sに計上されている金銭債権の徴収不能見込額を表していますので、当該金銭債権から控除することになります。

また、賞与引当金・退職給付引当金は負債として扱いますが、賞与引当金は通常１年以内に使用される見込みのものですので流動負債に計上し、退職給付引当金は通常１年を越えて使用されると見込まれますので固定負債に計上します。

引当金の以上の表示をまとめると、次のようになります。

B/S

流動資産		流動負債	
・	・	・	・
・	・	・	・
・	・	**賞与引当金**	×××
徴収不能引当金	△×××	固定負債	
固定資産		・	・
・		・	・
・		**退職給付引当金**	×××

徴収不能引当金は、資産のマイナスとして表示します。具体的な表示方法としては、上の例のように間接的に表示する方法もありますが、対象債権から徴収不能引当金の額を直接控除して、その残高をB/Sに表示することもできます。その場合、例えば、事業未収金800に対して徴収不能引当金24を設定したときには、B/Sには、「事業未収金776」として記載することになります。

引当金のB/S表示
・徴収不能引当金
→資産のマイナス
資産の控除項目として間接控除して記載or対象債権から直接控除して残額を記載
・賞与引当金
→流動負債
・退職給与引当金
→固定負債

151頁のB/Sの様式を参照してください。

貸倒引当金の表示
→間接控除方式と直接控除方式

練習問題17　仕訳と転記

次の取引を仕訳した上で、元帳に転記してください。なお、仕訳科目は元帳に示されているB/S・P/L科目とし、日付欄には問題番号を記入してください。

期中取引		仕訳			
		借方		貸方	
		科目	金額	科目	金額
①	設備資金300を新たに借り入れた。				
②	前期から借りていた設備資金のうち300を返済した。				
③	決算に当たり、徴収不能引当金残高を事業未収金残高の２％となるように設定した。				
④	決算に当たり、賞与引当金450を新たに設定した。				

現 金 預 金

××01年 月 日	摘　　　要	借　方	貸　方	差引借方残高
4 1	前期繰越	−	−	1,200
				1,900
				1,600
3 31	諸口		15	1,350
	取引合計	3,480	3,330	

徴 収 不 能 引 当 金

××01年 月 日	摘　　　要	資金増減取引 借　方	貸　方	その他取引 借　方	貸　方	差引貸方残高
4 1	前期繰越			−	−	36
	取引合計					

賞 与 引 当 金

××01年 月 日	摘　　　要	資金増減取引 借　方	貸　方	その他取引 借　方	貸　方	差引貸方残高
4 1	前期繰越			−	−	0
	取引合計					

設 備 資 金 借 入 金

××01年 月 日	摘　　　要	資金増減取引 借　方	貸　方	その他取引 借　方	貸　方	差引貸方残高
4 1	前期繰越	−	−			1,000
	取引合計					

賞 与 引 当 金 繰 入

××01年 月 日	摘　　　要	資金増減取引 借　方	貸　方	その他取引 借　方	貸　方	差引借方残高
	取引合計					

徴 収 不 能 引 当 金 繰 入

××01年 月 日	摘　　　要	資金増減取引 借　方	貸　方	その他取引 借　方	貸　方	差引借方残高
	取引合計					

8 フローの計算書はなぜ2種類あるのか？

1．フローの計算書がなくても増減は分かる

　「会計は"ダム"である！」（25頁）で見たように、期首のB/Sと期末のB/Sを比較すれば、その期間に、どれだけ支払資金や純資産が増減したのかが分かります。このことを、次の**例題**で復習してみましょう。

> B/Sの比較で分かるのなら、フローの計算書は要らない？

例題 13

①　**練習問題4の解答**（解答7頁）から、下の期首B/Sと期末B/Sを作成してみましょう。（下線部に数字を書いてください。）

> エッ？　簡単すぎるって？　そうですね。解答から数字を写すだけですね。

期首B/S

流動資産	流動負債
————	————
	固定負債
固定資産	————
	純 資 産
	————

期末B/S

流動資産	流動負債
————	————
	固定負債
固定資産	————
	純 資 産
	————

答えは次のようになります。

期首B/S

流動資産 1,500	流動負債 1,000
	固定負債 3,000
固定資産 3,500	純 資 産 1,000

期末B/S

流動資産 1,980	流動負債 1,100
	固定負債 3,200
固定資産 3,570	純 資 産 1,250

②　では、当期中に純資産はいくら増えましたか？

　　そう、「期末純資産1,250−期首純資産1,000＝250」ですね。

> 左の250が「当期活動増減差額」です。

③　では、当期中に支払資金はいくら増えましたか？

　　まず期首・期末の支払資金を計算する必要があります。

　　期末支払資金＝期末流動資産1,980−期末流動負債1,100＝880

　　期首支払資金＝期首流動資産1,500−期首流動負債1,000＝500

　　　　　　　　　　　　　　　　　　　差引　　<u>380</u>

となって、当期に380増えていることが分かります。

> 左の380が「当期資金収支差額」です。

　このようにB/Sを比較するだけで、純資産あるいは支払資金の増減額が分かります。

２．フローの計算書二つ、各々の役割

　さて、期首のB/Sと期末のB/Sを比較すれば、その期間に、どれだけ支払資金や純資産が増減したのかが分かります。しかし、その原因別の増減内容は分かりません。そこで、フローの計算書の出番です！

　前頁の**例題－13**で見たように、B/Sの比較によって、純資産の当期増加（当期活動増減差額）は250、支払資金の当期増加（当期資金収支差額）は380、と計算されます。純資産と支払資金、それぞれの増減の原因別内容を明らかにするために、純資産の増減計算と支払資金の増減計算、各々のフローの計算書が必要となるのです。以下に、**練習問題４の解答**（解答７頁）からフローの計算書の部分を掲載します。もう一度よく見て、味わってください。

フローの計算書

摘　　要	P/L （純資産の増減計算）	資金収支計算書 （支払資金の増減計算）
① 介護保険事業収益（収入）	500	500
⑤ 経常経費寄附金収益（収入）	80	80
⑥ 設備資金借入金収入	－	200
収益・収入合計	580	780
② 職　員　給　料（支出）	200	200
③ 給　　食　　費（支出）	100	100
④ 固定資産取得支出	－	100
⑦ 固定資産売却損・処分損	30	－
費用・支出合計	330	400
当　期　差　額	250	380

　設備資金を借り入れると、手許の現金預金は増えます。だから、支払資金の面からは「収入があった」と言えます。しかし、手許現金預金が増えると同時に、借入金も同額増えているので、純資産としては、なにも増減がないのです。乗用車（車輌運搬具）を取得しても支払資金は減少しますが、純資産は増減しません。資産が形を変えただけです。

　器具や備品を処分したときは、ちょうど逆のことが起きます。つまり、支払資金についてはなにも増減がないのに、純資産は減少するのです。ですから、資金収支計算書には一切記載されませんが、P/Lには「費用」として計上されることになります。

　支払能力という点では、資金収支計算は大切です。しかし、長期的に社会福祉法人が成長を続けようとするなら、純資産を増加させ続ける必要があります。他方、純資産が減少し続けると、法人の全ての資産を処分しても借金を払いきれない、つまり、倒産に至るということは36頁のコラムに少し書きました。

「フローの計算書」は社会福祉法（45条の27第２項☞ 8頁）では「収支計算書」と記載されています。
しかし、「収支計算書」との表記では、「資金収支計算書」と混同しそうです。
そこで、このテキストでは、「収支計算書」とは書かずに「フローの計算書」と記載しています。

　平成11年度以前の社会福祉法人会計では、フローの計算書としては、資金収支計算書だけが作成されていました。P/Lは作成されていなかったのです。
　しかし、法人が自立するためには、減価償却計算を行って法人の純資産増減を管理することが必要です。ここに、P/Lの大きな役割があります。

3．フローの計算書二つ、同じところと違うところ

社会福祉法人の日常取引の多くは、次の三つに分類できます。

念のため。「取引」というのは会計の用語で、財産の増減のことでしたね（26頁欄外）。

> ① 現金預金間での振替や事業未収金の回収、事業未払金の支払など
> ② 介護保険事業や保育事業などの収益（収入）計上
> ③ 人件費（職員給料等）、事業費（給食費等）、事務費（旅費交通費等）などの計上

このうち、①は流動資産・流動負債の間のやりとりなので、支払資金や純資産は増減しません。つまり、二つのフローの計算書には、ともに関係がないということです。

次の、②は支払資金・純資産がともに増加する取引であり、③は支払資金・純資産がともに減少する取引です。したがって②・③は、ともに二つのフローの計算書に計上される項目となります。

③には、引当金繰入の他、支払資金・純資産の一方だけが増減する取引もありますが、左では日常的に発生する取引を前提として説明しています。

つまり、**日常取引のほとんどは資金収支計算書にもP/Lにも共通して出てくる**ということになります。では、何が違うのでしょうか。

違うところの主なものを表にまとめると、次のようになります。

区　分	No	項　　　目	資金収支計算書	P/L
流動資産・流動負債と固定資産・固定負債の間のやり取り	①	建物等固定資産の取得	支　出	計上しない
	②	積立資産の積立		
	③	設備資金や長期運営資金の返済		
	④	積立資産の取崩	収　入	
	⑤	設備資金や長期運営資金の借入		
支払資金に係わりのない固定資産・固定負債などの増減	⑥	建物など固定資産の廃棄や除却	計上しない	費　用
	⑦	減価償却費の計上		
	⑧	引当金の繰入・戻入		費用、費用のマイナス、収益
	⑨	基本金の組入と取崩		
	⑩	国庫補助金等特別積立金積立・取崩		

◀支払資金は増減しますが、純資産は増減しません。

◀支払資金は増減しませんが、純資産が増減します。

上の表をただ眺めるのではなく、一つずつ「確かにそうなるな！」と確かめながら見てください。上の表で、分かりにくいのは⑥から下ですが、⑥～⑧については98頁以下で学習しました。また、⑨・⑩については127頁以下で学びます。

なお、引当金は、将来の支出となるもので、その発生原因がすでに生じており、しかも、金額を合理的に見積もることのできるものを負債（あるいは、資産の控除科目）として計上するのでしたね。

引当金は、支払資金には含まれません。

9 実際の計算書類はどうなっているの？

1．B/Sの見方

B/Sの仕組みは、すでに18頁で見たとおりですが、ここに、もう一度掲げます。

B/S の 仕 組 み

資産の部				負債・純資産の部		
何に使っているのか	1 年以内の支払い原資		どこから調達したのか	負債＝他者資金	1 年以内に支払う借金	
	流動資産	150			流動負債	120
	現 金 預 金	45			短期運営資金借入金	30
	事 業 未 収 金	70			事 業 未 払 金	90
	貯 蔵 品	5			1 年を超えて支払う借金	
	立 替 金	10			固定負債	80
	短 期 貸 付 金	15		200	設備資金借入金	80
	仮 払 金	5				
	現金化するのに 1 年超かかる			純資産＝自己資金	支 払 う 必 要 が 無 い！	
	固定資産	1,850				
	基 本 財 産	1,200				
	土 地	1,000			基 本 金	1,000
	建 物	200				
	その他の固定資産	650			国庫補助金等特別積立金	200
	土 地	450				
	建 物	70			次期繰越活動増減差額	600
合計 2,000	車 輌 運 搬 具	100	合計 2,000	1,800		
	器 具 及 び 備 品	30				

B/Sは、左右（借方・貸方）全体で対応しているのですが、B/Sの上半分の「流動資産－流動負債」は、支払能力を示しています。そこで、B/Sを上下に分割して、財務的安全性（安定性）を吟味してみましょう。

B/Sの上半分は、次のようになっています。

22頁を参照してください。

〈B/Sの上半分〉

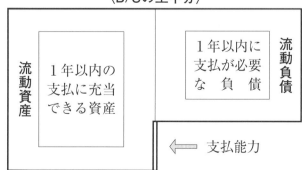

流動資産よりも流動負債が多ければ、その法人の資金繰りはとても窮

屈になります。したがって、流動負債よりも少しでも多くの流動資産を保有することが、経営の安全化に役立つのです。

そのためには、長期運営資金の借入によって、流動負債を返済することなども考える必要があります（流動負債の固定化）。もちろん、純資産を増加させて、流動負債を削減することも大切です。

では、下半分はどのように見るのでしょうか。下半分はちょうど、上半分と裏腹の関係にあります。図示すると、次のとおりです。

〈B/Sの下半分〉

固定資産	固定負債
固定化した資金	長期的に支払必要
	純資産
	一切支払不要

固定資産は、法人の資金がどれだけ固定化されているかを示しています。したがって、固定資産に向けられている資金は固定的な資金である固定負債、あるいは純資産によって賄われている必要があります。もっとも、固定負債といっても長期的には支払が必要なので、できるだけ多くの純資産によって賄われていることが望ましいのです。

また、資産は固定資産ではなく流動資産で保有している方が、財務的安定性（安全性）が高いと考えられます。さらに、同じ事業を同じ品質で提供できるなら、「資産の効率性」の観点からは、資産は少ない方がよいので、これらを総合して危険なB/Sと健全なB/Sとを対比させると、次のように図示することができます。

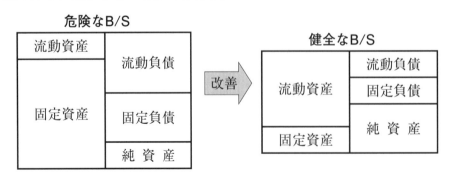

危険なB/S

流動資産	流動負債
固定資産	固定負債
	純資産

改善 →

健全なB/S

流動資産	流動負債
	固定負債
	純資産
固定資産	

B/Sの改善には、長期的な取組が必要です。そのようなことから、「経営者は、B/Sを見る」と言われます。

とは言え、その場合の流動資産は、本物であることが必要です。例えば未収金であっても、徴収不能のものは資産としての値打ちがありません。また、流動負債に計上洩れのないことも必要です。固定資産が資産として値打ちのあるものであること、そして固定負債に計上洩れのないことも必要です。実務では、**資産の実在性、負債の網羅性**、に注意が必要です。

資産の総額ではなく、**純資産**が資産の実体です。

資産が少ない方が良いというのは、「資産の効率性」から見た場合の話です。人財効率の観点から見れば、機械化・IT化が求められ、職員一人当たり固定資産は必然的に増大することになります。

またB/Sにはその時点の法人の財政状態が如実に反映されています。

【小規模法人のB/Sの実例】

　次に掲げるのは、ある保育園を経営している社会福祉法人の実際のB/Sです。

　ただ、「実際の」と言っても、千円未満の端数は丸めて記載しています。現実には「丸めて記載」なんてしてはイケナイことですが、ここでは見易いように丸めています。また、実際のB/Sでは、下のB/Sで網掛けされている「前年度末」「増減」の欄にも数値を記載します。

社会福祉法人 ×××福祉会

貸 借 対 照 表
令和 ×年3月31日現在
（単位：円）

資　産　の　部	当年度末	前年度末	増減	負　債　の　部	当年度末	前年度末	増減
流動資産	32,096,000			流動負債	19,219,000		
現金預金	24,392,000			事業未払金	13,444,000		
事業未収金	4,373,000			1年以内返済予定設備資金借入金	300,000		
未収補助金	3,331,000			預り金	9,000		
				職員預り金	766,000		
固定資産	180,395,000			賞与引当金	4,700,000		
基本財産	83,985,000			固定負債	15,105,000		
土地	46,450,000			設備資金借入金	784,000		
建物	36,535,000			退職給付引当金	14,321,000		
定期預金	1,000,000			負債の部合計	34,324,000		
その他の固定資産	96,410,000			純　資　産　の　部			
建物	434,000			基本金	57,389,000		
構築物	1,357,000			国庫補助金等特別積立金	33,109,000		
車輌運搬具	1,353,000			その他の積立金	77,500,000		
器具及び備品	3,693,000			保育所施設・設備整備積立金	77,500,000		
退職給付引当資産	11,794,000			次期繰越活動増減差額	10,169,000		
保育所施設・設備整備積立資産	77,500,000			（うち当期活動増減差額）	6,320,000		
差入保証金	270,000						
その他の固定資産	9,000			純資産の部合計	178,167,000		
資産の部合計	212,491,000			負債及び純資産の部合計	212,491,000		

　ご覧になっていかがでしょうか？

　流動負債に表示されている「1年以内返済予定設備資金借入金」は、固定負債の「設備資金借入金」の1年以内返済予定部分です。財政状態を見るために流動負債に表示しているだけで、マイナスの支払資金ではありません。また、「賞与引当金」は、「退職給付引当金」とともに会計期間の純資産増減を正しく計算（損益計算）するために計上されたもので、支払資金とは無縁です（マイナスの支払資金ではありません）。ん？ 難しい〜？そうですね。入門段階で言われると？？？疑問符ばかりが付いたかもしれません。

　しかし、このテキストを繰り返し読まれて、ご自身の施設・法人のB/Sをご覧になり、会計を知っている人に教えいただく機会を持っていただいたら、必ず分かるようになります。

　是非、ご自身の施設・法人のB/Sをジックリとご覧になってみてください。

2．P/Lの見方

P/LとB/Sの関係を、図によって整理しておきます。

〈P/LとB/Sの関係〉

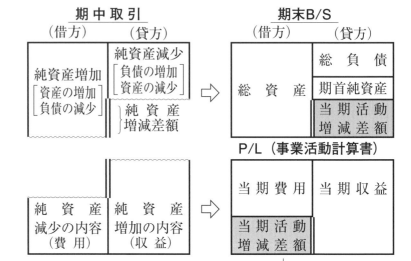

右の縦の複線（ ‖ ）で示した
部分は、それぞれ同じ金額に
なります。
「会計はダム」ですね。

このようにP/Lは、B/Sの純資産の増減の内容を明らかにします。

ところで、上の図のP/Lでは、当期の全ての「収益」と「費用」とが全体で対応しています。しかし、例えば「収益」について言えば、「法人の本来の事業活動による収益」と、「受取利息による収益」あるいは「施設整備に伴う補助金や寄附金の収益」とでは性格が異なります。「費用」についても同様です。そこで、**会計基準省令**では、次のようにP/Lの内容を「収益」の性格ごとに区分して、それに対応する「費用」を記載するように求めています。

実際の様式は、次頁のようになっています。

P/Lの構造

サービス活動収益・費用の差額を**サービス活動増減差額**、サービス活動外収益・費用の差額を**サービス活動外増減差額**、また特別収益・費用の差額を**特別増減差額**といいます。

サービス活動増減差額は、法人の主目的であるサービス活動による純資産の増減差額ですので、基本的にプラスになることが大切です。

サービス活動外の収益・費用は、主に預金などの受取利息や借入金利息を処理します。これらはサービス活動による純資産増減ではありませんが、毎期経常的に発生するものです。したがって、サービス活動増減差額にサービス活動外増減差額を加減した金額（これを**経常増減差額**と

家計に例えると、サービス活動増減差額は、お給料から生活費を差し引いたものということに、また経常増減差額は、そこからさらにローン金利を差し引いたものということになりそうですね。

いいます）は、その法人の経常的な純資産の増加（あるいは減少）能力を示すものとして、重要な意味を持っています。

この経常増減差額に、施設整備に伴う補助金・寄附金の収益や固定資産の売却損益などの特別増減を加減して、**当期活動増減差額**とします。

P/Lには借入金の返済は計上しません。資産・負債が同額減少して純資産は増減しないからです。

【小規模法人のP/Lの実例】

次に掲げるのは、121頁のB/Sの社会福祉法人（保育園経営）の実際のP/Lです。

ただ、見やすいように千円未満の端数は丸めて記載していることや、本来は網掛け部分にも数値を記載することにはご注意ください。

社会福祉法人 ×××福祉会

事　業　活　動　計　算　書
（自）令和 × 年 4 月 1 日　（至）令和 × 年 3 月31日

（単位：円）

		勘　定　科　目	当年度決算(A)	前年度決算(B)	増減(A)-(B)
サービス活動増減の部	収益	保育事業収益	170,147,000		
		経常経費寄附金収益	30,000		
		サービス活動収益計(1)	170,177,000		
	費用	人件費	125,437,000		
		事業費	15,942,000		
		事務費	20,652,000		
		減価償却費	4,574,000		
		国庫補助金等特別積立金取崩額	−2,527,000		
		サービス活動費用計(2)	164,078,000		
		サービス活動増減差額(3)=(1)-(2)	6,099,000		
サービス活動外増減の部	収益	受取利息配当金収益	26,000		
		その他のサービス活動外収益	1,843,000		
		サービス活動外収益計(4)	1,869,000		
	費用	支払利息	1,000		
		その他のサービス活動外費用	1,646,000		
		サービス活動外費用計(5)	1,647,000		
		サービス活動外増減差額(6)=(4)-(5)	222,000		
		経常増減差額(7)=(3)+(6)	6,321,000		
特別増減の部	収益	施設整備等補助金収益	1,000,000		
		特別収益計(8)	1,000,000		
	費用	固定資産売却損・処分損	1,000		
		国庫補助金等特別積立金積立額	1,000,000		
		特別費用計(9)	1,001,000		
		特別増減差額(10)=(8)-(9)	−1,000		
		当期活動増減差額(11)=(7)+(10)	6,320,000		
繰越活動増減差額の部		前期繰越活動増減差額(12)	9,849,000		
		当期末繰越活動増減差額(13)=(11)+(12)	16,169,000		
		基本金取崩額(14)			
		その他の積立金取崩額(15)			
		その他の積立金積立額(16)	6,000,000		
		次期繰越活動増減差額(17)=(13)+(14)+(15)-(16)	10,169,000		

3．資金収支計算書の見方

次に、資金収支計算書とB/Sの関係を図示します。

2頁前の図と、見た形はソックリですね。

〈資金収支計算書とB/Sの関係〉

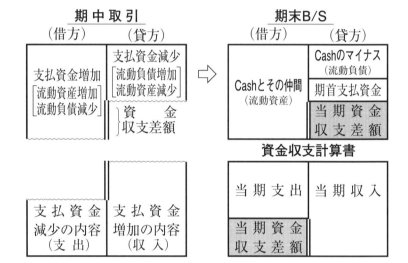

右の縦の複線（‖）で示した部分が、それぞれ同じ金額になることは、2頁前の図と同じですね。では、何が違うのでしょうか。
そう！増減計算をしている対象が違うのです！

P/Lと同じように、**会計基準省令**は、資金収支計算書についても、次のように内容を区分して記載することを求めています。

実際の様式は、次頁のようになっています。

資金収支計算書の構造

支出	事業活動による支出	事業活動による収入	収入
	施設整備等による支出	施設整備等による収入	
	その他の活動による支出	その他の活動による収入	
	当期資金収支差額		

各区分の収支差額を、各々「**事業活動資金収支差額**」、「**施設整備等資金収支差額**」、「**その他の活動資金収支差額**」といいます。

事業活動資金収支差額は、おおむねP/Lの経常増減差額に対応しています。もちろん、この収支差額がプラスであることが大切です。

そして、施設整備に伴う補助金や寄附金、固定資産の取得や売却などに伴う支払資金の増減を施設整備等による収支に計上し、長期運営資金借入金の増減などに伴う支払資金の増減を、その他の活動による収支に計上するのです。

なお、資金収支計算書の様式は予算と決算とを比較する形式になっています。社会福祉法人は、事業計画をもとに収入支出予算を編成し、資金収支予算書を作成するものとされており、予算に基づいて事業活動を行うことが求められています。

P/Lと同じく、収支を区分することによって収支の状況がよりよく分かりますね。

資金収支計算書に対して、P/Lの様式では当年度決算と前年度決算とが比較されています。

【小規模法人の資金収支計算書の実例】

　次に掲げるのは、2頁前のP/Lの社会福祉法人の実際の資金収支計算書です。ただ、見やすいように千円未満の端数は丸めて記載していることや、本来は網掛け部分にも数値を記載することにはご注意ください。

社会福祉法人 ×××福祉会

資 金 収 支 計 算 書
(自) 令和 × 年 4 月 1 日　(至) 令和 × 年 3 月31日　　　　　　(単位：円)

勘 定 科 目			予算(A)	決算 (B)	差異(A)-(B)	備 考
事業活動による収支	収入	保育事業収入		170,147,000		
		経常経費寄附金収入		30,000		
		受取利息配当金収入		26,000		
		その他の収入		1,709,000		
		事業活動収入計(1)		171,912,000		
	支出	人件費支出		124,445,000		
		事業費支出		15,942,000		
		事務費支出		20,652,000		
		支払利息支出		1,000		
		その他の支出		1,646,000		
		事業活動支出計(2)		162,686,000		
		事業活動資金収支差額(3)=(1)-(2)		9,226,000		
施設整備等による収支	収入	施設整備等補助金収入		1,000,000		
		施設整備等収入計(4)		1,000,000		
	支出	設備資金借入金元金償還支出		300,000		
		固定資産取得支出		2,845,000		
		その他の施設整備等による支出		150,000		
		施設整備等支出計(5)		3,295,000		
		施設整備等資金収支差額(6)=(4)-(5)		-2,295,000		
その他の活動による収支	収入	積立資産取崩収入		535,000		
		その他の活動収入計(7)		535,000		
	支出	積立資産支出		7,099,000		
		その他の活動支出計(8)		7,099,000		
		その他の活動資金収支差額(9)=(7)-(8)		-6,564,000		
予備費支出(10)				―		
当期資金収支差額合計(11)=(3)+(6)+(9)-(10)				367,000		
前期末支払資金残高(12)				17,510,000		
当期末支払資金残高(11)+(12)				17,877,000		

　2頁前のP/Lと比較して、注意深く数値を見てみると、…？　収入と収益、支出と費用、対応していると思われる勘定科目で同じ数値のところもあれば、微妙に異なっているところもありますね。このようなことについては、会計に馴れ、理解が進むと、「これは〜、あれがアレで、実は…（ ￣-￣ ）ニヤリ」と、周囲の人に説明したくなるほど、いろんなことが分かってきます。また、ご自身の法人・施設の計算書類を実際に見て、分からないところを調べる（知っている人に教えていただく）ことで、ドンドン分かってきます。そして、ご自身の法人・施設の実態も明瞭に把握することができるようになります！

　是非とも、会計を実際に使ってみてください。

練習問題 18 精算表を作成する

練習問題**17**の解答の元帳（解答29頁以下）から、下の精算表を完成してください。

精 算 表

摘　　要	期首B/S 借方(資産)	期首B/S 貸方(負債・純資産)	期中資金増減取引 (借方)	期中資金増減取引 (貸方)	期中その他取引 (借方)	期中その他取引 (貸方)	期末B/S 借方(資産)	期末B/S 貸方(負債・純資産)
現 金 預 金	1,200							
事 業 未 収 金	1,800		11,200	11,050				
諸 流 動 負 債		464	4,720	4,770				
支 払 資 金 計	3,000	464	19,400	19,150				
（差引支払資金）		（ 2,536）	差引支払資金増加額→	250				（　　　）
			資金収支計算書 借　方(支　出)	貸　方(収　入)				
徴収不能引当金		36						
賞 与 引 当 金		0						
（基本財産）土　　　地	16,500							
建　　　　物	2,000		固定資産取得支出 650			100		
設備資金借入金		1,000	元金償還支出	借入金収入				
基 本 金 等		17,900						
次期繰越活動増減差額(期首)		2,100						
当　　　　期活動増減差額							差引純資産増加額　→	
B / S 合　　計	21,500	21,500						
							P/L 借　方(費　用)	貸　方(収　益)
介護保険事業収益等				17,000				
賞与引当金繰入その他の人件費(支出)			9,400					
事業費（ 支 出 ）			5,300					
事務費（ 支 出 ）			1,400					
減 価 償 却 費					100			
徴収不能引当金繰入								
収 益・費 用(収入・支出)小計								
当期増減（収支）差額				←当期資金収支差額				←当期活動増減差額
増 減 等（収支）合計								

10 基本金・国庫補助金等

1．「基本金」の考え方

　基本金は、社会福祉法人に対する世の中からの出資のようなもの、と考えることができます。いわば、社会からの社会福祉法人に対する元入金です。会計基準省令では、次のように記載しています。

【会計基準省令】 （第2章　会計帳簿）

（純資産）
第6条　基本金には、社会福祉法人が事業開始等に当たって財源として受け入れた寄附金の額を計上するものとする。
2、3（省略）

　基本金には、次の三つの趣旨の寄附金の額を計上することになっています。

① 　新たな施設建設のための寄附金

　　増築を含み、建替えを含みません。新しい施設を末永く社会に役立ててください、との趣旨でいただいた寄附金です。

② 　新たな施設建設のための借入金の返済のための寄附金

　　①の寄附金と同じ趣旨ですね。ただ、いただいた時期が、建設の前なのか後なのかの違いだと理解してください。

③ 　新たな施設運営のための運転資金に充てるための寄附金

　　新たな施設の運転資金に充てるためにいただいた寄附金です。

　会計基準省令の文言どおりなら、これらの寄附金をいただいたときの会計処理は、次のようになりそうです。

　寄附金をいただいたときの仕訳は？

借　　方	貸　　方
現　金　預　金　　×××	基　本　金　　×××

　理屈の上では、これでも良いのですが、厚生労働省から発出されている局長通知は、いただいた寄附金を、いったん事業活動計算書の特別収益に計上し、その後、その金額を基本金組入額として特別費用に計上して行うことと定めています。

　そのために、寄附金をいただいたときの仕訳と、同額を基本金に組み入れたときの仕訳は、次のようになります。

基本金は一般企業の「資本金」に相当し、社会福祉法人が維持すべきものです。しかし、非営利法人である社会福祉法人の基本金については、配当もできませんし、払戻しもありません。この点は、営利企業に対する「出資」と大きく違う点です。

左の三つの寄附金は、いずれも経常経費に充てるための寄附とは異なりますね。
基本金は、『Ⅰ 会計入門』の17頁で言えば、一郎さんがご両親からいただいたマンションの頭金のようなものです。ご両親はお小遣いをくれた訳ではありません。

左は誤った仕訳の例です。

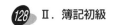

寄附を受けたときの仕訳

借　　方		貸　　方	
現　　金　　預　　金	×××	施設整備等寄附金収益	×××

　　上の寄附を受けた時の仕訳は、支払資金も増加させますから、資金収支計算書・P/Lの両方に計上されることになります。なお、資金収支計算書では「施設整備等寄附金収入」という科目で記載されます。

基本金に組み入れたときの仕訳

借　　方		貸　　方	
基　本　金　組　入　額	×××	基　　　　本　　　　金	×××

　　上の基本金組入れの仕訳は、支払資金増減に関係ないので、P/Lにだけ計上され、資金収支計算書には計上されません。

　　なお、基本金を取り崩すのは、社会福祉法人が社会福祉事業の一部又は全部を廃止して、基本金組入れの対象となった固定資産を廃棄・売却した場合に限られます。したがって、基本金の取崩しは、稀なケースと考えられます。

　　では、次の練習問題を解いてください。

練習問題 19 基本金の仕訳例

　　次の取引を仕訳してください。

期　中　取　引		仕　　　　訳			
		借　　方		貸　　方	
		科　　目	金額	科　　目	金額
①	施設増築のため基本財産を取得するよう指定された寄附金200の振込を受けた。				
②	①について基本金に組み入れた。				
③	経常経費に対する寄附金30を現金で受けた。				

この練習問題の解答は131頁上部の①～③の仕訳ですが、もちろん見ずに考えてくださいね。

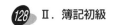

左の「施設整備等寄附金収益」は、P/Lでは、どこに計上されるでしょうか。

154頁の中ほど「特別増減の部」の上から2行目を見てください。

では、資金収支計算書では…152頁のどこに記載されているでしょうか。支払資金は増減しないので資金収支計算書には出てきませんね。

２．「国庫補助金等特別積立金」の考え方

国庫補助金等については、それが国又は地方公共団体等から拠出されたものであること以外は、民間からの寄附金と何ら変わることはありません。そこで、「国庫補助金等特別積立金」として、純資産の部に計上することとされています。

会計基準省令では、国庫補助金等特別積立金について、次のように記載しています。

【会計基準省令】 (第2章　会計帳簿)

> **（純資産）**
> **第6条**（省略）
>
> **2** 国庫補助金等特別積立金には、社会福祉法人が施設及び設備の整備のために国、地方公共団体等から受領した補助金、助成金、交付金等（第22条第4項において「国庫補助金等」という。)の額を計上するものとする。
>
> **3**（省略）

国庫補助金等特別積立金には、次の二つの国庫補助金等の額を計上することとなっています。

① 施設建設のための国庫補助金等

　新築・増築に限らず建替えも含みます。この点が、基本金とされる寄附金と大きく異なる点です。

② 施設建設のための借入金の返済のための国庫補助金等

　①の国庫補助金等と同じ趣旨ですね。交付を受けた時期が、建設の前なのか後なのかの違いだと理解できます。

国庫補助金等を受け入れたときの仕訳は、次のようになります。

借　　　方		貸　　　方	
現　金　預　金	×××	施設整備等補助金収益	×××

基本金の場合は、貸方が「施設整備等寄附金収益」でしたね。「寄附」と「補助」だけの相違です。また、P/L・資金収支計算書の両方に計上されることも同じです。

そして、国庫補助金等特別積立金を積み立てたときに、次の頁のような仕訳をします。

左の会計基準省令において「第22条」とあるのは、事業活動計算書の構成について規定している条文です。しかし、初級段階の今は、気にしなくてもかまいません。

127頁の基本金とは何が違うでしょうか？
基本金には左の①・②に相当するもの以外にも運転資金に充てるためのものがありましたね。また左の①・②に相当するといっても、**基本金は新築限定**であることが国庫補助金等と異なります。

借　　　方		貸　　　方	
国 庫 補 助 金 等 特別積立金積立額	×××	国庫補助金等特別積立金	×××

　しかし、これを基本金とまったく同様に扱うなら、資金収支の面では補助の実があるのですが、P/Lの面では補助の意味がありません。

　例えば、１号基本金で取得した建物１億円を償却し終えたとき、B/Sは、どのようになるのでしょうか。

取得時のB/S

建　　物 １億円	基本金 １億円

償却し終えると→

償却後のB/S

	基本金 １億円

　███で示した部分だけが、この間P/Lの事業活動増減差額のマイナスとして計算されることになります。結局、法人としては、これに見合う事業収益をあげる（あるいは費用を抑える）ことが必要になり、利用者に何らかの形ではね返ることになります。

　そこで、厚生労働省から発出されている局長通知では、次のように国庫補助金等によって取得した資産の減価償却費のうち国庫補助金等に相当する額を取り崩すものとしました。この取崩額をP/Lのサービス活動費用に控除項目として計上することによって、減価償却費の負担が同額だけ軽くなり、P/Lの面でも補助の実があるようにしたのです。

　国庫補助金等特別積立金を取り崩したときは、次のような仕訳をします。

借　　　方		貸　　　方	
国庫補助金等特別積立金	×××	国 庫 補 助 金 等 特 別 積 立 金 取 崩 額	×××

　また、国庫補助金等の対象となった資産が廃棄等された場合には、P/Lの特別費用の控除項目として計上されます。

３．「その他の積立金」の考え方

　その他の積立金は、将来の特定の目的の費用又は損失の発生に備えるために、理事会の議決によってP/Lの当期末繰越活動増減差額から積み立てたものです。

左の図では、残存価額をゼロとしています。

国庫補助等の目的は、社会福祉法人の資産取得のための負担を軽減し、サービス提供コストを軽減することを通して、利用者の負担を軽減することにあります。

記載場所は153頁の下のほう「減価償却費」の真下です。金額欄に「△」を付して、減価償却費の控除項目として記載されています。
154頁の「特別増減の部」に固定資産売却損・処分損の控除項目として記載されています。

法人が事業活動を通して獲得してきた活動増減差額から積み立てるものです。

練習問題 20　基本金の仕訳例を精算表に記入する

　次の仕訳は、下の精算表にどのように反映されるか、現金預金以外の科目の記入を示してください。

期　中　取　引		仕　訳				
		借　方		貸　方		
		科　目	金額	科　目	金額	
①	施設増築のため基本財産を取得するよう指定された寄附金200の振込を受けた。	現　金　預　金	200	施 設 整 備 等 寄 附 金 収 益	200	
②	①について基本金に組み入れた。	基 本 金 組 入 額	200	基　　本　　金	200	
③	経常経費に対する寄附金30を現金で受けた。	現　金　預　金	30	経 常 経 費 寄 附 金 収 益	30	
④	①の基本財産に係る国庫補助金300の振込を受けた。	現　金　預　金	300	施 設 整 備 等 補 助 金 収 益	300	
⑤	④について国庫補助金等特別積立金に積み立てた。	国 庫 補 助 金 等 特別積立金積立額	300	国 庫 補 助 金 等 特 別 積 立 金	300	

精　算　表

摘　要	期首B/S 借方(資産)	期首B/S 貸方(負債・純資産)	期中資金増減取引 (借方)	期中資金増減取引 (貸方)	期中その他取引 (借方)	期中その他取引 (貸方)	期末B/S 借方(資産)	期末B/S 貸方(負債・純資産)
現　金　預　金	(省略)	(省略)	(省略)	(省略)	(省略)	(省略)	(省略)	(省略)
			資金収支計算書 借方(支出)	貸方(収入)				
基　本　金		500				②		
国庫補助金等特別積立金		100				⑤		
B/S 合計	×××	×××					×××	×××
							P/L 借方(費用)	貸方(収益)
経常経費寄附金収益(収入)				③				
施設整備等補助金収益(収入)				④				
施設整備等寄附金収益(収入)				①				
基本金組入額			②					
国庫補助金等特別積立金積立額			⑤					

練習問題 21 仕訳・転記と精算表の完成(2)

　次の取引を仕訳し、転記した上で精算表を完成してください。なお、仕訳科目は精算表に記載されたB/S・P/L科目とし、日付欄には問題番号を記入してください。

期　中　取　引		仕　　訳			
		借　　　方		貸　　　方	
		科　　　目	金額	科　　　目	金額
①	施設増築のための基本財産を取得するように指定された補助金として500の振込を受けた。				
②	施設増築のための基本財産を取得するように指定された寄附金として150の振込を受けた。				
③	①②を財源として建物650を現金で取得し、基本財産とした。				
④	①について国庫補助金等特別積立金を積み立てた。				
⑤	②について基本金に組み入れた。				
⑥	車輌（売却直前帳簿価額40）を30で売却し、預金に入金した。			車　輌　運　搬　具	30
				車　輌　運　搬　具	10
⑦	⑥に見合う国庫補助金等特別積立金10を取り崩した。				
⑧	建物について85の減価償却を実施した。				
⑨	車輌について25の減価償却を実施した。				
⑩	⑧⑨に見合う国庫補助金等特別積立金55を取り崩した。				

現　金　預　金

××01年 月 日		摘　　　　　要	借　　方	貸　　方	差引借方残高
4	1	前期繰越	－	－	1,500
		施設整備等補助金収益			3,000
		施設整備等寄附金収益			3,150
		建物			2,500
		車輌運搬具			2,530
3	31	諸口	15		1,570
		取引合計	1,540	1,470	

（基本財産）　　　　　　　　　　建　　　物

××01年 月 日	摘　　　要	資金増減取引 借　方	資金増減取引 貸　方	その他取引 借　方	その他取引 貸　方	差引借方残高
4　1	前期繰越	－	－	－	－	18,000
	取引合計					

（その他の固定資産）　　　　　　車　輌　運　搬　具

××01年 月 日	摘　　　要	資金増減取引 借　方	資金増減取引 貸　方	その他取引 借　方	その他取引 貸　方	差引借方残高
4　1	前期繰越	－	－	－	－	450
	取引合計					

基　　本　　金

××01年 月 日	摘　　　要	資金増減取引 借　方	資金増減取引 貸　方	その他取引 借　方	その他取引 貸　方	差引貸方残高
4　1	前期繰越			－	－	23,400
	取引合計					

国庫補助金等特別積立金

××01年 月 日	摘　　　要	資金増減取引 借　方	資金増減取引 貸　方	その他取引 借　方	その他取引 貸　方	差引貸方残高
4　1	前期繰越			－	－	34,500
	取引合計					

（サービス活動増減の部）　　　　減　価　償　却　費

××01年 月 日	摘　　　要	資金増減取引 借　方	資金増減取引 貸　方	その他取引 借　方	その他取引 貸　方	差引借方残高
	取引合計					

（サービス活動増減の部）　　　　国庫補助金等特別積立金取崩額

××01年 月 日	摘　　　　　　　要	資金増減取引		その他取引		差引貸方残高
		借　方	貸　方	借　方	貸　方	
	取引合計					

（特別増減の部）　　　　　　　　施設整備等補助金収益

××01年 月 日	摘　　　　　　　要	資金増減取引		その他取引		差引貸方残高
		借　方	貸　方	借　方	貸　方	
	取引合計					

（特別増減の部）　　　　　　　　施設整備等寄附金収益

××01年 月 日	摘　　　　　　　要	資金増減取引		その他取引		差引貸方残高
		借　方	貸　方	借　方	貸　方	
	取引合計					

（特別増減の部）　　　　　　　　基 本 金 組 入 額

××01年 月 日	摘　　　　　　　要	資金増減取引		その他取引		差引借方残高
		借　方	貸　方	借　方	貸　方	
	取引合計					

（特別増減の部）　　　　　　　　固定資産売却損・処分損

××01年 月 日	摘　　　　　　　要	資金増減取引		その他取引		差引借方残高
		借　方	貸　方	借　方	貸　方	
	取引合計					

（特別増減の部）　　　　　　　　国庫補助金等特別積立金取崩額

××01年 月 日	摘　　　　　　　要	資金増減取引		その他取引		差引貸方残高
		借　方	貸　方	借　方	貸　方	
	取引合計					

（特別増減の部）　　　　　　　　国庫補助金等特別積立金積立額

××01年 月 日	摘　　　　　　　要	資金増減取引		その他取引		差引借方残高
		借　方	貸　方	借　方	貸　方	
	取引合計					

精算表

摘要	期首B/S 借方(資産)	期首B/S 貸方(負債・純資産)	期中資金増減取引 (借方)	期中資金増減取引 (貸方)	期中その他取引 (借方)	期中その他取引 (貸方)	期末B/S 借方(資産)	期末B/S 貸方(負債・純資産)
現 金 預 金	1,500							
事 業 未 収 金	1,800		1,120	950				
事 業 未 払 金		240	240	180				
職 員 預 り 金		100	35	40				
支 払 資 金 計（差引支払資金）	3,300	340 ( )	差引支払資金増加額→ [　　]					( )

資金収支計算書 借方(支出) | 貸方(収入)

摘要	期首B/S 借方(資産)	期首B/S 貸方(負債・純資産)	資金収支計算書 借方(支出)	資金収支計算書 貸方(収入)	期中その他取引 (借方)	期中その他取引 (貸方)	期末B/S 借方(資産)	期末B/S 貸方(負債・純資産)
（基本財産） 土 地	42,000						42,000	
建 物	18,000		固定資産取得支出					
（その他の固定資産） 車 輌 運 搬 具	450			固定資産売却収入				
長 期 運 営 資 金 借 入 金		3,000	元金償還支出 300	借入金収入 300				3,000
基 本 金		23,400						
国庫補助金等特別積立金		34,500						
次期繰越活動増減差額(期首)		2,510						2,510
当 期 活 動 増 減 差 額							差引純資産増加額→ [　　]	
B / S 合 計	63,750	63,750						

P/L 借方(費用) | 貸方(収益)

摘要	期首B/S 借方	期首B/S 貸方	資金収支 借方(支出)	資金収支 貸方(収入)	期中その他 (借方)	期中その他 (貸方)	P/L 借方(費用)	P/L 貸方(収益)
○○事業収益(収入)等				1,200			サービス活動増減の部	1,200
人 件 費 （支出）			200				200	
事 業 費 （支出）			435				435	
事 務 費 （支出）			300				300	
減 価 償 却 費								
国庫補助金等特別積立金取崩額								
施設整備等補助金収益(収入)							特別増減の部	
施設整備等寄附金収益(収入)								
基 本 金 組 入 額								
固定資産売却損・処分損								
国庫補助金等特別積立金取崩額								
国庫補助金等特別積立金積立額								
収益・費用(収入・支出)小計								
当期増減(収支)差額			[　　] ←当期資金収支差額				[　　] ←当期活動増減差額	
増減等(収支)合計								

以上の**練習問題21**までは、「簿記」の範囲です。では、これをもとに実際のフローの計算書を作成してみましょう。

最初は戸惑うかもしれませんが、焦らずに仕上げてください。精算表のどの部分が資金収支計算書の収入・支出なのか、どの部分がP/Lの費用・収益なのか。それが分かれば、各々の様式のどこに記入するか。問題は、それだけです。

なお慣例として、収入・収支は、「収支」と略し、「収入」が先で「支出」が後です。費用・収益は「損益」と略し、「損失（費用）」が先で「収益」が後になります。

練習問題 22 精算表からフローの計算書を作成する

練習問題21の**解答**の精算表（解答35頁）をもとに、資金収支計算書の「決算(B)」欄と、事業活動計算書の「当年度決算(A)」欄の、各々空白部分を記入してください。

資 金 収 支 計 算 書
（自）××01年4月1日（至）××02年3月31日

勘 定 科 目			予算(A)	決算(B)	差異(A)−(B)	備考
事業活動による収支	収入	○○事業収入 ・・・				
		事業活動収入計(1)				
	支出	人件費支出 事業費支出 事務費支出 ・・・				
		事業活動支出計(2)				
		事業活動資金収支差額(3)＝(1)−(2)				
施設整備等による収支	収入	施設整備等補助金収入 施設整備等寄附金収入 固定資産売却収入				
		施設整備等収入計(4)				
	支出	固定資産取得支出 ・・・				
		施設整備等支出計(5)				
		施設整備等資金収支差額(6)＝(4)−(5)				
その他の活動による収支	収入	長期運営資金借入金収入 ・・・				
		その他の活動収入計(7)				
	支出	長期運営資金借入金元金償還支出 ・・・				
		その他の活動支出計(8)				
		その他の活動資金収支差額(9)＝(7)−(8)				
予備費支出(10)						
当期資金収支差額合計(11)＝(3)＋(6)＋(9)−(10)						
前期末支払資金残高(12)						
当期末支払資金残高(11)＋(12)						

「前期末支払資金残高(12)」と「当期末支払資金残高(11)＋(12)」は、**練習問題21**の精算表では上から6行「（差引支払資金）」の行の、期首B/S・期末B/Sに（括弧内数字）として示されています。

事業活動計算書
（自）××01年4月1日（至）××02年3月31日

勘定科目			当年度決算(A)	前年度決算(B)	増減(A)−(B)
サービス活動増減の部	収益	○○事業収益			
		・・・			
		サービス活動収益計(1)			
	費用	人件費			
		事業費			
		事務費			
		減価償却費			
		国庫補助金等特別積立金取崩額	△		
		徴収不能額			
		徴収不能引当金繰入			
		サービス活動費用計(2)			
		サービス活動増減差額(3)＝(1)−(2)			
サービス活動外増減の部	収益	借入金利息補助金収益			
		・・・			
		サービス活動外収益計(4)	―		
	費用	支払利息			
		・・・			
		サービス活動外費用計(5)	―		
		サービス活動外増減差額(6)＝(4)−(5)	―		
経常増減差額(7)＝(3)＋(6)					
特別増減の部	収益	施設整備等補助金収益			
		施設整備等寄附金収益			
		固定資産売却益			
		特別収益計(8)			
	費用	基本金組入額			
		固定資産売却損・処分損			
		国庫補助金等特別積立金取崩額	△		
		国庫補助金等特別積立金積立額			
		特別費用計(9)			
		特別増減差額(10)＝(8)−(9)			
当期活動増減差額(11)＝(7)＋(10)					
繰越活動増減差額の部	前期繰越活動増減差額(12)				
	当期末繰越活動増減差額(13)＝(11)＋(12)				
	基本金取崩額(14)				
	その他の積立金取崩額(15)				
	その他の積立金積立額(16)				
次期繰越活動増減差額(17)＝(13)＋(14)＋(15)−(16)					

11 決　算

1．決算の意義と決算手続

① 決算の意義

　会計は、すべての取引を仕訳帳（仕訳日記帳）に仕訳し、元帳に転記することによって、すべての資産、負債、純資産の変動を記録・計算します。この記録を会計上の一定期間（「会計期間」といいます）末で締め切って計算書類を作成します。これを決算といいます。会計は、決算を行い、計算書類を作成し、それを通じて経営体に関する財務情報を利害関係者に伝達することが、その主たる役割です。

　計算書類によって、施設長、理事長だけでなく、行政も利用者も、その法人の資金増減の状況、純資産増減の内容、そして資産、負債、純資産の状態を判断することができます。社会福祉法人は毎年度末の純資産額を登記することが求められていますが、この純資産額も決算によって確定します。このように、決算は大きな意味を持っています。

② 決算手続

　決算手続の流れは、次のようになっています。

決算予備手続	(1) 試算表の作成と補助簿との照合 (2) 各勘定残高の内容の確認と棚卸表の作成 (3) 決算修正事項と決算整理仕訳の確定 ［棚卸資産の棚卸高修正、減価償却、引当金の設定・戻入、費用の未払・前払の修正、収益の未収・前受の修正、1年基準による債権・債務区分の見直しなどがあります。］ (4) 精算表の作成
決算本手続	(1) 決算修正事項にもとづく帳簿記録の修正記入 (2) 総勘定元帳の勘定整理 (3) 全帳簿の締切
決算報告書作成手続	計算書類の作成

　以下では、上記の決算整理仕訳、とくに今までこのテキストで説明していなかった部分を中心に記載します。

決算のことを英語では「Closing the Books」というそうです。「帳簿を閉じる」、「勘定を〆る」。そんな感じでしょうか。

決算は、会計期間によって、月次会計期間の決算である「月次決算」と年度会計期間の決算である「年度決算」とに分けることができます（上場会社の場合「四半期決算」もありますね）。月次決算は、多くの場合、内部管理用になされます。

棚卸資産の棚卸高修正、未実現利益の除去については《初級編》では扱いません。

コンピューターを利用している実務では、精算表の作成以降の手続は、コンピューターへの入力と出力によって行っています。

2．決算修正事項と決算整理仕訳

① 決算予備手続

　決算予備手続の目的は、期中の帳簿記録の正確性を確保し、正しい決算のための決算修正事項と決算整理仕訳を確定することです。

　通常の場合、決算予備手続は次の流れをたどることになります。

第1Step　試算表の作成と補助簿の照合

　第一段階は、記録と記録との照合です。試算表の作成により、期中の転記ミスの有無を確かめ、さらに、試算表残高と、各種補助簿残高との整合性を確かめます。例えば、現預金残高と現金出納帳、預金出納帳等との照合です。

第2Step　記録と事実の照合

　記録同士が整合していても、それが必ずしも正しいとは限りません。記録漏れが無いとは限りません。そのことを確かめるために、各勘定残高について可能な限り詳しい明細表（科目明細）を作成し、事実との合致を確かめます。

　例えば、現金残高と金種別現金実査表、預金残高と銀行預金残高証明書、有形固定資産残高と固定資産台帳等々です。

第3Step　決算修正事項と決算整理仕訳の確定

　以上の手続を通じて見つかった修正すべき事項のほかに、減価償却等々の決算時特有の会計処理があります。

　皆さんが、今まで学んでこなかったことで大きな処理としては、費用・収益の繰延べ・見越し、そして1年基準による債権・債務区分の見直しなどがあります。

　これらの修正のために必要な仕訳が、決算整理仕訳です。

第4Step　精算表の作成

　以上の手続を経て、決算整理仕訳が確定すると精算表を作成し、計算書類のそれぞれの資金増減、純資産増減が整合していることを確かめます。そして、各勘定科目残高が、以上のステップで算定されていた残高に合致することを確かめます。そこまでの手続を終えて初めて会計帳簿に必要な仕訳を行い、勘定記入し、勘定残高を締め切ることができます。

科目明細について、残高のうち、大きなものを拾い出して、それらと試算表残高との差額を「その他」として作成する人がいますが、それでは明細を作成したことになりません。1円まで明細を拾い出し、その合計額と勘定残高との合致を確かめること。それが大切です。

実務で精算表を作成することはないと思われますが、実務で行っていることの意味を明確に理解するために、精算表を学習してください。

② 費用・収益の繰延べ・見越し

　貯蔵品について、テキストの81頁で、事務消耗品費、通信運搬費で処理していた事務用消耗品や郵便切手で決算期末に未使用のものは、貯蔵品勘定に振り替えて次期に繰り延べると記載しました。これは、単に実際に物品が残っているからというよりも、実際に消費された期間に費用を割り当てるという考え方が基になっています。費用を期間に割り当てるという考え方からは、他の勘定科目でも、翌期にまたがる費用を期中に支払った場合に、同じようなことが起こります。

　例えば、2月末に3〜5月の支払利息合計30万円を先払いしたような場合です。決算の3月末では、20万円分の利息を翌期に繰り延べる必要があります。しかし、「貯蔵品」勘定は使えません。このような費用を翌期に繰り延べるときに、資産科目として**前払費用**という勘定科目を使います。仕訳例を示すと、次のようになります。

　例：決算に当たり、支払利息300,000のうち翌期に対応する200,000を、翌期に繰り延べた。

借　　　　方	貸　　　　方
前　払　費　用　　200,000	支　払　利　息　　200,000

　このように、契約によって既に支払って費用となるもののうち、いまだ期間が経過していないものを翌期に繰り越すことを**費用の繰延べ**といいます。収益についても同じことが起こり、その場合、**収益の繰延べ**を行います。この場合には、**前受収益**という勘定科目を使います。

　例：新園舎建設予定地を、3月から5月の3か月間の建設着工までの期間、第三者に貸付け、地代総額150,000を受け取った。

借　　　　方	貸　　　　方
現　金　預　金　　150,000	雑　　収　　益　　150,000

　例：決算に当たり、2か月分の受取地代を翌期に繰り延べた。

借　　　　方	貸　　　　方
雑　　収　　益　　100,000	前　受　収　益　　100,000

　以上が、費用・収益の繰延べです。これらは、期中に既に決済が行われて、会計処理を行った費用・収益を翌期に繰り延べるものですが、これとちょうど反対に、いまだ決済が行われていないけれど、正しい期間損益計算のために修正すべき費用・収益があります。

　次の頁に、仕訳例で、示します。

「正しい期間損益を計算する」という考え方です。

前払費用は、支払資金を構成する資産項目の勘定科目です。

左の仕訳で、家賃の前払を処理する場合は、貸方科目が「土地・建物賃借料」となります。

前受収益は、支払資金を構成する負債項目の勘定科目です。

「雑収益」は、P/Lの科目です。資金収支計算書では「雑収入」と表示されます。

例：決算に当たり、期中の支払利息を調べたところ、契約上後払いに
　　なっており、翌期に支払う予定の支払利息のうち当期に対応する
　　ものが130,000あることが分かったので、決算整理仕訳を追加した。

借　　　　　方	貸　　　　　方
支　払　利　息　　130,000	未　払　費　用　　130,000

契約上、後払いで期末までに支払う必要のないものです。しかし、当
期の費用として計上すべき支払利息があるので、決算整理仕訳を追加し
たのが上の仕訳です。これによって、当期の支払利息13万円を計上しま
す。まだ、処理されていない将来を見越して会計処理をするので、この
ような処理を**費用の見越し**といいます。

社会福祉法人で発生することはあまり無いと思われますが、**収益の見
越し**もあります。収益を見越したときは、次のような仕訳を行い、**未収
収益**を計上します。

例：決算に当たり、○○収益について、×××を見越し計上した。

借　　　　　方	貸　　　　　方
未　収　収　益　　×××	○　○　収　益　　×××

以上を整理すると、次のようにまとめることができます。

費用・収益の繰越し・見越しに係る 決　算　整　理　事　項			決算整理仕訳	
			借　方	貸　方
既に計上した費用・収益 を翌期に繰り越す処理	費用・収益 の繰越し	費用の場合	前払費用	○○費用
		収益の場合	○○収益	前受収益
まだ計上していない費 用・収益を見越す処理	費用・収益 の見越し	費用の場合	○○費用	未払費用
		収益の場合	未収収益	○○収益

以上の、費用・収益の繰越し・見越しによって計上される前払費用・
未払費用・未収収益・前受収益の科目は、いずれも支払資金を構成する
流動資産・流動負債であり、上記の決算整理仕訳によって、純資産が増
減する（P/Lに計上される）とともに、支払資金が増減し、資金収支計
算書にも計上されます。

以上の科目に似た科目として、「前払金」、「（事業）未払金」、「（事業）
未収金」、「前受金」がありますが、内容が異なります。テキスト54〜56
頁で確かめてください。

なお、重要性の乏しい金額の少額なものについては、繰越し・見越し
の処理をする必要はありません。

未払費用は、支払
資金を構成する負
債項目の勘定科目
です。
「正確な期間損益」
（純資産の増減計
算）の観点から行
うのが、費用・収
益の繰延べ・見越
しです。

未収収益は、支払
資金を構成する資
産項目の勘定科目
です。

前払費用・未払費
用・未収収益・前
受収益を**経過勘定**
といいます。主に
時間の経過に従っ
て、費用あるいは
収益となる項目を
整理する勘定です。

③ 　１年基準による債権・債務区分の見直し

　設備資金借入金、長期運営資金借入金は、借入実行時から完済までの期間が１年を超えるために、**固定負債**として処理されます。借入実行時の会計処理はそれでよいのですが、そのまま決算を組み、貸借対照表に固定負債として計上してよいでしょうか？

　計算書類の利用者は、貸借対照表から、その法人の財政状態を判断します。例えば、老人ホーム建替えのために10億円を２月に借り入れ、翌年から10年間にわたって毎年２月に１億円ずつ返済する契約である場合、計算書類を見る人は、貸借対照表に計上されている流動負債から１年以内に支払うべき負債総額を判断するので、10億円全額を固定負債に計上したままでは、その法人の財政状態を見誤ることになります。

　そこで、決算に当たっては、このような翌年３月末までに支払期限がくる負債については、流動負債に計上する必要があります。

　仕訳例を示すと、次のとおりです。

　例：設備資金借入金のうち、１億円を流動負債に振り替えた。

借　　　　方		貸　　　　方	
設 備 資 金 借 入 金	100,000,000	１年以内返済予定 設 備 資 金 借 入 金	100,000,000

　上の仕訳の**１年以内返済予定設備資金借入金**勘定は、貸借対照表に流動負債として計上されます。

　同じことは、長期運営資金借入金についても、長期未払金についても必要となり、それぞれ１年以内に支払期限が到来するものは、**１年以内返済予定長期運営資金借入金**、**１年以内支払予定長期未払金**として流動負債に計上することになります。このように１年以内に支払期限（長期貸付金の場合は入金期限）が到来するかどうかで、流動・固定を区分する基準を**１年基準**といいます。

　さて、問題です。この流動負債となった１年以内返済予定の長期借入金は支払資金（マイナスの）でしょうか？　流動負債だから…？

　もしも、これを支払資金だとすると、上の決算整理仕訳によって支払資金が減少することになりますので、資金収支計算書に「長期借入金返済支出」と記載しないと勘定が合いません。しかし、返済の事実もなく単に決算上振り替えたものを資金の「返済支出」として計上することは、妥当ではありません。そこで、会計基準省令では、**固定資産・固定負債**

「貸借対照表日の翌日から起算して１年以内に支払期限の到来するもの」という言い方をします。貸借対照表日とは、計算書類の貸借対照表に付された日付、つまり３月31日のことです。

負債だけでなく、長期貸付金についても、１年以内回収予定のものは、固定資産から流動資産に振り替える必要があります。

から１年基準によって流動資産・流動負債に振り替えられたものを支
払資金から除くこととしています。

　23頁に記載したB/Sを次頁に再掲します。

　『Ⅰ　会計入門』では、次のような前提で説明をしていました。

ただし、次の頁の
B/Sには、経過勘
定等も記載しまし
た。

　　流動資産　　➡　　Cashとその仲間　＝　＋支払資金

　　流動負債　　➡　　Cashのマイナス　＝　△支払資金

　　　　　流動資産　－　流動負債　＝　支払資金残高

　しかし、これは正確ではありません。**流動資産・流動負債のうちに
は、支払資金に含まれないものがあるのです。**それは、貯蔵品を除く
棚卸資産、引当金、そして１年基準によって流動資産・流動負債に振
り替えられたものです。では、ここで支払資金の正しい定義を！

【支払資金の正しい定義】

　会計基準省令には、次のように記載されています。

【会計基準省令】 　　　　　　　　　　　　　　（第３章　計算関係書類）

　　第２節　資金収支計算書
　　　（資金収支計算書の内容）
　第12条　資金収支計算書は、当該会計年度における全ての支払資金
　　の増加及び減少の状況を明瞭に表示するものでなければならない。
　　　（資金収支計算書の資金の範囲）
　第13条　支払資金は、流動資産及び流動負債（経常的な取引以外の
　　取引によって生じた債権又は債務のうち貸借対照表日の翌日から
　　起算して１年以内に入金又は支払の期限が到来するものとして固
　　定資産又は固定負債から振り替えられた流動資産又は流動負債、
　　引当金及び棚卸資産（貯蔵品を除く。）を除く。）とし、支払資金残
　　高は、当該流動資産と流動負債との差額とする。

←支払資金の範囲
原文には下線は引
かれていません。
括弧（　）内には、
支払資金から除く
ものが記載されて
います。

　支払資金を単純化すると、「流動資産と流動負債」。その残高は「流
動資産　－　流動負債」。しかし、正確には、次の三つのものを除く。
このことを明確にしておいてください。

⑴　**１年基準**によって固定資産又は固定負債から振り替えられた流動
　　資産・流動負債とされた債権・債務

⑵　**引当金**（損益計算のために設定するもので、確定した債務ではない）

⑶　貯蔵品以外の**棚卸資産**

貯蔵品以外の棚卸
資産として代表的
なものは、商品・
製品等がありま
す。これらは、売
却しないと資金に
はなりません。

B / S

流動資産	Cash（現金預金） **Cashの仲間** （金庫に入るのが少し遅れただけ） ・事業未収金 ・未収金 ・未収収益 （金庫から少し出ただけ） ・貯蔵品 ・立替金 ・前払金 ・前払費用 ・仮払金	プラス支払資金	支払資金残高	マイナス支払資金	Cashのマイナス （金庫から出るのが少し遅れただけ） ・短期運営資金借入金 ・事業未払金 ・その他の未払金 ・未払費用 ・職員預り金 ・前受金 ・前受収益	流動負債
	製品・仕掛品などの棚卸資産 △徴収不能引当金				賞与引当金 長期借入金の内1年内返済分	
					長期借入金 〔設備資金借入金 　長期運営資金借入金〕 退職給付引当金	固定負債
固定資産	基本財産 その他の固定資産				基本金 次期繰越活動増減差額	純資産

　流動資産とプラス支払資金との相違は、製品・仕掛品などの棚卸資産と徴収不能引当金です（長期貸付金がある場合には、1年以内回収予定長期貸付金も入ってきます）。また、流動負債とマイナス支払資金との相違は、賞与引当金と1年以内返済予定の長期借入金です。

　どうでしょう？　支払資金の概念は、はっきりしたでしょうか。

　なお、決算で1年基準によって流動負債に振り替えられた1年以内返済予定の長期借入金の翌期の会計処理はどうするのでしょうか。

　次の三つの方法が考えられます。

⑴　1年基準による振替は、適切な財務情報のための決算期末だけのものだから、翌期の期首で、もともとの固定負債科目に振り替える。

⑵　翌期首での振替は行わず、返済については1年以内返済予定分から返済したものとして仕訳を行う。

⑶　月次の決算でも財政状態が明瞭に判断できるように、1年以内返済分はそのままにして、固定負債を返済したものとして仕訳を行う。

　いずれの方法にせよ、翌期の期中返済額は、資金収支計算書上、長期の借入金の返済支出として表示する必要があります。

　それでは、次の**練習問題**を解いてください。

上のB/Sの流動資産・流動負債のうち◯で囲んだ部分が「支払資金」から除かれる部分です。

それぞれ、一長一短ですね。
⑴もっともな考えですが、月次管理からは…？
⑵期末流動部分の残高がゼロで期中返済の正否が分かるけれど…。
⑶月次決算重視から。本来は月次で振替を行うべきだが…。

練習問題 23 決算修正事項と計算書類の作成

次の〈問題23−①〉から〈問題23−④〉までの連続した問題を解いてください。

〈問題23−①〉 精算表を作成する

下の決算修正事項に基づき、次頁の精算表の決算整理仕訳欄を記入し、精算表を完成しなさい。

決算整理仕訳欄の記入に当たっては、精算表の決算整理欄①〜③の記載例のように、記入する金額の頭部に決算修正事項の番号を付しなさい。

なお、期中取引のすべては資金増減取引であり、そのすべてが正しく精算表に記載されているものとします。

番号	決 算 修 正 事 項
①	期首に備品の除却を行ったが会計処理がもれていることが分かった。なお、除却すべき金額は52である。
②	器具及び備品の減価償却費は150であった。
③	建物の減価償却費は期中取得分を含め、400であった。
④	②③にともない、取り崩すべき国庫補助金等特別積立金は100であった。
⑤	事業未収金残高に対して2％の徴収不能を見積もり、徴収不能引当金残高との差額を追加計上した。
⑥	退職給付引当金44を追加計上した。なお、追加計上するに当たり、費用科目は人件費を使用する。
⑦	期中にいただいた施設整備等寄附金総額を基本金に組み入れた。
⑧	1年以内に支払期限が到来する設備資金借入金残高の内650を流動負債に振り替えた。

〈問題23−②〉 貸借対照表を作成する

〈問題23−①〉の**解答**の精算表（解答39頁）にしたがって、147頁のB/Sを作成しなさい。

〈問題23−③〉 資金収支計算書を作成する

〈問題23−①〉の**解答**の精算表にしたがって、148頁の資金収支計算書を作成しなさい。

なお、記入すべき金額がマイナスとなる場合で解答用紙の当該箇所に予め「△」が付されていない場合は、「△」を付して記入してください。（〈問題23−④〉も、同様とします。）

〈問題23−④〉 事業活動計算書を作成する

〈問題23−①〉の**解答**の精算表にしたがって、149頁のP/Lを作成しなさい。

〈問題23−①〉　精算表を作成する

精　算　表

摘　要	期首B/S 借方(資産)	期首B/S 貸方(負債・純資産)	期中資金増減取引 (借方)	期中資金増減取引 (貸方)	決算整理仕訳 (借方)	決算整理仕訳 (貸方)	期末B/S 借方(資産)	期末B/S 貸方(負債・純資産)
現　金　預　金	4,000		16,500	15,800				
事 業 未 収 金	2,500		18,200	18,000				
短期運営資金借入金		500	100	0				
事 業 未 払 金		200	600	700				
支 払 資 金 計	6,500	700	35,400	34,500				
（差引支払資金）	(5,800)		差引支払資金増加額→ 900					( )

資金収支計算書

摘　要	期首B/S 借方(資産)	期首B/S 貸方(負債・純資産)	借方(支出)	貸方(収入)	決算整理仕訳 (借方)	決算整理仕訳 (貸方)	期末B/S 借方(資産)	期末B/S 貸方(負債・純資産)
徴収不能引当金		50						
1年以内返済予定設備資金借入金		500	借入金元金償還支出 500					
（基本財産）土　　地	13,000							
（基本財産）建　　物	3,500		固定資産取得支出 3,000			③ 400		
（その他の固定資産）器具及び備品	1,000					① 52 / ② 150		
設備資金借入金		2,000	元金償還支出 100	借入金収入 1,500				
退職給付引当金		450						
基　　本　　金		18,000						
国庫補助金等特別積立金		500						
次期繰越活動増減差額(期首)		1,800						
当　期　活動増減差額							差引純資産増加額→ [ ]	
B / S 合　計	24,000	24,000						

P/L

摘　要							借方(費用)	貸方(収益)
○ ○ 事 業 収 益(収 入)				18,000				
人 件 費(支 出)			9,400					
事 業 費(支 出)			5,300					
事 務 費(支 出)			1,300					
減 価 償 却 費					② 150 / ③ 400			
国庫補助金等特別積立金取崩額								
徴 収 不 能 引 当 金 繰 入								
施設整備等寄附金収益(収入)				1,000				
基 本 金 組 入 額								
固定資産売却損・処分損					① 52			
収益・費用(収入・支出)小計			19,600	20,500				
当 期 増 減 (収 支) 差 額			900 ←当期資金収支差額				[ ] ←当期活動増減差額	
増 減 等 (収 支) 合 計			20,500	20,500				

〈問題23-②〉 貸借対照表を作成する

貸 借 対 照 表
××02年3月31日現在

資 産 の 部	当年度末	前年度末	増減	負 債 の 部	当年度末	前年度末	増減
流動資産				流動負債			
現金預金				短期運営資金借入金			
有価証券				事業未払金			
事業未収金				・			
・				1年以内返済予定設備資金借入金			
貯蔵品				1年以内返済予定長期運営資金借入金			
・				・			
立替金				未払費用			
前払金				預り金			
前払費用				職員預り金			
1年以内回収予定長期貸付金				前受金			
短期貸付金				前受収益			
仮払金				仮受金			
その他の流動資産				賞与引当金			
徴収不能引当金	△			その他の流動負債			
固定資産				固定負債			
基本財産				設備資金借入金			
土地				長期運営資金借入金			
建物				・			
・				退職給付引当金			
その他の固定資産				・			
土地				その他の固定負債			
建物				負債の部合計			
・				純 資 産 の 部			
車輌運搬具				基本金			
器具及び備品				国庫補助金等特別積立金			
・				その他の積立金			
ソフトウェア				次期繰越活動増減差額			
・				(うち当期活動増減差額)	( )		
投資有価証券							
長期貸付金							
・							
その他の固定資産				純資産の部合計			
資産の部合計				負債及び純資産の部合計			

(注意事項)

《徴収不能引当金の表示》

　徴収不能引当金は、資産から控除することとされています（テキスト114頁）。この問題では、間接控除方式によって、資産の部に△を付して計上しています。

《純資産の部の「次期繰越活動増減差額」の表示》

　精算表の「次期繰越活動増減差額（期首）」と「当期活動増減差額」の合計が、次期繰越活動増減差額の期末残高ですので、当該金額をB/Sに記載します。また、当期活動増減差額は、括弧（　）内に内書きします。

〈問題23－③〉　資金収支計算書を作成する

資 金 収 支 計 算 書
（自）××01年4月1日　（至）××02年3月31日

勘 定 科 目			予算(A)	決算(B)	差異(A)－(B)	備考
事業活動による収支	収入	介護保険事業収入 ・ ○○事業収入 ・ 借入金利息補助金収入 経常経費寄附金収入 受取利息配当金収入 その他の収入				
		事業活動収入計(1)				
	支出	人件費支出 事業費支出 事務費支出 ・ 支払利息支出 その他の支出				
		事業活動支出計(2)				
		事業活動資金収支差額(3)＝(1)－(2)				
施設整備等による収支	収入	施設整備等補助金収入 施設整備等寄附金収入 設備資金借入金収入 固定資産売却収入 その他の施設整備等による収入				
		施設整備等収入計(4)				
	支出	設備資金借入金元金償還支出 固定資産取得支出 固定資産除却・廃棄支出 ・ その他の施設整備等による支出				
		施設整備等支出計(5)				
		施設整備等資金収支差額(6)＝(4)－(5)				
その他の活動による収支	収入	長期運営資金借入金元金償還寄附金収入 長期運営資金借入金収入 長期貸付金回収収入 ・ その他の活動による収入				
		その他の活動収入計(7)				
	支出	長期運営資金借入金元金償還支出 長期貸付金支出 ・ その他の活動による支出				
		その他の活動支出計(8)				
		その他の活動資金収支差額(9)＝(7)－(8)				
予備費支出(10)			×××] △×××	—	×××	
当期資金収支差額合計(11)＝(3)＋(6)＋(9)－(10)						
前期末支払資金残高(12)						
当期末支払資金残高(11)＋(12)						

（注）予備費支出△×××円は○○支出に充当使用した額である。

〈問題23−④〉 事業活動計算書を作成する

事 業 活 動 計 算 書
（自）××01年4月1日（至）××02年3月31日

勘 定 科 目			当年度決算(A)	前年度決算(B)	増減(A)−(B)
サービス活動増減の部	収益	介護保険事業収益			
		・			
		○○事業収益			
		・			
		経常経費寄附金収益			
		その他の収益			
		サービス活動収益計(1)			
	費用	人件費			
		事業費			
		事務費			
		・			
		減価償却費			
		国庫補助金等特別積立金取崩額	△	△	
		徴収不能額			
		徴収不能引当金繰入			
		その他の費用			
		サービス活動費用計(2)			
		サービス活動増減差額(3)＝(1)−(2)			
サービス活動外増減の部	収益	借入金利息補助金収益			
		受取利息配当金収益			
		・			
		その他のサービス活動外収益			
		サービス活動外収益計(4)			
	費用	支払利息			
		・			
		その他のサービス活動外費用			
		サービス活動外費用計(5)			
		サービス活動外増減差額(6)＝(4)−(5)			
		経常増減差額(7)＝(3)＋(6)			
特別増減の部	収益	施設整備等補助金収益			
		施設整備等寄附金収益			
		長期運営資金借入金元金償還寄附金収益			
		・			
		固定資産売却益			
		その他の特別収益			
		特別収益計(8)			
	費用	基本金組入額			
		・			
		固定資産売却損・処分損			
		国庫補助金等特別積立金取崩額（除却等）	△	△	
		国庫補助金等特別積立金積立額			
		・			
		その他の特別損失			
		特別費用計(9)			
		特別増減差額(10)＝(8)−(9)			
当期活動増減差額(11)＝(7)＋(10)					
繰越活動増減差額の部		前期繰越活動増減差額(12)			
		当期末繰越活動増減差額(13)＝(11)＋(12)			
		基本金取崩額(14)			
		・・・・・(15)・・・・(16)			
		次期繰越活動増減差額(17)＝(13)＋(14)＋(15)−(16)			

12 計算書類の種類と様式

1．計算書類の種類

　皆さんはここまで、B/SとP/L、そして資金収支計算書を学んできました が、社会福祉法では、計算書類は「貸借対照表及び収支計算書をいう」と定められています。そして会計基準省令では、その第1条で社会福祉法と同じように計算書類を規定した上で、各会計年度に係る計算書類として、次の表に掲げるものを作成すべきものとしています。

次に掲げる貸借対照表	次に掲げる収支計算書	
	資金収支計算書	事業活動計算書
法人単位貸借対照表	**法人単位資金収支計算書**	**法人単位事業活動計算書**
貸借対照表内訳表	資金収支内訳表	事業活動内訳表
事業区分貸借対照表内訳表	事業区分資金収支内訳表	事業区分事業活動内訳表
拠点区分貸借対照表	拠点区分資金収支計算書	拠点区分事業活動計算書

　こんなにあるんだ〜！　ビックリですね。しかし、会計の仕組みを学んでこられた皆さんなら大丈夫です。様式が多いだけで、考え方は同じです。でも、何故こんなに種類が多いのでしょうか。

　社会福祉法人が行う事業には多くの種類があり、例えば、「特養」と「保育所」を運営している法人の場合、「特養」と「保育所」それぞれの計算書類が必要になります。そして、当然に「法人全体の計算書類」（法人単位の計算書類です）が必要です。このように、社会福祉法人の特性を反映して、多種類の計算書類が作成されることになります。

　なお、日常の会計実務は、拠点区分で作成される計算書類を前提として行われることになります。

2．法人単位で作成する計算書類の様式

① 貸借対照表（B/S）の様式

　計算書類の様式は、**会計基準省令**に定められており、法人単位で作成されるB/Sの様式は次頁のようになっています。様式を覚え込む必要はありませんが、「この項目はどんな科目で、どこに表示するのだろう？」と疑問がわいてきたときには、次頁の様式が役に立つでしょう。

社会福祉法第45条の27第2項（8頁）

会計基準第7条の2第1項

会計基準では、左のような表形式では定められていませんが、ここでは見やすいようにまとめています。

左の「特養」「保育所」それぞれで作成される計算書類が「拠点区分」の計算書類です。このような区分別に作成される計算書類については、155頁以下で説明しています。

この様式は全ての社会福祉法人に共通なので、通常は使わない勘定科目も網羅されています。だから、複雑怪奇に見えてしまうのです。

法人単位貸借対照表

令和　年　月　日現在

(注 勘定科目の大区分・中区分を記載します)　　　　　　　　　　　　　　　　　　　　　　　　　（単位：円）

資　産　の　部	当年度末	前年度末	増減	負　債　の　部	当年度末	前年度末	増減
流動資産				流動負債			
現金預金				短期運営資金借入金			
有価証券				事業未払金			
事業未収金				その他の未払金			
未収金				支払手形			
未収補助金				社会福祉連携推進業務短期運営資金借入金			
未収収益				役員等短期借入金			
受取手形				1年以内返済予定社会福祉連携推進業務設備資金借入金			
貯蔵品				1年以内返済予定設備資金借入金			
医薬品				1年以内返済予定社会福祉連携推進業務長期運営資金借入金			
診療・療養費等材料				1年以内返済予定長期運営資金借入金			
給食用材料				1年以内返済予定リース債務			
商品・製品				1年以内返済予定役員等長期借入金			
仕掛品				1年以内支払予定長期未払金			
原材料				未払費用			
立替金				預り金			
前払金				職員預り金			
前払費用				前受金			
1年以内回収予定社会福祉連携推進業務長期貸付金				前受収益			
1年以内回収予定長期貸付金				仮受金			
社会福祉連携推進業務短期貸付金				賞与引当金			
短期貸付金				その他の流動負債			
仮払金							
その他の流動資産							
貸倒引当金	△×××	△×××					
徴収不能引当金	△×××	△×××					
固定資産				固定負債			
基本財産				社会福祉連携推進業務設備資金借入金			
土地				設備資金借入金			
建物				社会福祉連携推進業務長期運営資金借入金			
建物減価償却累計額	△×××	△×××		長期運営資金借入金			
定期預金				リース債務			
投資有価証券				役員等長期借入金			
その他の固定資産				退職給付引当金			
土地				役員退職慰労引当金			
建物				長期未払金			
構築物				長期預り金			
機械及び装置				退職共済預り金			
車輌運搬具				その他の固定負債			
器具及び備品							
建設仮勘定							
有形リース資産							
（何）減価償却累計額	△×××	△×××					
権利				負債の部合計			
ソフトウェア				純　資　産　の　部			
無形リース資産				基本金			
投資有価証券				国庫補助金等特別積立金			
社会福祉連携推進業務長期貸付金				その他の積立金			
長期貸付金				（何）積立金			
退職給付引当資産				次期繰越活動増減差額			
長期預り金積立資産				（うち当期活動増減差額）			
退職共済事業管理資産							
（何）積立資産							
差入保証金							
長期前払費用							
その他の固定資産							
貸倒引当金	△×××	△×××					
徴収不能引当金	△×××	△×××		純資産の部合計			
資産の部合計				負債及び純資産の部合計			

② 資金収支計算書の様式

会計基準省令に定められている資金収支計算書の様式は、次のとおりです。この様式についても、覚え込む必要はありません。見て分かれば十分です。参考資料として扱ってください。

「フーン。こんな様式なのか…」。それで、結構です。

法 人 単 位 資 金 収 支 計 算 書
(自) 令和　年　月　日 (至) 令和　年　月　日

(注 勘定科目の大区分を記載します)　　　　　　　　　　　　　　　　　　　　(単位：円)

勘定科目			予算(A)	決算(B)	差異(A)−(B)	備考
事業活動による収支	収入	介護保険事業収入				
		老人福祉事業収入				
		児童福祉事業収入				
		保育事業収入				
		就労支援事業収入				
		障害福祉サービス等事業収入				
		生活保護事業収入				
		医療事業収入				
		退職共済事業収入				
		（何）事業収入				
		（何）収入				
		借入金利息補助金収入				
		経常経費寄附金収入				
		受取利息配当金収入				
		社会福祉連携推進業務貸付金受取利息収入				
		その他の収入				
		流動資産評価益等による資金増加額				
		事業活動収入計（1）				
	支出	人件費支出				
		事業費支出				
		事務費支出				
		就労支援事業支出				
		授産事業支出				
		退職共済事業支出				
		（何）支出				
		利用者負担軽減額				
		支払利息支出				
		社会福祉連携推進業務借入金支払利息支出				
		その他の支出				
		流動資産評価損等による資金減少額				
		事業活動支出計（2）				
		事業活動資金収支差額（3）＝（1）−（2）				
施設整備等による収支	収入	施設整備等補助金収入				
		施設整備等寄附金収入				
		設備資金借入金収入				
		社会福祉連携推進業務設備資金借入金収入				
		固定資産売却収入				
		その他の施設整備等による収入				
		施設整備等収入計（4）				
	支出	設備資金借入金元金償還支出				
		社会福祉連携推進業務設備資金借入金元金償還支出				
		固定資産取得支出				
		固定資産除却・廃棄支出				
		ファイナンス・リース債務の返済支出				
		その他の施設整備等による支出				
		施設整備等支出計（5）				
		施設整備等資金収支差額（6）＝（4）−（5）				
その他の活動	収入	長期運営資金借入金元金償還寄附金収入				
		長期運営資金借入金収入				
		役員等長期借入金収入				
		社会福祉連携推進業務長期運営資金借入金収入				
		長期貸付金回収収入				
		社会福祉連携推進業務長期貸付金回収収入				
		投資有価証券売却収入				
		積立資産取崩収入				
		その他の活動による収入				
		その他の活動収入計（7）				

（次の頁に続く）

（前頁からの続き）

による収支	支出	長期運営資金借入金元金償還支出			
		役員等長期借入金元金償還支出			
		社会福祉連携推進業務長期運営資金借入金元金償還支出			
		長期貸付金支出			
		社会福祉連携推進業務長期貸付金支出			
		投資有価証券取得支出			
		積立資産支出			
		その他の活動による支出			
		その他の活動支出計（8）			
	その他の活動資金収支差額（9）＝（7）－（8）				
予備費支出(10)			×××┐ △××× ┘	－	×××
当期資金収支差額合計(11)＝（3）＋（6）＋（9）－（10）					
前期末支払資金残高(12)					
当期末支払資金残高(11)＋(12)					

（注）予備費支出△×××円は（何）支出に充当使用した額である。

③ 事業活動計算書（P/L）の様式

会計基準省令に定められているP/Lの様式は、次のとおりです。

法 人 単 位 事 業 活 動 計 算 書
（自）令和 年 月 日（至）令和 年 月 日

（注 勘定科目の大区分を記載します）

（単位：円）

		勘定科目	当年度決算（A）	前年度決算（B）	増減（A）－（B）
サービス活動増減の部	収益	介護保険事業収益			
		老人福祉事業収益			
		児童福祉事業収益			
		保育事業収益			
		就労支援事業収益			
		障害福祉サービス等事業収益			
		生活保護事業収益			
		医療事業収益			
		退職共済事業収益			
		（何）事業収益			
		（何）収益			
		経常経費寄附金収益			
		その他の収益			
		サービス活動収益計（1）			
	費用	人件費			
		事業費			
		事務費			
		就労支援事業費用			
		授産事業費用			
		退職共済事業費用			
		（何）費用			
		利用者負担軽減額			
		減価償却費			
		国庫補助金等特別積立金取崩額	△×××	△×××	
		貸倒損失額			
		貸倒引当金繰入			
		徴収不能額			
		徴収不能引当金繰入			
		その他の費用			
		サービス活動費用計（2）			
		サービス活動増減差額（3）＝（1）－（2）			

（次の頁に続く）

（前頁からの続き）

サービス活動外増減の部	収益	借入金利息補助金収益 受取利息配当金収益 社会福祉連携推進業務貸付金受取利息収益 有価証券評価益 有価証券売却益 基本財産評価益 投資有価証券評価益 投資有価証券売却益 積立資産評価益 その他のサービス活動外収益			
		サービス活動外収益計（4）			
	費用	支払利息 社会福祉連携推進業務借入金支払利息 有価証券評価損 有価証券売却損 基本財産評価損 投資有価証券評価損 投資有価証券売却損 積立資産評価損 その他のサービス活動外費用			
		サービス活動外費用計（5）			
	サービス活動外増減差額（6）＝（4）－（5）				
経常増減差額（7）＝（3）＋（6）					
特別増減の部	収益	施設整備等補助金収益 施設整備等寄附金収益 長期運営資金借入金元金償還寄附金収益 固定資産受贈額 固定資産売却益 その他の特別収益			
		特別収益計（8）			
	費用	基本金組入額 資産評価損 固定資産売却損・処分損 国庫補助金等特別積立金取崩額（除却等） 国庫補助金等特別積立金積立額 災害損失 その他の特別損失	△××× 	△××× 	
		特別費用計（9）			
	特別増減差額（10）＝（8）－（9）				
当期活動増減差額（11）＝（7）＋（10）					
繰越活動増減差額の部	前期繰越活動増減差額（12）				
	当期末繰越活動増減差額（13）＝（11）＋（12）				
	基本金取崩額（14）				
	その他の積立金取崩額（15）				
	その他の積立金積立額（16）				
	次期繰越活動増減差額（17）＝（13）＋（14）＋（15）－（16）				

　会計基準省令（計算書類の様式も含んでいます）及び局長通知・課長通知

については、次の厚生労働省のホームページで見ることができます。

　https://www.mhlw.go.jp/stf/newpage_13319.html

3．区分別に作成される計算書類とは？

　社会福祉法人には、複数施設を経営している法人があります。また、様々な種別の施設を経営している法人もあります。このような場合、法人全体の経営状態を表す計算書類は、当然に必要なのですが、それだけでは不十分です。法人自身にとっての管理目的に、また、各施設を所轄している自治体にとっての指導監督目的のために、各施設の経営状態を示す計算書類も必要とされます。

　例えば、ある法人が下のような事業を行っている場合、下の◯印で囲まれている施設区分（「拠点区分」といいます。）の計算書類が必要とされます。また、「社会福祉事業全体では？」、「公益事業では？」、「収益事業では？」、といった事業区分ごとの情報も必要です。

「A市の特養」、「B市の特養」、「A市の保育所」。それぞれが所轄の自治体による指導監査の対象とされます。

拠点内において営まれるサービス区分毎の収支あるいは損益の情報は、明細書によって示されます。

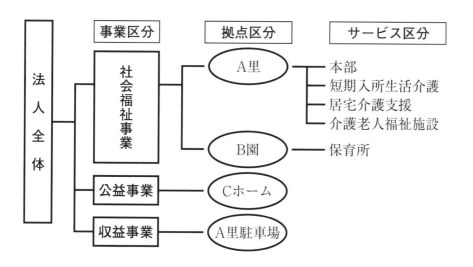

左の丸枠で示すのが「拠点」です。拠点区分が計算書類の基本的単位となります。

　社会福祉法人会計では、拠点区分ごとに、会計帳簿を整備して予算管理を行うことになっています。したがって、拠点区分毎の計算書類が作成され、それらが集計され、事業区分ごとの集計がなされ、そして、法人全体の計算書類が作成されることになります。

　以上のように、作成対象の範囲によって多くの計算書類が作成されますが、それらの関係を示すと次頁以下のようになります。

拠点区分の計算書類
⇩
事業区分別に集計
⇩
法人全体の計算書類

┌─────────────────────────────┐
│ 区分別に作成される計算書類については、初級段階で学習するには │
│ 難しすぎると思われますが、以下は実務の際の参考として扱ってく │
│ ださい。 │
└─────────────────────────────┘

第一号第一様式（第十七条第四項関係）

法人単位資金収支計算書

（自）令和　年　月　日　（至）令和　年　月　日

（単位：円）

		勘定科目	予算(A)	決算(B)	差異(A)－(B)	備考
事業活動	収入	介護保険事業収入				
		老人福祉事業収入				
		児童福祉事業収入				
		保育事業収入				
		就労支援事業収入				
		障害福祉サービス等事業収入				

（注 勘定科目は大区分のみを記載します）

第一号第二様式（第十七条第四項関係）

資金収支内訳表

（自）令和　年　月　日　（至）令和　年　月　日

（単位：円）

		勘定科目	社会福祉事業	公益事業	収益事業	合計	内部取引消去	法人合計
事業活動	収入	介護保険事業収入						
		老人福祉事業収入						
		児童福祉事業収入						
		保育事業収入						
		就労支援事業収入						
		障害福祉サービス等事業収入						

（注 勘定科目は大区分のみを記載します）

第一号第三様式（第十七条第四項関係）

（何）事業区分　資金収支内訳表

（自）令和　年　月　日　（至）令和　年　月　日

（単位：円）

		勘定科目	（何）拠点	（何）拠点	（何）拠点	合計	内部取引消去	事業区分合計
事業活動	収入	介護保険事業収入						
		老人福祉事業収入						
		児童福祉事業収入						
		保育事業収入						
		就労支援事業収入						
		障害福祉サービス等事業収入						

（注 勘定科目は大区分を記載します）

第一号第四様式（第十七条第四項関係）

（何）拠点区分　資金収支計算書

（自）令和　年　月　日　（至）令和　年　月　日

（単位：円）

		勘定科目	予算(A)	決算(B)	差異(A)－(B)	備考
		介護保険事業収入				
		施設介護料収入				
		介護報酬収入				
		利用者負担金収入（公費）				
		利用者負担金収入（一般）				
		居宅介護料収入				
		（介護報酬収入）				

（注 勘定科目は小区分までを記載します）

別紙3（⑩）

○○拠点区分　資金収支明細書

（自）令和　年　月　日　（至）令和　年　月　日

社会福祉法人名 _____

（単位：円）

勘定科目	サービス区分			合計	内部取引消去	拠点区分合計
	○○事業	△△事業	××事業			
介護保険事業収入						
施設介護料収入						
介護報酬収入						
利用者負担金収入（公費）						
利用者負担金収入（一般）						

（注 勘定科目は小区分までを記載します）

第二号第一様式（第二十三条第四項関係）

法人単位事業活動計算書

（自）令和　年　月　日　（至）令和　年　月　日

（単位：円）

勘定科目			当年度決算(A)	前年度決算(B)	増減(A)−(B)
サービス活動	収益	介護保険事業収益			
		老人福祉事業収益			
		児童福祉事業収益			
		保育事業収益			
		就労支援事業収益			
		障害福祉サービス等事業収益			

（注 勘定科目は大区分のみを記載します）

第二号第二様式（第二十三条第四項関係）

事業活動内訳表

（自）令和　年　月　日　（至）令和　年　月　日

（単位：円）

勘定科目			社会福祉事業	公益事業	収益事業	合計	内部取引消去	法人合計
サービス活動	収益	介護保険事業収益						
		老人福祉事業収益						
		児童福祉事業収益						
		保育事業収益						
		就労支援事業収益						
		障害福祉サービス等事業収益						

（注 勘定科目は大区分のみを記載します）

第二号第三様式（第二十三条第四項関係）

(何)事業区分　事業活動内訳表

（自）令和　年　月　日　（至）令和　年　月　日

（単位：円）

勘定科目			(何)拠点	(何)拠点	(何)拠点	合計	内部取引消去	事業区分合計
サービス活動	収益	介護保険事業収益						
		老人福祉事業収益						
		児童福祉事業収益						
		保育事業収益						
		就労支援事業収益						
		障害福祉サービス等事業収益						

（注 勘定科目は大区分のみを記載します）

第二号第四様式（第二十三条第四項関係）

(何)拠点区分　事業活動計算書

（自）令和　年　月　日　（至）令和　年　月　日

（単位：円）

勘定科目			当年度決算(A)	前年度決算(B)	増減(A)−(B)
		介護保険事業収益			
		施設介護料収益			
		介護報酬収益			
		利用者負担金収益（公費）			
		利用者負担金収益（一般）			
		居宅介護料収益			
		（介護報酬収益）			

（注 勘定科目は小区分までを記載します）

別紙3（⑪）

○○拠点区分　事業活動明細書

（自）令和　年　月　日　（至）令和　年　月　日

社会福祉法人名＿＿＿＿＿＿＿＿＿＿＿＿＿＿＿＿＿＿＿＿＿＿

（単位：円）

勘定科目			サービス区分			合計	内部取引消去	拠点区分合計
			○○事業	△△事業	××事業			
		介護保険事業収益						
		施設介護料収益						
		介護報酬収益						
		利用者負担金収益（公費）						
		利用者負担金収益（一般）						
		居宅介護料収益						

（「○○拠点区分　事業活動明細書」は「経常増減差額」までを表示する）

（注 勘定科目は小区分までを記載します）

第三号第一様式（第二十七条第四項関係）

法人単位貸借対照表
令和　年　月　日現在

（単位：円）

資　産　の　部				負　債　の　部			
	当年度末	前年度末	増減		当年度末	前年度末	増減
流動資産				流動負債			
現金預金				短期運営資金借入金			
有価証券				事業未払金			
事業未収金				その他の未払金			

（注 勘定科目は大区分及び中区分を記載します）

三号第二様式（第二十七条第四項関係）

貸借対照表内訳表
令和　年　月　日現在

（単位：円）

勘定科目	社会福祉事業	公益事業	収益事業	合計	内部取引消去	法人合計
流動資産						
現金預金						
有価証券						
事業未収金						
未収金						
未収補助金						

（注 勘定科目は大区分及び中区分を記載します）

第三号第三様式（第二十七条第四項関係）

（何）事業区分　貸借対照表内訳表
令和　年　月　日現在

（単位：円）

勘定科目	（何）拠点	（何）拠点	（何）拠点	合計	内部取引消去	事業区分計
流動資産						
現金預金						
有価証券						
事業未収金						
未収金						
未収補助金						

（注 勘定科目は大区分及び中区分を記載します）

第三号第四様式（第二十七条第四項関係）

（何）拠点区分　貸借対照表
令和　年　月　日現在

（単位：円）

資　産　の　部				負　債　の　部			
	当年度末	前年度末	増減		当年度末	前年度末	増減
流動資産				流動負債			
現金預金				短期運営資金借入金			
有価証券				事業未払金			
事業未収金				その他の未払金			
未収金				支払手形			

（注 勘定科目は大区分及び中区分を記載します）

別紙4

財　産　目　録
令和　年　月　日現在

（単位：円）

貸借対照表科目	場所・物量等	取得年度	使用目的等	取得価額	減価償却累計額	貸借対照表価額
Ⅰ　資産の部						
1　流動資産						
現金預金						
現金	現金手許有高	－	運転資金として	－	－	×××
普通預金	○○銀行○○支店	－	運転資金として	－	－	×××
			小計			×××
事業未収金		－	○月分介護報酬等	－	－	×××

（注 法人全体を表示し、勘定科目は適宜小区分科目も記載します）

13 復習とまとめ

以下では、ここまでの総復習をします。また、会計基準省令との関係で補足的な説明も加えておきます。

復習のポイントは、次のとおりです。

① B/Sの見方と様式

② 二つのフローの計算書の見方と様式

③ B/Sと二つのフローの計算書の関係

④ 簿記の一巡と精算表

総復習には、今までのテキストを読み直して、さらに練習問題を解きなおすことが、一番確実な方法です。その上で、本頁以下を読み進まれることをお勧めします。

1．B/Sの見方と様式

① B/Sの見方・考え方

B/Sは一定時点の法人の資産と、負債及び純資産を対照させた表です。最も単純化すると、次のように図式化することができます。

要約B/S

（資金の運用）	（資金の調達）
資　産	負　債
	純　資　産

資産＝負債＋純資産
⇕
資産－負債＝純資産

そして、資産・負債をそれぞれ流動・固定に分割すると、上のB/Sは、次のように図式化されることになります。

要約B/S

（資金の運用）	（資金の調達）
流 動 資 産	流 動 負 債
	固 定 負 債
固 定 資 産	純 資 産

厚生労働省から発出されている局長通知では、経常的な取引によって発生した債権・債務は流動資産・流動負債とし、その他のものは**1年基準**（ワンイヤールール）で流動と固定を区分する、としています。

ところで、流動資産は、そのほとんどが「Cashとその仲間」であり、流動負債は、そのほとんどが「Cashのマイナス」で、ほぼ「支払資金」です。しかし、流動資産・流動負債には支払資金にならないものもあり、上のB/Sの区分を更に細かくすると、次の頁のようになります。

要約B/S

流動資産	プラスの支払資金	流動負債	マイナスの支払資金
			その他
	その他	固定負債	
固定資産	基本財産		
	その他	純資産	

　会計基準省令では、支払資金をテキスト143頁のように規定しているのですが、面倒臭がって143頁を見ない人のために、再度掲げると次のとおりです。

【会計基準省令】　　　　　　　　　　　　　　　　（第3章　計算関係書類）

（資金収支計算書の資金の範囲）

第13条　支払資金は、流動資産及び流動負債（経常的な取引以外の取引によって生じた債権又は債務のうち貸借対照表日の翌日から起算して1年以内に入金又は支払の期限が到来するものとして固定資産又は固定負債から振り替えられた流動資産又は流動負債、引当金及び棚卸資産（貯蔵品を除く。）を除く。）とし、支払資金残高は、当該流動資産と流動負債との差額とする。

←支払資金の範囲

　要するに、支払資金を単純化すると、「流動資産と流動負債」なのです。ただし、次の三つが支払資金の範囲から除かれます。

(1)　**1年基準**によって固定資産又は固定負債から振替えられた流動資産・流動負債とされた債権・債務

(2)　**引当金**（損益計算のために設定するもので、確定した債務ではない）

(3)　貯蔵品以外の**棚卸資産**

　このことをクリアーに理解していただくまでは、「資金増減取引」などと言いながら、支払資金の定義を明確にお伝えすることができず、少し皆さんにはもどかしい説明になっていたと思います。

支払資金の範囲から除かれるもの
・1年基準で固定から流動に振替えた債権・債務
・引当金
・棚卸資産（貯蔵品を除く）

申し訳ありません。
m(＿＿)m

② B/Sの様式

会計基準省令は、B/Sについて、次のように記載しています。

【会計基準省令】 　　　　　　　　　　　　　　　　（第3章　計算関係書類）

> **第4節　貸借対照表**
> （貸借対照表の内容）
> **第25条**　貸借対照表は、当該会計年度末現在における全ての資産、負債及び純資産の状態を明瞭に表示するものでなければならない。
> （貸借対照表の区分）
> **第26条**　貸借対照表は、資産の部、負債の部及び純資産の部に区分し、更に資産の部は流動資産及び固定資産に、負債の部は流動負債及び固定負債に区分しなければならない。
> 2　（省　略）
> （貸借対照表の種類及び様式）
> **第27条**　法人単位貸借対照表は、法人全体について表示するものとする。
> 2　貸借対照表内訳表及び事業区分貸借対照表内訳表は、事業区分の情報を表示するものとする。
> 3　拠点区分貸借対照表は、拠点区分別の情報を表示するものとする。
> 4　第1項から前項までの様式は、第三号第一様式から第四様式までのとおりとする。
> （貸借対照表の勘定科目）
> **第28条**　貸借対照表に記載する勘定科目は、別表第三のとおりとする。

　B/Sの様式は151頁に記載しています。なお、151頁に記載している様式は、法人単位で作成するB/Sの様式ですが、**会計基準省令**に定められているB/Sの様式には、他に、事業区分別内訳、拠点区分別内訳、あるいは拠点区分のものがありましたね。

　P/L（事業活動計算書）、資金収支計算書にも、事業区分等内訳別の計算書がありましたね。

　また、B/Sの勘定科目については、54頁から56頁を参照してください。

必ず151頁を開けて見てください。

練習問題 24 科目残高から貸借対照表を作成する

次の科目及びその残高から貸借対照表を完成させてください。

また、支払資金残高を計算してください。

建物（基本財産）	500	国庫補助金等特別積立金	180
現金預金	1,185	器具及び備品	260
短期運営資金借入金	90	土地（その他の固定資産）	200
建物（その他の固定資産）	150	立替金	5
事業未収金	660	事業未払金	70
基本金	2,500	短期貸付金	20
貯蔵品	15	設備資金借入金	1,000
土地（基本財産）	1,000	（うち1年以内返済予定	200）
仮払金	5		

貸借対照表

資 産 の 部		負 債 の 部	
流動資産	（　　　）	流動負債	（　　　）
（　　　）	（　　　）	（　　　）	（　　　）
（　　　）	（　　　）	（　　　）	（　　　）
（　　　）	（　　　）	（　　　）	（　　　）
（　　　）	（　　　）	固定負債	（　　　）
（　　　）	（　　　）	（　　　）	（　　　）
（　　　）	（　　　）	負 債 の 部 合 計	（　　　）
固定資産	（　　　）	純資産の部	
基本財産	（　　　）	（　　　）	（　　　）
（　　　）	（　　　）		
（　　　）	（　　　）		
その他の固定資産	（　　　）	（　　　）	（　　　）
（　　　）	（　　　）		
（　　　）	（　　　）	次期繰越活動増減差額	（　160）
（　　　）	（　　　）	純 資 産 の 部 合 計	（　　　）
資 産 の 部 合 計	（　　　）	負債・純資産の部合計	（　　　）

支払資金残高は、□□□□□□である。

2．フローの計算書の見方と様式

① フローの計算書の見方・考え方

B/Sは、一定時点の法人の資産と、負債及び純資産を対照させた表でしたね。いわば、**ストック**を示す表です。

これに対し、フローの計算書は一定時点のストックから一定時点のストックに至る一定期間の増減《**フロー**》を示す表です。

最も単純化すると、次のように図式化することができます。

要約フロー計算書

純資産・支払資金の 減　少　内　容 （費用 あるいは 支出）	純資産・支払資金の 増　加　内　容 （収益 あるいは 収入）
増減 （収支） 差額	

この場合、純資産の増減を計算・表示するのか、あるいは支払資金の収支を計算・表示するのかによって、2種類のフローの計算書が作成されることになります。ともに一定期間の流れを計算することは同じなのですが、計算対象が異なるのです。

純資産の増減内容を示すものが、「事業活動計算書」(P/L)であり、支払資金の増減内容を示すものが、「資金収支計算書」ですね。

またフローの計算書は、一定時点のストックから一定時点のストックに至るその期間のフローを表すものなので、期首B/S・期末B/SとP/Lには、次のような関係が成り立っています。

> フローとストックの関係については、25頁のダムの図を思い出してください。

> P/L・資金収支計算書、それぞれの役割が異なるのですね。

■P/LとB/Sの関係

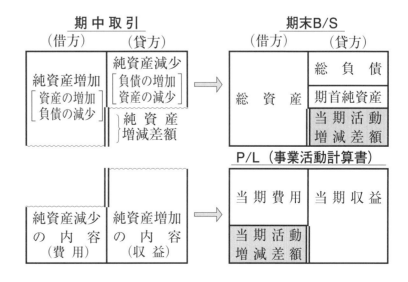

この図は122頁に掲げた図と同じです。

練習問題 25 期首のB/Sと期中取引から期末の計算書類を作成する

次の「1．期首B/S」及び「2．期中取引」から、【解答欄】の「1．期末B/S」及び「2．フローの計算書」（当期のP/L並びに資金収支計算書）を作成してください。

1．期首B/S

流動資産 1,700	現　金　預　金	1,200	流動負債 1,000	短期運営資金借入金	（　？　）
	事　業　未　収　金	500		事　業　未　払　金	300
固定資産 3,800	基　本　財　産	3,400	固定負債 3,000	長期運営資金借入金	（　？　）
	車　輌　運　搬　具	300		設　備　資　金　借　入　金	2,000
	器　具　及　び　備　品	100	純資産 （　？　）	基　本　金	1,500

2．期中取引：取引を見ながら下表の右の空欄に増減金額を書いてください。

なお、減少の場合には数字の前に"△"を記入してください。

取　　　　　引	B/S 資産 流動資産	B/S 資産 固定資産	B/S 負債 流動負債	B/S 負債 固定負債	P/L 純資産増減	資金収支計算書 支払資金増減
① 保育事業に係る委託費700を未収に計上した。						
② 職員給料280を現金で支給した。						
③ 食材160を掛買いし未払を計上した。 なお、食材は直ちに費消した。						
④ 備品150を購入した。（翌期支払）						
⑤ 長期運営資金借入金500を借り入れた。						
⑥ 支払利息20を支払った。						
⑦ 車輌45がこわれたので廃車した。						
⑧ 預金利息5を受け取った。						
それぞれの増減合計						

【解答欄】

1．期末B/S

流動資産 （　　　）	＿＿＿＿	＿＿＿＿	流動負債 （　　　）	＿＿＿＿	＿＿＿＿
	＿＿＿＿	＿＿＿＿		＿＿＿＿	＿＿＿＿
固定資産 （　　　）	基　本　財　産	＿＿＿＿	固定負債 （　　　）	＿＿＿＿	＿＿＿＿
	＿＿＿＿	＿＿＿＿	純資産 （　　　）	次期繰越活動増減差額	

2．フローの計算書：記入が不要の場合には"－"を記入してください。

摘　　　要		P/L	資金収支計算書
収益（収入）	保　育　事　業　収　益(収入)	＿＿＿＿	＿＿＿＿
	受　取　利　息　配　当　金　収　益(収入)	＿＿＿＿	＿＿＿＿
	長　期　運　営　資　金　借　入　金　収　入	＿＿＿＿	＿＿＿＿
	収　益・収　入　合　計	＿＿＿＿	＿＿＿＿
費用（支出）	職　　員　　給　　料(支出)	＿＿＿＿	＿＿＿＿
	給　　　食　　　費(支出)	＿＿＿＿	＿＿＿＿
	支　　払　　利　　息(支出)	＿＿＿＿	＿＿＿＿
	器　具　及　び　備　品　取　得　支　出	＿＿＿＿	＿＿＿＿
	固　定　資　産　売　却　損・処　分　損	＿＿＿＿	＿＿＿＿
	費　用・支　出　合　計	＿＿＿＿	＿＿＿＿
	当　期　増　減(収支)　差　額	＿＿＿＿	＿＿＿＿

同じように、期首B/Sの上半分・期末B/Sの上半分と資金収支計算書には、次のような関係が成り立っています。

資金収支計算書とB/Sの関係

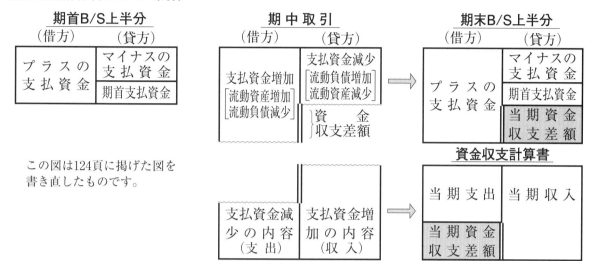

この図は124頁に掲げた図を書き直したものです。

それでは、左の頁の**練習問題25**を解いて、答え合わせをしてから次に進んでください。

② フローの計算書の様式

最も簡単なP/Lの例は、次のようなものです。

練習問題25のP/L

費用	職員給料	280	収益	保育事業収益	700
	給食費	160			
	支払利息	20		受取利息配当金収益	5
	固定資産売却損・処分損	45			
	費用合計	505			
	当期活動増減差額	200		収益合計	705

しかし、社会福祉法人の収益・費用は、本来の事業活動に伴う収益・費用（サービス活動増減）と、利息の受払等による収益・費用（サービス活動外増減）、あるいは施設整備に伴う補助金や寄附金の収益及びそれに伴う基本金組入れ等（特別増減）というように、同じ収益・費用といっても性格には差があります。同様に、収入・支出にも性格に差があります。そのため、会計基準省令では、P/Lや資金収支計算書を区分して記載することを求めているのでしたね（122、124頁の下半分を読み返してください）。

フローの計算書の様式は、152頁から154頁に記載しています。

B/Sの上半分には、支払資金でないものも一部ありますが、ここでは無視しています。

必ず、目をとおしてくださいね。

P/Lの構造を図示すると、次のようになります。

P/L（事業活動計算書）の構造

～ 純資産の増減内容を明らかにする ～

全体は？	費　　用 （純資産減少の内容）	収　　益 （純資産増加の内容）
	収益・費用の差額 ＝純資産増減差額	

これを内容別に見ると……

費 用	サービス活動費用	サービス活動収益	収 益
	サービス活動外費用	サービス活動外収益	
	特別費用	特別収益	
	当期活動増減差額		

分解すると……

経 常 増 減	サービス 活動増減	(2)　サービス活動費用	(1)　サービス活動収益
		(3)　サービス活動増減差額　→	
	サービス 活動外増減	(5)　サービス活動外費用	(4)　サービス活動外収益
		(6)　サービス活動外増減差額→	
		(7)　経常増減差額＝(3)＋(6)	

特　別　増　減	(9)　特別費用	(8)　特別収益
	(10)　特別増減差額　　　　　→	
	(11)　当期活動増減差額＝(7)＋(10)	

次　期　繰　越 活　動　増　減　差　額 の　　　計　　　算	(16)　その他の積立金積立額	(13) 当 期 末 繰越活動 増減差額	(11)　当　期　活　動 　　　増　減　差　額
			(12)　前　期　繰　越 　　　活動増減差額
	(17)　次期繰越活動増減差額	(14)　基本金取崩額	
		(15)　その他の積立金取崩額	

P/Lの様式は一見すると、複雑で分かりにくい感じがします。しかし、一つひとつを丁寧に見ていけば、決して理解できないものではありません。見かけの複雑さに負けないように！

次の頁の資金収支計算書も同じことですよ。

資金収支計算書の構造を図示すると、次のようになります。

資金収支計算書の構造

～ 支払資金の増減状況を明らかにする ～

全体は？	支　出 （支払資金減少の内容）	収　入 （支払資金増加の内容）
	収入・支出の差額 ＝支払資金収支差額	

これを内容別に見ると……

支 出	事業活動による支出	事業活動による収入	収 入
	施設整備等による支出	施設整備等による収入	
	その他の活動による支出	その他の活動による収入	
	当期資金収支差額		

分解すると……

事　業　活　動 資　金　収　支	(2) 事業活動による支出	(1) 事業活動による収入
	(3) 事業活動資金収支差額 →	

施　設　整　備　等 資　金　収　支	(5) 施設整備等による支出	(4) 施設整備等による収入
	(6) 施設整備等資金収支差額→	

その他の活動 資　金　収　支	(8) その他の活動による支出	(7) その他の活動による収入
	(9) その他の活動資金収支差額→	

予　備　費	(10) 予備費支出	←決算では出てこない。
	(11) 当期資金収支差額合計＝(3)＋(6)＋(9)－(10)	

当期末資金残高 の　　計　　算	当期末支払資金残高 (11)＋(12)	(11) 当期資金収支差額
		(12) 前期末支払資金残高

練習問題 26 P/Lと資金収支計算書を作成する

練習問題25の解答（解答44頁）をもとに、次のP/Lと資金収支計算書を作成してください。

事 業 活 動 計 算 書

（自）××01年4月1日　（至）××02年3月31日

勘　定　科　目		当年度決算(A)	前年度決算(B)	増減(A)-(B)
サービス活動増減の部	収益　保育事業収益			
	経常経費寄附金収益			
	その他の収益			
	サービス活動収益計(1)			
	費用　人　件　費			
	事　業　費			
	事　務　費			
	減価償却費			
	国庫補助金等特別積立金取崩額	△	△	
	徴収不能額			
	徴収不能引当金繰入			
	その他の費用			
	サービス活動費用計(2)			
サービス活動増減差額(3)=(1)-(2)				
サービス活動外増減の部	収益　借入金利息補助金収益			
	受取利息配当金収益			
	その他のサービス活動外収益			
	サービス活動外収益計(4)			
	費用　支払利息			
	その他のサービス活動外費用			
	サービス活動外費用計(5)			
サービス活動外増減差額(6)=(4)-(5)		△		
経常増減差額(7)=(3)+(6)				
特別増減の部	収益　施設整備等補助金収益			
	施設整備等寄附金収益			
	固定資産売却益			
	特別収益計(8)	―		
	費用　基本金組入額			
	固定資産売却損・処分損			
	国庫補助金等特別積立金取崩額（除却等）	△	△	
	国庫補助金等特別積立金積立額			
	特別費用計(9)			
特別増減差額(10)=(8)-(9)		△		
当期活動増減差額(11)=(7)+(10)				
繰越活動増減差額の部	前期繰越活動増減差額(12)	―		
	当期末繰越活動増減差額(13)=(11)+(12)			
	基本金取崩額(14)			
	・・・・・(15)・・・・(16)			
	次期繰越活動増減差額(17)=(13)+(14)+(15)-(16)			

資 金 収 支 計 算 書

（自）××01年4月1日（至）××02年3月31日

勘 定 科 目			予 算(A)	決 算(B)	差異(A)-(B)	備 考
事業活動による収支	収入	保育事業収入				
		経常経費寄附金収入				
		借入金利息補助金収入				
		受取利息配当金収入				
		流動資産評価益等による資金増加額				
		事業活動収入計(1)				
	支出	人件費支出				
		事業費支出				
		事務費支出				
		支払利息支出				
		流動資産評価損等による資金減少額				
		事業活動支出計(2)				
		事業活動資金収支差額(3)=(1)-(2)				
施設整備等による収支	収入	施設整備等補助金収入				
		施設整備等寄附金収入				
		設備資金借入金収入				
		固定資産売却収入				
		施設整備等収入計(4)		—		
	支出	設備資金借入金元金償還支出				
		固定資産取得支出				
		固定資産除却・廃棄支出				
		施設整備等支出計(5)				
		施設整備等資金収支差額(6)=(4)-(5)		△		
その他の活動による収支	収入	長期運営資金借入金元金償還寄附金収入				
		長期運営資金借入金収入				
		積立資産取崩収入				
		その他の活動による収入				
		その他の活動収入計(7)				
	支出	借入金元金償還金支出				
		積立資産支出				
		その他の活動による支出				
		その他の活動支出計(8)		—		
		その他の活動資金収支差額(9)=(7)-(8)				
予備費支出(10)			×××┐ △×××┘	—	×××	
当期資金収支差額合計(11)=(3)+(6)+(9)-(10)						

	予 算(A)	決 算(B)	差異(A)-(B)	備 考
前期末支払資金残高(12)				
当期末支払資金残高(11)+(12)				

③ P/Lと資金収支計算書の異同

P/Lと資金収支計算書は、計算構造は同じなので、非常によく似通っています。しかし、増減計算を行う対象が異なるため、それぞれ別の収支計算書としての役割があるのです。

ほとんどの日常取引は、P/Lと資金収支計算書でともに損益・収支として扱われるのですが、増減計算の対象が異なるので、P/L独自の項目であって資金収支計算書に出てこない取引、あるいはその逆で、資金収支計算書独自の項目でP/Lには出てこない取引があります。

下の練習問題は、その異同について問うものですが、詳しい説明・整理は、次の頁以下で行います。

> P/Lは、純資産増減計算。
> 資金収支計算書は、支払資金増減計算。

練習問題 27 P/Lの取引と資金収支計算書の取引の異同

次の取引は、P/L・資金収支計算書のいずれに計上されるでしょうか。計上されるものに〇、計上されないものに×を付けてください。

No	取 引 の 内 容	計上される収支計算書	
		P/L	資金収支計算書
①	介護保険報酬・保育事業に係る委託費を未収に計上した。		
②	建物等の固定資産を取得して預金を支払った。		
③	建物等の固定資産を除却した。		
④	旅費交通費等の事務費を計上した。		
⑤	当座預金を引き出し、手許現金とした。		
⑥	長期運営資金を借り入れた。		
⑦	減価償却費を計上した。		
⑧	短期の運営資金を返済した。		
⑨	給食費等の事業費を計上した。		
⑩	長期設備資金を返済した。		
⑪	賞与引当金を計上した。		
⑫	過去に事業未払金に計上していた給食費を支払った。		
⑬	寄附金をいただいた。		

④　P/Lと資金収支計算書　〜片方にだけ出てくる科目〜

　預金を引き出したり預け入れたり、あるいは事業未収金を回収したり。このような取引は、支払資金間での取引なので、支払資金残高や純資産残高は増減しません。

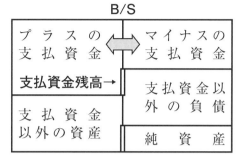

　つまり、フローの計算書には出てこないことになります。

　このような支払資金間の移動以外にも、支払資金ではない資産と負債との間の移動も、支払資金及び純資産が一切増減しないので、フローの計算書には出てきません。例えば、1年基準による固定負債（固定資産）から流動負債（流動資産）への振替がそれです。単に、B/Sの表示上の組み替えであり、支払資金、純資産ともに増減しません。

　他方、社会福祉法人の日常発生する多くの取引は、事業収益の発生や、人件費・事業費・事務費の発生です。事業収益の発生は、支払資金と純資産をともに増加させます。また、人件費等の発生は、そのほとんどが、支払資金と純資産をともに減少させます。

　したがって、これらのほとんどの取引が、P/Lと資金収支計算書の両方に出てくることになります。フローの計算書に表示される勘定科目名が、P/Lでは収益・費用と表示され、資金収支計算書では、収入・支出と表示される違いがあるだけです。

ただ、収益と収入、費用と支出では、概念が異なりますので、必ずしも左のようにならない場合もあります。

　以上に対し、フローの計算書の内の片方にしか出てこないものがあります。

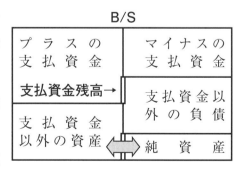

　P/Lにしか出てこないものの代表的な例が、減価償却費です。『Ｉ会計入門』37頁で見たように、減価償却は貸借対照表の一番下で起きている純資産が減少する取引であり、支払資金は一切増減しません。したがって、P/Lにだけ計上され、資金収支計算書には出てこないことになります。国庫補助金等特別積立金の取崩・積立、そして、基本金への組入れなどもそのような例です。

　では、資金収支計算書にしか出てこない取引は、どのような取引でしょうか。

　それは、純資産が増減しない、資産・負債の間での取引であり、図示すると、右の太線をまたぐ取引だと言えます。

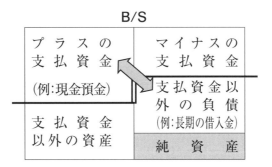

B/S

プラスの支払資金	マイナスの支払資金
支払資金残高→	支払資金以外の負債
支払資金以外の資産	純資産

　長期の借入金の借入れがそうです。右の図に示すように、長期の借入れは、支払資金を増やし、固定負債を増やします。もちろん、資産・負債が

短期借入金の取引は、前頁の一番上に図示した取引であって、左の長期借入金の取引とは異なりますね。

B/S

プラスの支払資金 （例：現金預金）	マイナスの支払資金
	支払資金以外の負債 （例：長期の借入金）
支払資金以外の資産	純資産

同額増減しますので、純資産は増減しません。そして、長期の借入金の返済は、ちょうどこの逆の取引となります。資金収支計算書では、長期の借入金を借り入れた時に支払資金が増加するので、「借入金収入」が計上され、返済した時は支払資金が減少するので、「返済支出」が計上されることになります。そして、P/Lには、このような取引は一切計上されません。

　また、固定資産購入も、上下を分かつ太い線を越える取引です。右の図に示すように、現金で固定資産を購入した時は、支払資金が減少して、同額だけ固定資産が増加しま

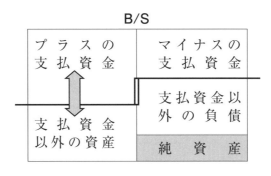

B/S

プラスの支払資金	マイナスの支払資金
支払資金以外の資産	支払資金以外の負債
	純資産

短期の未払で購入した時は、どう考えればよいでしょうか？

す。もちろん、純資産は増減しないのでP/Lには計上されず、資金収支計算書のみに、「固定資産取得支出」が計上されます。積立資産を積み立てた時も同じで、支払資金が減少して資金収支計算書に支出が計上され、その解約の時には支払資金が増加して資金収支計算書に収入が計上されます。

　以上が、基本的な考え方です。このような理解をもっていただくと、例えば、P/Lの勘定科目と、資金収支計算書の勘定科目の各々の内容の相違が明確に把握できるものと思います。

《初級編》の範囲を超えますが、応用問題を考えられる方は、113頁末尾の賞与引当金取崩しの仕訳例をご覧ください。

3．簿記の流れ

①　簿記・会計の考え方

　会計では、資産・負債・純資産、あるいは収支について、必ず二面に分けて考えます。そのことは、B/Sを見るとよく分かります。資産は、負債か、さもなければ純資産として、法人に調達された資金が現に存在する姿なのです。そのように考えて、B/Sは貸借「対照表」になります。

　また、これら資産・負債の増減についても、必ず二面に分けて考えます。二面に分けて考えると、B/S科目の増減とP/Lの科目は、次のような対応関係を持ち、借方と貸方の金額が合致することになります。

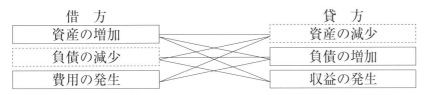

借　　方	貸　　方
資産の増加	資産の減少
負債の減少	負債の増加
費用の発生	収益の発生

　簿記は、このような考え方を基礎として、体系的に取引を記帳し、正確な計算書類を作り上げる技術の体系です。

②　簿記一巡

　簿記の手続は、次のような流れになっています。

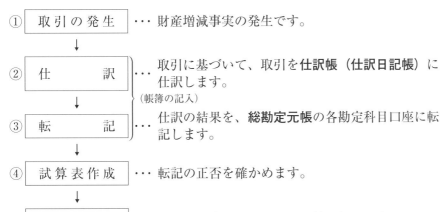

① | 取 引 の 発 生 | ・・・ 財産増減事実の発生です。

② | 仕　　　　　訳 | ・・・ 取引に基づいて、取引を**仕訳帳（仕訳日記帳）**に仕訳します。
（帳簿の記入）

③ | 転　　　　　記 | ・・・ 仕訳の結果を、**総勘定元帳**の各勘定科目口座に転記します。

④ | 試 算 表 作 成 | ・・・ 転記の正否を確かめます。

⑤ | 精 算 表 作 成 | ・・・ 決算整理事項を記入して決算を行います。

⑥ | 計算書類作成 | ・・・ 精算表に基づき帳簿を締め切り、定められた様式の計算書類を作成します。

　転記のルールについては、70頁に記載しています。取引を確実に仕訳し、転記する。そのことによって間違いのない計算書類が作成されます。

一般的な簿記の教科書では、発生した取引の仕訳は「仕訳帳」に記載することとされています。多くのパソコンソフトでは、仕訳帳のことを「仕訳日記帳」と呼称しています。

コンピュータを使っている場合、「転記」は「入力」を通じて行われます。

このテキストでは④と⑤をまとめたものを「精算表」として扱っています。

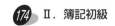

練習問題 28 元帳からもとの仕訳と取引を推定する

　仕訳・転記のルールが確実に身についておれば、総勘定元帳の記入面から、もとの仕訳が分かり、どのような取引であるかを推定することができます。

　では、次の元帳の記載から仕訳と取引を考えてください。

総勘定元帳　　　　　　　　　　　現　金　預　金

××01年 月 日		摘　　　　　要	借　方	貸　方	差引借方残高
4	1	前期繰越	−	−	1,500
	2	事業未収金	950		2,450
	5	業務委託費		35	2,415
	8	職員預り金		10	2,405
	9	仮払金		100	2,305
	12	諸口		45	2,260
	15	水道光熱費		30	2,230
	20	器具及び備品		750	1,480
	25	職員給料		210	1,270
	26	介護保険事業収益	80		1,350
	27	事業未払金		240	1,110
	28	仮払金	10		1,120
	29	設備資金借入金	500		1,620
	30	諸口		50	1,570
		取引合計	1,540	1,470	

設　備　資　金　借　入　金

××01年 月 日		摘　　　　　要	借　方	貸　方	差引貸方残高
4	1	前期繰越	−	−	3,000
	12	現金預金	40		2,960
	29	現金預金		500	3,460
		取引合計	40	500	

職　員　預　り　金

××01年 月 日		摘　　　　　要	借　方	貸　方	差引貸方残高
4	1	前期繰越	−	−	100
	8	現金預金	10		90
	25	職員給料		40	130
	30	現金預金	25		105
		取引合計	35	40	

法　定　福　利　費

××01年 月 日		摘　　　　　要	借　方	貸　方	差引借方残高
4	30	現金預金	25		25
		取引合計	25	−	

支　払　利　息

××01年 月 日		摘　　　　　要	借　方	貸　方	差引借方残高
4	12	現金預金	5		5
		取引合計	5	−	

【解答欄】

〈仕　訳〉

| 取引日 | 借　方 | | 貸　方 | |
	科　目	金　額	科　目	金　額
2日				
5日				
8日				
9日				
12日				
15日				
20日				
25日				
26日				
27日				
28日				
29日				
30日				

〈取引内容〉

取引日	取　引　の　内　容
2日	
5日	
8日	
9日	
12日	
15日	
20日	
25日	
26日	
27日	
28日	
29日	
30日	

③　試算表と精算表

簿記では、取引を借方・貸方に同一金額で仕訳し、借方に仕訳された科目は、当該科目の総勘定元帳口座の借方に転記し、貸方に仕訳された科目は当該科目の総勘定元帳口座の貸方に転記します。

その結果、仕訳・転記が正しく行われていれば、総勘定元帳の各口座をすべて集計すると、借方・貸方が一致することになります。そのことを、**試算表**で確かめるのです。逆に、試算表が貸借不一致の場合は、仕訳か転記が誤っていたことになります。このようにして、期中の記帳に誤りがないことを確かめることが、試算表を作成する目的です。

試算表については、**練習問題11、12**（86～88頁）で学習しました。

試 算 表 の 計 算 構 造

摘　　要	期首残高		期中取引		期末残高	
	借　方	貸　方	借　方	貸　方	借　方	貸　方
プラスの支払資金	期首残高	－	＋	△	期末残高	－
マイナスの支払資金	－	期首残高	△	＋	－	期末残高
支払資金以外の資産	期首残高	－	＋	△	期末残高	－
支払資金以外の負債	－	期首残高	△	＋	－	期末残高
純　資　産	－	期首残高	△	＋	－	期末残高
P／L収　益			△	＋	－	P／L収益
P／L費用			＋	△	P／L費用	－
合　　計	イ	イ	ロ	ロ	ハ	ハ

合致する　　　　合致する　　　　合致する

上の試算表で、期中取引が支払資金の増減に係わる取引のみである場合には、網掛けした部分が資金収支計算書の収入・支出になります。また、二重線で囲んだ部分が、P/Lの収益・費用になります。

現実には、期中取引には資金の増減に係わりのない取引もありますので、期中取引を**資金増減取引**（仕訳の中に「支払資金」に属する科目を含む取引）と、**その他の取引**に分類・集約すると、期末B/S・P/L、資金収支計算書が一体的に作成されることになります。そのような作業を行う表が、次頁に掲げる**精算表**です。

もちろん、このような精算表を作るためには、総勘定元帳も、次頁に掲げるような形式になっている必要があります。転記に当たっては、仕訳の中に「支払資金」に属する科目を含む取引については、「資金増減取引」欄に、その他の取引については、「その他取引」欄に転記することになります。

精 算 表

摘　要	期首B/S 借方	期首B/S 貸方	期中取引 資金増減取引 借方	期中取引 資金増減取引 貸方	期中取引 その他取引 借方	期中取引 その他取引 貸方	期末B/S 借方	期末B/S 貸方
プラスの支払資金	期首のプラスの支払資金		支払資金の増加	支払資金の減少			期末のプラスの支払資金	
マイナスの支払資金		期首のマイナスの支払資金						期末のマイナスの支払資金
支払資金以外の資産　器具及び備品	期首の支払資金以外の資産		資金収支計算書 資金支出	資金収支計算書 資金収入		50,000	期末の支払資金以外の資産	
支払資金以外の負債		期首の支払資金以外の負債						期末支払資金以外の負債
純資産		期首純資産						期末純資産
P/L収益							P/L 費用	P/L 収益
P/L費用								
減価償却費			－	－	50,000		50,000	

元帳の形式

年 月日	摘　要	資金増減取引 借方	資金増減取引 貸方	その他取引 借方	その他取引 貸方	差引残高

　以上の精算表作成を終えて、資金収支計算書、P/L（事業活動計算書）、そして、B/Sが作成されることになります。

　仕訳→ 転記→ 精算表作成→ 計算書類作成、という簿記の一巡の流れを理解するには、実際にペンと電卓を片手に作業することが一番の早道です。132頁以下の**練習問題21**を、是非もう一度、解いてみてください。

初 級 編 完

■著者紹介／社会福祉法人会計簿記テキスト初級編作成委員会メンバー

委員長　林　　光行（公認会計士・税理士）

委　員　三宅　由佳（博士（人間福祉）・税理士）

委　員　美馬　知美（公認会計士・税理士）

委　員　林　　　幸（税理士）

本書に関するお問い合わせ、ご意見をお寄せください。
また、本書の記載内容等に関するQ&Aは一般社団法人
福祉経営管理実践研究会のホームページを
ご覧ください。
https://fukushi-jissenken.or.jp

社会福祉法人経営実務検定試験《会計3級》公式テキスト

七訂版 社会福祉法人会計　簿記テキスト
～～初級編（会計3級）～～

令和4年9月20日　七訂版第1刷発行　監修者　一般社団法人　福祉経営管理実践研究会
　　　　　　　　　　　　　　　　　編著者　社会福祉法人会計簿記テキスト初級編作成委員会
　　　　　　　　　　　　　　　　　発行者　林　光行　　　　　　　　　　©2022

発行所　一般社団法人　福祉経営管理実践研究会
　　　　〒543-0073　大阪市天王寺区生玉寺町1番13号　サンセットビル
　　　　E-mail　info@fukushi-jissenken.or.jp　https://fukushi-jissenken.or.jp
発売所　実務出版株式会社
　　　　〒542-0012　大阪市中央区谷町9丁目2番27号　谷九ビル6F
　　　　電話　06(4304)0320　／　FAX　06(4304)0321　／　振替　00920-4-139542
　　　　Email info@zitsumu.jp　https://www.zitsumu.jp

＊落丁、乱丁本はお取替えいたします。　　印刷製本　大村印刷㈱
ISBN978-4-910316-17-8　C2034

一般社団法人
福祉経営管理実践研究会 の ご案内

　当会は、「社会福祉に関わる者が協働して、社会資源を開発しながら地域社会の課題を解決し得るための経営管理実践のあり方を研究し、その実践を遍く社会に広めることを目的」（定款第3条）として、令和3年（2021年）9月1日に設立されました。

　社会福祉に関わる皆様の実践に役立つ情報を協創し、社会福祉の発展に共に寄与したいと考えています。当面は、社会福祉法人会計に係る標準的なテキストを提供することに注力することとしています。

　ご賛同いただける皆様のご参加をお待ち申し上げております。

令和4年9月20日
会長　　林　光行
https://fukushi-jissenken.or.jp/

令和4年8月1日現在　会員

正会員

社会福祉法人 青葉仁会（奈良県）
岩井玄太郎公認会計士事務所（兵庫県）
税理士法人 Mパートナーズ（三重県）
オフィスコ 税理士法人（京都府）
公認会計士・税理士 釜中利仁事務所（大阪府）
社会福祉法人 川福会（大阪府）
菅野　聖人（北海道 税理士）
社会福祉法人 こころの家族（大阪府）
社会福祉法人 堺暁福祉会（大阪府）
薩摩公認会計士事務所（大阪府）
武田　さおり（福井県 公認会計士）
実務出版 株式会社（大阪府）
中本　行則（大阪府 公認会計士・税理士）
林　　光行（大阪府 公認会計士・税理士）
林　　幸　（大阪府 税理士）
税理士法人 ファミリア 大阪事務所（大阪府）
光吉　直也（和歌山県 社会福祉士・税理士）
美馬　知美（大阪府 公認会計士・税理士）
三宅　由佳（兵庫県 博士(人間福祉)・税理士）
有限会社 脇 経営（愛媛県 会計事務所経営）

個人会員

大住　秀雄（兵庫県 社会福祉法人　職員）
荻田　藍子（兵庫県 社会福祉協議会職員）
工藤　浩子（大阪府 社会福祉協議会職員）
宿院　耕平（兵庫県 社会福祉協議会職員）
林　　竜弘（大阪府 会計事務所所属税理士）
山本　剛史（大阪府 社会福祉法人　職員）
吉本　　聡（兵庫県 社会福祉法人　職員）

賛助会員

I＆H 株式会社

当会（略称：実践研）についての詳しい情報は、当会のホームページをご覧ください。

https://fukushi-jissenken.or.jp

社会福祉法人経営実務検定試験 **会計3級** 公式テキスト

七訂版 社会福祉法人会計

簿記テキスト

初級編《会計3級》練習問題 解答

社会福祉法人経営実務検定試験 **会計3級** 公式テキスト

Index

Ⅰ 会計入門

Ⅱ 簿記初級

Ⅰ　会計入門 解答

練習問題 1　B/S科目を分類する

次の科目は、それぞれB/S（貸借対照表）のどの区分に分類されるでしょうか。

適切な区分に○を付けます。

【解答欄】

	科　　　　　目	流動資産	固定資産	流動負債	固定負債	純資産
①	建　　　　　　　物		○			
②	現　金　預　金	○				
③	短 期 運 営 資 金 借 入 金			○		
④	立　　替　　金	○				
⑤	事　業　未　払　金			○		
⑥	事　業　未　収　金	○				
⑦	設 備 資 金 借 入 金 （1年以内返済予定のものはありません）				○	
⑧	土　　　　　　　地		○			
⑨	短　期　貸　付　金	○				
⑩	基　　本　　金					○
⑪	器　具　及　び　備　品		○			
⑫	仮　　払　　金	○				
⑬	車　輌　運　搬　具		○			
⑭	貯　　蔵　　品	○				
⑮	長 期 運 営 資 金 借 入 金 （1年以内返済予定のものはありません）				○	

【説明】

　それぞれの科目の説明は、初級編テキストの12～13頁をご覧ください。

　また、基本金については、**会計基準省令**では次のように規定しています。ただ、これは入門段階では難しい事柄ですので、今、理解できなくてかまいません。

　基本金は、社会福祉法人に対する出資のようなものです。テキスト15頁に記載していますご両親からの一郎さんに対するマンション頭金の援助と同じ性格のものだと考えてください。

【会計基準省令】　　　　　　　　　　　　　　　　　　　　　　　（第2章　会計帳簿）

（純資産）

第6条　基本金には、社会福祉法人が事業開始等に当たって財源として受け入れた寄附金の額を計上するものとする。

2～3　（省略）

練習問題 2　科目及びその残高から貸借対照表を作成する

次の科目及びその残高から【解答欄】のB/S（貸借対照表）を完成します。なお、設備資金借入金で１年以内に返済する予定のものはありません。

建物（基本財産）	500	仮払金	5
現金預金	195	器具及び備品	250
短期運営資金借入金	250	土地（その他の固定資産）	700
建物（その他の固定資産）	150	立替金	5
事業未収金	160	事業未払金	50
貯蔵品	15	短期貸付金	20
土地（基本財産）	2,000	設備資金借入金	1,150

【解答欄】
B/S（貸借対照表）

資産の部			負債の部		
流動資産	（	400 ）	流動負債	（	300 ）
（現金預金　）	（	195 ）	（短期運営資金借入金　）	（	250 ）
（事業未収金　）	（	160 ）	（事業未払金　）	（	50 ）
（貯蔵品　）	（	15 ）	固定負債	（	1,150 ）
（立替金　）	（	5 ）	（設備資金借入金　）	（	1,150 ）
（短期貸付金　）	（	20 ）	負　債　の　部　合　計	（	1,450 ）
（仮払金　）	（	5 ）	純資産の部		
固定資産	（	3,600 ）			
基本財産	（	2,500 ）	基　本　金		2,200
（土地　）	（	2,000 ）	国庫補助金等特別積立金		200
（建物　）	（	500 ）	次期繰越活動増減差額	（	150 ）
その他の固定資産	（	1,100 ）			
（土地　）	（	700 ）	純　資　産　の　部　合　計	（	2,550 ）
（建物　）	（	150 ）			
（器具及び備品　）	（	250 ）			
資　産　の　部　合　計	（	4,000 ）	負債・純資産の部合計	（	4,000 ）

【説明】

次期繰越活動増減差額150は、「純資産の部合計」を出してから他の純資産の科目を差し引いて、一番最後に算出します。

そのためには、「純資産の部合計」を先に算出する必要があります。「純資産の部合計」は、「資産の部合計」4,000と同じ金額を「負債・純資産の部合計」の欄に記入し、そこから「負債の部合計」の1,450を差し引いて求めます。

Ⅰ　会計入門 解答

練習問題 3 B/Sを作成して支払資金残高を求める

次の科目及びその残高から【解答欄】のB/Sを完成し、支払資金と純資産の残高を算出します。

なお、設備資金借入金で1年以内に返済する予定のものはありません。

①	建　物	1,000	⑤	事 業 未 払 金	480	⑨	短 期 貸 付 金	50
②	現 金 預 金	1,450	⑥	事 業 未 収 金	170	⑩	基　本　金	3,500
③	短 期 運 営 資 金 借 入 金	820	⑦	設 備 資 金 借 入 金	900	⑪	器 具 及 び 備 品	300
④	立　替　金	10	⑧	土　地	3,000	⑫	仮　払　金	20

【解答欄】

B/S

流動資産	現金預金	1,450	流動負債	短期運営資金借入金	820
	事業未収金	170		事業未払金	480
	立替金	10			
	短期貸付金	50		流動負債合計	1,300
	仮払金	20	固定負債		
	流動資産合計	1,700		設備資金借入金	900
固定資産	土地	3,000		固定負債合計	900
	建物	1,000	純資産	基本金	3,500
	器具及び備品	300		次期繰越活動増減差額	300
	固定資産合計	4,300		純資産合計	3,800
資　産　合　計		6,000	負債・純資産合計		6,000
			支払資金残高		400

【説明】

Point 1　それぞれの科目が「資産か負債か」、そして「流動か固定か」、を見極めることです。最初は難しいかもしれませんが、これは「慣れ」ですから安心してください。

Point 2　純資産は、「**全ての資産 － 全ての負債**」です。そのようにして純資産を求め、「次期繰越活動増減差額」は純資産から基本金を差し引いて最後に求めることになります。

Point 3　支払資金残高は、「Cashとその仲間（流動資産）－ Cashのマイナス（流動負債）」です。純資産と支払資金とがまったく別物であることに注意してください。

練習問題 4 期首B/Sと期中取引から期末の計算書類を作成する

　期首B/S及び期中取引から、期末要約B/S及び当期のP/L並びに資金収支計算書を作成します。

１．期首B/S

資　産	流動資産	1,500	負　債	流動負債	1,000
				固定負債	3,000
	固定資産	3,500		負債合計	4,000
			純　資　産		1,000
	資産合計	5,000	負債・純資産合計		5,000

期首支払資金残高＝500（流動資産1,500－流動負債1,000）

２．期中取引（取引の結果生じる資産負債の増減金額を下の表に記入します。）

取　　　引	（A）B/Sの資産・負債増減				（B）純資産増減	（C）支払資金増減
	流動資産	固定資産	流動負債	固定負債		
① 介護保険報酬500の事業未収金を計上した。	＋500	－	－	－	＋500	＋500
② 職員給料200を現金で支払った。	△200	－	－	－	△200	△200
③ 食材100を掛買・費消し、事業未払金を計上した。	－	－	＋100	－	△100	△100
④ 乗用車100を現金で購入した。	△100	＋100	－	－	－	△100
⑤ 経常経費に対する寄附80を受けた。	＋80	－	－	－	＋80	＋80
⑥ 設備資金200を借り入れた。	＋200	－	－	＋200	－	＋200
⑦ 備品30がこわれたので廃棄した。	－	△30	－	－	△30	－
それぞれの増減合計	＋480	＋70	＋100	＋200	＋250	＋380

【解答欄】

１．期末B/S

資　産	流動資産	1,980	負　債	流動負債	1,100
				固定負債	3,200
	固定資産	3,570		負債合計	4,300
			純　資　産		1,250
	資産合計	5,550	負債・純資産合計		5,550

期末支払資金残高＝ 880 （流動資産 1,980 －流動負債 1,100 ）

　期首B/Sの数値に期中取引の増減合計を加減算すると、期末B/Sになりますね。

２．フローの計算書

摘　要	P/L	資金収支計算書
① 介護保険事業収益（収入）	500	500
⑤ 経常経費寄附金収益（収入）	80	80
⑥ 設備資金借入金収入	－	200
収益・収入合計	580	780
② 職員給料（支出）	200	200
③ 給食費（支出）	100	100
④ 固定資産取得支出	－	100
⑦ 固定資産売却損・処分損	30	－
費用・支出合計	330	400
当期差額	250	380

期首・期末純資産の増減差額ですね。　期首・期末支払資金の収支差額ですね。

Ⅰ　会計入門 解答

練習問題 5 5年間の計算書類を作成する！

××01年3月31日に、次のような状態で設立された社会福祉法人があります。

設立時B/S

建　　　物	負　　　債
10,000	ゼロ
	基　本　金
	10,000

設問1 この法人の、××02年3月期以降の計算書類を作成します。

ただし、××01年4月1日以後の事業収益（＝収入）が年間8,000、減価償却費以外の人件費・事業費・事務費等の費用（＝支出）が年間7,500で固定されているものとします。

便宜上、建物の耐用年数は5年、残存価額はないものとし、5年後には建物が消滅するものとします。また、××01年4月1日から償却を開始するものとし、減価償却は定額法で行います（備忘価額1円については、考慮しません）。

【解答欄】

(1) 第1年度

資金収支計算書

事業費等支出	事業収入
（　　7,500　）	（　　8,000　）
当　　期 資金収支差額 （　　500　）	
当　期　末 支払資金残高 （　　500　）	前　期　末 支払資金残高 （　　0）

P/L

事業費等費用	事業収益
（　　7,500　）	（　　8,000　）
減価償却費 （　　2,000　）	
当　　期 活動増減差額 （　△1,500　）	
次　期　繰　越 活動増減差額 （　△1,500　）	前　期　繰　越 活動増減差額 （　　0）

B/S

現金預金等	負　　　債
（　　500　）	ゼロ
	基　本　金 （　　10,000　）
建　　　物 （　　8,000　）	次　期　繰　越 活動増減差額 （　△1,500　）

減価償却累計額
（　　2,000　）

(2) 第2年度

資金収支計算書

事業費等支出	事業収入
（　　7,500　）	（　　8,000　）
当　　期 資金収支差額 （　　500　）	
当　期　末 支払資金残高 （　　1,000　）	前　期　末 支払資金残高 （　　500　）

P/L

事業費等費用	事業収益
（　　7,500　）	（　　8,000　）
減価償却費 （　　2,000　）	
当　　期 活動増減差額 （　△1,500　）	
次　期　繰　越 活動増減差額 （　△3,000　）	前　期　繰　越 活動増減差額 （　△1,500　）

B/S

現金預金等	負　　　債
（　　1,000　）	ゼロ
	基　本　金 （　　10,000　）
建　　　物 （　　6,000　）	次　期　繰　越 活動増減差額 （　△3,000　）

減価償却累計額
（　　4,000　）

(3) 第3年度

資金収支計算書

事業費等支出	事業収入
（　　7,500　）	（　　8,000　）
当　　期 資金収支差額 （　　500　）	
当　期　末 支払資金残高 （　　1,500　）	前　期　末 支払資金残高 （　　1,000　）

P/L

事業費等費用	事業収益
（　　7,500　）	（　　8,000　）
減価償却費 （　　2,000　）	
当　　期 活動増減差額 （　△1,500　）	
次　期　繰　越 活動増減差額 （　△4,500　）	前　期　繰　越 活動増減差額 （　△3,000　）

B/S

現金預金等	負　　　債
（　　1,500　）	ゼロ
	基　本　金 （　　10,000　）
建　　　物 （　　4,000　）	次　期　繰　越 活動増減差額 （　△4,500　）

減価償却累計額
（　　6,000　）

(4) 第4年度

資金収支計算書

事業費等支出	事 業 収 入
（　7,500　）	（　8,000　）
当　　　　期 資金収支差額 （　500　）	
当　　期　　末 支払資金残高 （　2,000　）	前　　期　　末 支払資金残高 （　1,500　）

P/L

事業費等費用	事 業 収 益
（　7,500　） 減価償却費 （　2,000　）	（　8,000　）
当　　　　期 活動増減差額 （　△1,500　）	
次　期　繰　越 活動増減差額 （　△6,000　）	前　期　繰　越 活動増減差額 （　△4,500　）

B/S

現 金 預 金 等	負　　　　　債
（　2,000　）	ゼ　ロ
建　　　　　物 （　2,000　）	基　　本　　金 （　10,000　） 次　期　繰　越 活動増減差額 （　△6,000　）

減価償却累計額
（　8,000　）

(5) 第5年度

資金収支計算書

事業費等支出	事 業 収 入
（　7,500　）	（　8,000　）
当　　　　期 資金収支差額 （　500　）	
当　　期　　末 支払資金残高 （　2,500　）	前　　期　　末 支払資金残高 （　2,000　）

P/L

事業費等費用	事 業 収 益
（　7,500　） 減価償却費 （　2,000　）	（　8,000　）
当　　　　期 活動増減差額 （　△1,500　）	
次　期　繰　越 活動増減差額 （　△7,500　）	前　期　繰　越 活動増減差額 （　△6,000　）

B/S

現 金 預 金 等	負　　　　　債
（　2,500　）	ゼ　ロ
建　　　　　物 ゼ　ロ	基　　本　　金 （　10,000　） 次　期　繰　越 活動増減差額 （　△7,500　）

減価償却累計額
（　10,000　）

設問2

【解答欄】　　　　　　　　　　　9,500

【説明】

　第5年度のB/Sで、現金預金等が10,000残っている必要があります。設問1では毎年500の資金収支差額があるのですが、第5年度のB/Sで現金預金等の残高が10,000となるためには、毎年2,000のプラスの資金収支差額が必要です。

　事業費等支出が変わらないとすれば、事業収入があと1,500増加して9,500となる必要があります。そうすると毎年の資金収支差額が2,000となり、第5年度末で10,000の現金預金等が蓄積されます。

　この場合、P/Lの事業収益を9,500とすると、当期活動増減差額はゼロになります。

> 当期活動増減差額がゼロなら、施設を再生することができる。
> 資金収支で余剰を生じていても、施設は再生できない！

減価償却の効果

　「施設の再生」のために減価償却が必要なことを理解してください。

　この例題は、資金収支が余剰を生じていても、施設の再生ができないことを示しています。

　「P/Lの増減差額がマイナスでは施設の再生はおぼつかない！」。

　このことが減価償却の、またP/Lの最大のポイントです。

I 会計入門

次の文章の空欄にあてはまる適切な語句を下に示す語群の中から選んで答えます。

(1) 貸借対照表は、当該会計年度末現在における全ての資産、（ ア ）及び純資産の状態を明瞭に表示するものでなければならない。

(2) 流動資産は短期的な支払手段となり、他方、流動負債は短期的に支払う必要のあるものなので、「流動資産−流動負債」は、その法人の（ イ ）を示していると考えることができる。

(3) 流動資産はそのほとんどを「Cashとその仲間」と考えることができ、流動負債はそのほとんどを「Cashのマイナス」と考えることができる。社会福祉法人会計では「Cashとその仲間」としての流動資産と「Cashのマイナス」としての流動負債との差額を（ ウ ）としている。（ ウ ）の増減状況を表示した計算書を（ エ ）という。

(4) 社会福祉法人が存続・成長を続けていくためには、全ての資産と全ての負債との差額である（ オ ）を保持し増やす必要がある。（ オ ）の増減状況を内容別に表示した計算書を（ カ ）という。

(5) 支払資金の増加を（ キ ）といい、純資産の増加を（ ク ）という。

(6) 減価償却費は事業活動計算書に（ ケ ）が、資金収支計算書には（ コ ）。

資産	基本財産	負債	純資産	支払資金	
支払能力	事業活動計算書		資金収支計算書		
計上される	計上されない	フロー	収益	収入	

【解答欄】

ア	負債	カ	事業活動計算書
イ	支払能力	キ	収入
ウ	支払資金	ク	収益
エ	資金収支計算書	ケ	計上される
オ	純資産	コ	計上されない

コラム

会計では、資金は右から左に動く？

「会計では資金は右から左に動く」。

そんな風に書いている会計の本は、見たことがありません。しかし、そんな風に考えると会計の「左」「右」が分かりやすいのです。

例えば、コロンブスは1492年にスペインの女王イサベル１世から資金を得て西の黄金の国ジパングに向けて出帆しました（正確には難しい話があるようですが、話を簡単に書きますね）。これを図で次のように見て、左・右（借方・貸方）を視覚的にイメージとしてつかんでください。

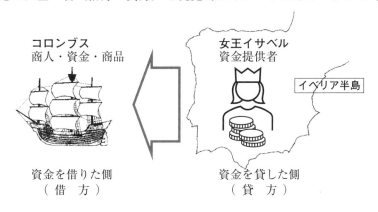

| コロンブス | 女王イサベル |
| 商人・資金・商品 | 資金提供者 |

イベリア半島

| 資金を借りた側 | 資金を貸した側 |
| （借　方） | （貸　方） |

「借方」「貸方」という言葉ではなく、お金の流れに注目してください。上の図を見てから、次のB/Sを見てください。

B/S

	資　産　　　（借　方）	負　債　　　　（貸　方）	
資金の運用	現金預金 　事業未収金 　棚卸資産 　船等固定資産	事業未払金 　長期借入金 純資産 　基本金	資金の調達

P/Lの事業収益（例えば介護事業収益）の発生を見ると、次のように図示できます。

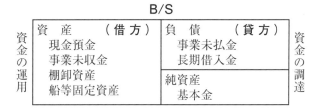

現金
事業未収金
・・・

介護報酬の発生

介護事業**収益**

返済義務はありませんので負債ではありません。事業活動によって純資産が増加したのです。

紙幅がありませんので、B/SとP/Lの全体について簡単に図示すると次のようになります。

資産＝法人に現存
　　　している

費用＝法人から出て
　　　残っていない

B/S　資産
P/L　費用

右から入って左に

B/S　負債
B/S　基本金
P/L　収益

以上のことは、普通の会計の本には出てきません。ただ、イメージとして「右から入って左に」という感覚を持っていただくと、会計の計算書類や帳面を見るときに、きっと役立つと思います。

次頁以下の解答を、どうしても左右見開きにしたいので、少し書いてみました。m(＿)m

Ⅱ　簿記初級

練習問題　7　仕訳する

次の期中取引を仕訳します。

期　中　取　引		仕　　　　訳			
		借　　　方		貸　　　方	
		科　　　目	金　額	科　　　目	金　額
①	発生した介護保険報酬500を未収に計上した。	事 業 未 収 金	500	介護保険事業収益	500
②	職員給料200を現金で支払った。	職 員 給 料	200	現 金 預 金	200
③	食材100を掛買いし未払を計上した。なお、食材は直ちに費消した。	給 食 費	100	事 業 未 払 金	100
④	乗用車100を現金で購入した。	車 輌 運 搬 具	100	現 金 預 金	100
⑤	設備資金200を借り入れた。	現 金 預 金	200	設備資金借入金	200
⑥	経常経費に対する寄附80の入金を受けた。	現 金 預 金	80	経 常 経 費 寄 附 金 収 益	80
⑦	借入金利息10を支払った。	支 払 利 息	10	現 金 預 金	10
⑧	未収計上していた介護保険報酬340の振込を受けた。	現 金 預 金	340	事 業 未 収 金	340
⑨	短期運営資金借入金を250返済した。	短期運営資金借入金	250	現 金 預 金	250
⑩	未払計上していた食材費150を支払った。	事 業 未 払 金	150	現 金 預 金	150

【説明】

どのように仕訳するのか？

①　どのような資産あるいは負債が増加するのか、減少するのか、を考える。

②　資産が増加する場合は（B/Sを思い出してください…）、借方に資産科目を記入し、貸方に相手の科目を記入する。資産が減少するとき、あるいは負債が増加するときは、逆になる。

③　資産・負債の相手科目が、資産・負債ではないときは…、そう！　収益・費用の科目になる。このようにして、左右の金額を同じにする。

> 仕訳に出てくる科目は当分の間、
>
> ①　「資産」あるいは「負債」のB/S科目
>
> そうでないなら、
>
> ②　純資産増減内容を表す、「収益」あるいは「費用」のP/L科目
>
> となります。
>
> 純資産内部での増減取引がある場合には、純資産の科目が仕訳に出てきますが、そのことについては初級の終わりの方で学びます。今は、「資産」・「負債」・「収益」・「費用」のみのB/S・P/Lの科目で、「仕訳」に慣れてください。資金収支についても今は考えません。

練習問題 8 転記する

　練習問題7の**解答**（解答前頁）の仕訳を総勘定元帳に転記したうえで、各勘定を締め切ります。また、日付の代わりに取引番号①〜⑩を記入します。

［総勘定元帳］

現 金 預 金 勘 定

（借 方）				（貸 方）			
	摘　　要	金　額			摘　　　要	金　額
期中入金額	期　首　残　高	1,000	期中出金額	②	職　員　給　料	200
	⑤ 設 備 資 金 借 入 金	200		④	車　輌　運　搬　具	100
	⑥ 経 常 経 費 寄 附 金 収 益	80		⑦	支　払　利　息	10
	⑧ 事　業　未　収　金	340		⑨	短 期 運 営 資 金 借 入 金	250
				⑩	事　業　未　払　金	150
					期中出金額小計	710
	期中入金額小計	620			期　末　残　高	910
	借　方　合　計	1,620			貸　方　合　計	1,620

（この現金預金勘定は、元帳の構造を理解するために、あえて変則フォームにしてあります。以下は簡略なＴフォーム〈学習簿記用のフォーム〉です。ゴシック部分は転記を終えてから記入する部分を示しています。）

事 業 未 収 金			
4/1 期首残高	500	⑧現金預金	340
①介護保険事業収益	500	3/31 **期末残高**	**660**
合　　計	1,000	合　　計	1,000

短 期 運 営 資 金 借 入 金			
⑨現金預金	250	4/1 期首残高	700
3/31 **期末残高**	**450**		
合　　計	700	合　　計	700

事 業 未 払 金			
⑩現金預金	150	4/1 期首残高	300
3/31 **期末残高**	**250**	③給 食 費	100
合　　計	400	合　　計	400

車 輌 運 搬 具			
4/1 期首残高	0	3/31 **期末残高**	**100**
④現金預金	100		
合　　計	100	合　　計	100

設 備 資 金 借 入 金			
3/31 **期末残高**	**200**	4/1 期首残高	0
		⑤現金預金	200
合　　計	200	合　　計	200

介 護 保 険 事 業 収 益			
3/31 **期末残高**	**500**	①事業未収金	500
合　　計	500	合　　計	500

経 常 経 費 寄 附 金 収 益			
3/31 **期末残高**	**80**	⑥現金預金	80
合　　計	80	合　　計	80

職 員 給 料			
②現金預金	200	3/31 **期末残高**	**200**
合　　計	200	合　　計	200

給 食 費			
③事業未払金	100	3/31 **期末残高**	**100**
合　　計	100	合　　計	100

支 払 利 息			
⑦現金預金	10	3/31 **期末残高**	**10**
合　　計	10	合　　計	10

　元帳を締切るとき、残高が借方（貸方）の場合は貸方（借方）に、つまり、反対側に期末残高を記入します。そのように記入して、貸借の金額合計を一致させるのです。これが簿記の考え方です。

Ⅱ　簿記初級 解答

練習問題 9 仕訳と転記

　次の保育所の期中取引を仕訳して、以下の勘定科目に転記します。

　なお、仕訳に使う科目は、B/S及びP/Lの科目とし、P/Lの収益科目は大区分とし、それ以外の科目は中区分の科目によっています。

期　中　取　引		仕　訳			
		借　方		貸　方	
		科　目	金額	科　目	金額
4/ 2	食材150（給食費）を掛買いし未払を計上した。	給　食　費	150	事業未払金	150
5/10	電話代30（通信運搬費）が普通預金から自動引落としされた。	通信運搬費	30	現　金　預　金	30
6/15	保育事業に係る利用者負担金70（保育事業収益）を現金で受け入れた。	現　金　預　金	70	保育事業収益	70
7/25	短期運営資金500を借り入れた。	現　金　預　金	500	短期運営資金借入金	500
8/ 2	パソコン（器具及び備品）200を現金で購入した。	器具及び備品	200	現　金　預　金	200
9/30	未収に計上していた保育事業に係る委託費550を受け入れた。	現　金　預　金	550	事業未収金	550
10/31	預金を引き出して設備資金借入金300を返済した。	設備資金借入金	300	現　金　預　金	300
10/31	預金を引き出して設備資金借入金の利息20（支払利息）を支払った。	支　払　利　息	20	現　金　預　金	20
11/10	電気代50（水道光熱費）を現金で支払った。	水道光熱費	50	現　金　預　金	50
12/20	未払の食材費120を支払った。	事業未払金	120	現　金　預　金	120
1/20	業務委託費60を現金で支払った。	業務委託費	60	現　金　預　金	60
2/25	職員給料350から源泉所得税30（職員預り金）を控除して現金で支払った。	職　員　給　料	350	現　金　預　金／職員預り金	320／30
3/10	経常経費に対する寄附100（経常経費寄附金収益）をいただいた。	現　金　預　金	100	経常経費寄附金収益	100
3/31	発生した保育事業の委託費（保育事業収益）600を未収に計上した。	事業未収金	600	保育事業収益	600

現金預金					
4/ 1	期首残高	100	5/10	通信運搬費	30
6/15	保育事業収益	70	8/ 2	器具及び備品	200
7/25	短期運営資金借入金	500	10/31	設備資金借入金	300
9/30	事業未収金	550	10/31	支払利息	20
3/10	経常経費寄附金収益	100	11/10	水道光熱費	50
			12/20	事業未払金	120
			1/20	業務委託費	60
			2/25	職員給料	320
				期末残高	220
	合　計	1,320		合　計	1,320

事業未収金					
4/ 1	期首残高	950	9/30	現金預金	550
3/31	保育事業収益	600	3/31	期末残高	1,000
	合　計	1,550		合　計	1,550

短期運営資金借入金					
3/31	期末残高	950	4/ 1	期首残高	450
			7/25	現金預金	500
	合　計	950		合　計	950

事業未払金

12/20 現金預金	120	4/1 期首残高	130
3/31 期末残高	160	4/2 給食費	150
合計	280	合計	280

職員預り金

3/31 期末残高	75	4/1 期首残高	45
		2/25 職員給料	30
合計	75	合計	75

器具及び備品

4/1 期首残高	700	3/31 期末残高	900
8/2 現金預金	200		
合計	900	合計	900

設備資金借入金

10/31 現金預金	300	4/1 期首残高	850
3/31 期末残高	550		
合計	850	合計	850

保育事業収益

3/31 期末残高	670	6/15 現金預金	70
		3/31 事業未収金	600
合計	670	合計	670

経常経費寄附金収益

| 3/31 期末残高 | 100 | 3/10 現金預金 | 100 |
| 合計 | 100 | 合計 | 100 |

職員給料

| 2/25 諸口 | 350 | 3/31 期末残高 | 350 |
| 合計 | 350 | 合計 | 350 |

給食費

| 4/2 事業未払金 | 150 | 3/31 期末残高 | 150 |
| 合計 | 150 | 合計 | 150 |

水道光熱費

| 11/10 現金預金 | 50 | 3/31 期末残高 | 50 |
| 合計 | 50 | 合計 | 50 |

通信運搬費

| 5/10 現金預金 | 30 | 3/31 期末残高 | 30 |
| 合計 | 30 | 合計 | 30 |

業務委託費

| 1/20 現金預金 | 60 | 3/31 期末残高 | 60 |
| 合計 | 60 | 合計 | 60 |

支払利息

| 10/31 現金預金 | 20 | 3/31 期末残高 | 20 |
| 合計 | 20 | 合計 | 20 |

【説明】

2/25の仕訳は、最初は難しく感じられると思います。考え方としては、

① 現金預金がいくら出てゆくのかナ　と考えて、払うのは320ですから

　　　　　　　　　　　　　　　（貸方）現金預金　320　がまず決まります。

② 借方科目は…職員給料ですね。そうすると、

（借方）職員給料　320　　　　　と考えるかもしれません。左右もバランスします。

しかし、職員給料は総額350です。差額は一体何なのでしょうか?

これは、問題にあるように「源泉所得税」ですね。事業主が賃金を支払う際に控除して、税務署に支払うべき金額です。つまり、ここで30の負債が発生したことになります。

以上から、解答のような仕訳になります。

II 簿記初級 解答

練習問題 10 支払資金関係取引の仕訳

　次の取引を仕訳します。なお、仕訳に使う科目はB/S・P/Lの科目とし、B/S科目については、小口現金・現金・当座預金以外は中区分科目、P/L科目については、収益は大区分科目、費用は中区分科目とします。

期　中　取　引	仕　訳			
	借　方		貸　方	
	科　目	金　額	科　目	金　額
① 小口現金500を小切手を振り出し補給した。	小　口　現　金	500	当　座　預　金	500
② 用度係から小口現金の支払報告を受けた。 　　旅費交通費　　250 　　通信運搬費　　　95 　　事務消耗品費　110	（事　務　費） 旅　費　交　通　費 通　信　運　搬　費 事　務　消　耗　品　費	250 95 110	小　口　現　金	455
③ 上記の金額について小切手を振り出して補給した。	小　口　現　金	455	当　座　預　金	455
④ 前月に未払計上していた食材費650及び保育材料費240を小切手を振り出して支払った。	事　業　未　払　金	890	当　座　預　金	890
⑤ 入金理由不明で仮受金処理していた100は、保護者からの経常経費に対する寄附金であることが判明した。	仮　　受　　金	100	経　常　経　費 寄　附　金　収　益	100
⑥ 保育事業に係る補助金5,000が当座預金口座に振り込まれた。	当　座　預　金	5,000	保育事業収益	5,000
⑦ 職員に対して研修費用300を現金で概算仮払した。	仮　　払　　金	300	現　　　　金	300
⑧ 過日、⑦で概算払していた研修の精算報告を下記のとおり受け、残額は現金で受け取った。 　　宿泊費及び日当　　150 　　研修受講料　　　　120 （注）研究・研修のための旅費は「研修研究費」で処理します（テキスト62頁参照）。	（事　務　費） 研　修　研　究　費 現　　　　金	270 30	仮　　払　　金	300
⑨ 職員用のトイレ用品50を購入し、現金で支払った。	（事　務　費） 事　務　消　耗　品　費	50	現　　　　金	50
⑩ 児童の昼寝用毛布等800を購入し、代金は小切手を振り出して支払った。	（事　業　費） 被　　服　　費	800	当　座　預　金	800
⑪ 自動車350を購入し、代金は翌月に支払うことにした。	車　輌　運　搬　具	350	そ　の　他　の 未　　払　　金	350
⑫ 職員給料550の支給に当たり、源泉所得税、健康保険料等125を控除した残額を当座預金口座から振込支給した。	（人　件　費） 職　員　給　料	550	当　座　預　金 職　員　預　り　金	425 125
⑬ 当月分の購入額として下記金額を計上した。（代金翌月払い） 　　食材　　　　　　750 　　厨房用消耗品　　150 　　児童用絵本　　　350 　　絵の具・粘土　　140	（事　業　費） 給　　食　　費 消　耗　器　具　備　品　費 保　育　材　料　費	750 150 490	事　業　未　払　金	1,390
⑭ 当月分の保育事業に係る委託費2,000が当座預金に振り込まれた。	当　座　預　金	2,000	保育事業収益	2,000

（括弧書）で示してあるのは、大区分科目です。

練習問題 11 試算表を作成する(1)

練習問題8の解答（解答13頁）をもとに、元帳の記載面から試算表を完成します。

試　算　表

摘　要	期首残高		期中取引		期末残高	
	借　方	貸　方	借　方	貸　方	借　方	貸　方
現　金　預　金	1,000		620	710	910	
事　業　未　収　金	500		500	340	660	
短期運営資金借入金		700	250			450
事　業　未　払　金		300	150	100		250
（基本財産）土地・建物	1,300				1,300	
車　輌　運　搬　具	—		100		100	
設　備　資　金　借　入　金		—		200		200
基　本　金		1,500				1,500
次期繰越活動増減差額（期首）		300				300
介　護　保　険　事　業　収　益				500		500
経　常　経　費　寄　附　金　収　益				80		80
職　員　給　料			200		200	
給　食　費			100		100	
支　払　利　息			10		10	
合　計	2,800	2,800	1,930	1,930	3,280	3,280

【説明】

上の試算表は、事業年度の試算表であることを前提としていますが、月次（例えば、6月1日から6月30日までの1か月）の試算表を作成することもできます。その場合、上の試算表で、「期首残高」「期中取引」「期末残高」と記載されているところは、「月初残高」「月中取引」「月末残高」となります。

事業年度の試算表も月次の試算表も作成対象となる会計の期間（これを「会計期間」と呼んでいます）が異なるだけで、仕組みは全く同じです。

II　簿記初級　解答

練習問題 12 試算表を作成する⑵

　　練習問題９の解答（解答14〜15頁）の元帳の記帳面をもとに、下の試算表を完成します。

試　算　表

摘　要	期首残高 借　方	期首残高 貸　方	期中取引 借　方	期中取引 貸　方	期末残高 借　方	期末残高 貸　方
現 金 預 金	100		1,220	1,100	220	
事 業 未 収 金	950		600	550	1,000	
短　　　　　期 運営資金借入金		450		500		950
事 業 未 払 金		130	120	150		160
職 員 預 り 金		45		30		75
（基本財産） 土 地 ・ 建 物	2,000				2,000	
器 具 及 び 備 品	700		200		900	
設 備 資 金 借 入 金		850	300			550
基 　 本 　 金		2,000				2,000
次 期 繰 越 活 動 増減差額（期首）		275				275
保 育 事 業 収 益				670		670
経常経費寄附金収益				100		100
職 員 給 料			350		350	
給 食 費			150		150	
水 道 光 熱 費			50		50	
通 信 運 搬 費			30		30	
業 務 委 託 費			60		60	
支 払 利 息			20		20	
合 　 計	3,750	3,750	3,100	3,100	4,780	4,780

練習問題 **13** 6桁精算表を作成する⑴

練習問題11の解答（解答17頁）をもとに、6桁精算表を完成します。

精　算　表

摘　要	期首B/S 借　方（資　産）	期首B/S 貸　方（負債・純資産）	期中取引 借　方	期中取引 貸　方	期末B/S 借　方（資　産）	期末B/S 貸　方（負債・純資産）
現　金　預　金	1,000		620	710	910	
事 業 未 収 金	500		500	340	660	
短期運営資金借入金		700	250			450
事 業 未 払 金		300	150	100		250
支 払 資 金 計	1,500	1,000	1,520	1,150	1,570	700
（差引支払資金）		(500)	差引支払資金増加額→	370		(870)

資金収支計算書

			借　方（支　出）	貸　方（収　入）		
（基本財産）土 地・建 物	1,300				1,300	
車 輌 運 搬 具	—		固定資産取得支出 100		100	
設 備 資 金 借 入 金		—		借入金収入 200		200
基　　本　　金		1,500				1,500
次 期 繰 越 活 動増減差額（期首）		300				300
当　　　　　期活 動 増 減 差 額					差引純資産増加額→	270
B ／ S 合　計	2,800	2,800			2,970	2,970

P/L

					借　方（費　用）	貸　方（収　益）
介護保険事業収益(収入)				500		500
経常経費寄附金収益(収入)				80		80
職 員 給 料 （支出）			200		200	
給 食 費 （支出）			100		100	
支 払 利 息 （支出）			10		10	
収　益・費　用（収入・支出）小計			410	780	310	580
当期増減(収支)差額			370	←当期資金収支差額	270	←当期活動増減差額
増 減 等 (収支) 合計			780	780	580	580

Ⅱ　簿記初級

練習問題 14　6桁精算表を作成する⑵

練習問題9の解答（解答14〜15頁）をもとに、精算表を完成します。

精　算　表

摘　要	期首B/S 借方(資産)	期首B/S 貸方(負債・純資産)	期中取引 借方	期中取引 貸方	期末B/S 借方(資産)	期末B/S 貸方(負債・純資産)
現 金 預 金	100		1,220	1,100	220	
事 業 未 収 金	950		600	550	1,000	
短 期 運営資金借入金		450		500		950
事 業 未 払 金		130	120	150		160
職 員 預 り 金		45		30		75
支 払 資 金 計	1,050	625	1,940	2,330	1,220	1,185
（差引支払資金）		(425)	差引支払資金増加額→	△390		(35)

資金収支計算書

	借方(支出)	貸方(収入)	
(基本財産) 土 地・建 物	2,000				2,000	
器 具 及 び 備 品	700	固定資産取得支出 200			900	
設 備 資 金 借 入 金		850	元金償還支出 300			550
基 本 金		2,000				2,000
次期繰越活動増減差額（期首）		275				275
当 期 活動増減差額			差引純資産増加額→	110		
B / S 合 計	3,750	3,750			4,120	4,120

P/L

				借方(費用)	貸方(収益)
保育事業収益(収入)			670		670
経常経費寄附金収益(収入)			100		100
職 員 給 料(支出)			350	350	
給 食 費(支出)			150	150	
水 道 光 熱 費(支出)			50	50	
通 信 運 搬 費(支出)			30	30	
業 務 委 託 費(支出)			60	60	
支 払 利 息(支出)			20	20	
収益・費用(収入・支出)小計			1,160	770	660	770
当期増減(収支)差額			△390	←当期資金収支差額 110	←当期活動増減差額
増減等(収支)合計			770	770	770	770

【説明】

網掛けがないと、急に難しくなったように感じるかもしれませんが、内容は同じです。「難しい」と感じたときが、伸びるチャンスです。頑張ってください。

【参考】　練習問題14の解答（前頁）をもとに資金収支計算書を作成すると、次のようになります。

資金収支計算書

（自）××01年4月1日　（至）××02年3月31日

		勘定科目	予　算	決　算	差　異	備　考
事業活動による収支	収入	保育事業収入		670		
		経常経費寄附金収入		100		
		事業活動収入計		770		
	支出	人件費支出		350		
		職員給料支出		350		
		事業費支出		200		
		給食費支出		150		
		水道光熱費支出		50		
		事務費支出		90		
		通信運搬費支出		30		
		業務委託費支出		60		
		支払利息支出		20		
		事業活動支出計		660		
		事業活動資金収支差額		110		
施設整備等による収支	収入					
		施設整備等収入計		−		
	支出	設備資金借入金元金償還支出		300		
		固定資産取得支出		200		
		施設整備等支出計		500		
		施設整備等資金収支差額		△500		
その他の活動による収支	収入					
		その他の活動収入計		−		
	支出					
		その他の活動支出計		−		
		その他の活動資金収支差額		−		
		当期資金収支差額合計		△390		

テキスト152頁の、資金収支計算書の様式と見比べてください。

見比べるという、少しの手間の積み重ねが、あなたの理解を深めます。

Ⅱ 簿記初級 解答

練習問題 15 総合演習問題

〈問題15-①〉 仕訳する

次の××01年4月中の取引の仕訳をします。

2日 未収計上していた介護保険報酬950につき口座振込を受けた。

5日 業務委託費35を現金で支払った。

8日 先月、給与支払時に天引き（「職員預り金」処理）した源泉税10を現金で納付した。

9日 出張旅費概算額100を現金で仮払した。

12日 設備資金借入金40を返済し、あわせて借入金利息5を預金から支払った。

15日 水道・ガス・電気代30が預金から自動引き落としされた。

18日 食材180を掛けで買い入れた。

20日 パソコン一式750（固定資産）を購入し、小切手を振り出して支払った。

25日 本月分職員給料250から源泉所得税等40を差し引き、現金で支給した。

26日 介護保険利用者負担金80を現金で受け取った(「介護保険事業収益」科目を使用します)。

27日 未払計上していた前月分食材代金240を小切手を振り出して支払った。

28日 9日に概算払していた出張旅費の精算金額は90であり、残額10は現金で受け取った。

29日 設備資金500を借り入れ、当座預金に入金した。

30日 介護保険報酬920を未収計上した。

30日 社会保険料50（うち従業員からの預り分25）を現金で納付した。

【解答欄】

取引日	借 方 科 目	金 額	貸 方 科 目	金 額
2日	現 金 預 金	950	事 業 未 収 金	950
5日	業 務 委 託 費	35	現 金 預 金	35
8日	職 員 預 り 金	10	現 金 預 金	10
9日	仮 払 金	100	現 金 預 金	100
12日	設 備 資 金 借 入 金	40	現 金 預 金	45
	支 払 利 息	5		
15日	水 道 光 熱 費	30	現 金 預 金	30
18日	給 食 費	180	事 業 未 払 金	180
20日	器 具 及 び 備 品	750	現 金 預 金	750
25日	職 員 給 料	250	現 金 預 金	210
			職 員 預 り 金	40
26日	現 金 預 金	80	介 護 保 険 事 業 収 益	80
27日	事 業 未 払 金	240	現 金 預 金	240
28日	旅 費 交 通 費	90	仮 払 金	100
	現 金 預 金	10		
29日	現 金 預 金	500	設 備 資 金 借 入 金	500
30日	事 業 未 収 金	920	介 護 保 険 事 業 収 益	920
30日	職 員 預 り 金	25	現 金 預 金	50
	法 定 福 利 費	25		

〈問題15－②〉 転記する

現 金 預 金

××01年 月 日		摘　　　　要	借　方	貸　方	差引借方残高
4	1	前期繰越	—	—	1,500
	2	事業未収金	950		2,450
	5	業務委託費		35	2,415
	8	職員預り金		10	2,405
	9	仮払金		100	2,305
	12	諸口		45	2,260
	15	水道光熱費		30	2,230
	20	器具及び備品		750	1,480
	25	職員給料		210	1,270
	26	介護保険事業収益	80		1,350
	27	事業未払金		240	1,110
	28	仮払金	10		1,120
	29	設備資金借入金	500		1,620
	30	諸口		50	1,570
		取引合計	1,540	1,470	

事業未収金

××01年 月 日		摘　　　　要	借　方	貸　方	差引借方残高
4	1	前期繰越	—	—	1,800
	2	現金預金		950	850
	30	介護保険事業収益	920		1,770
		取引合計	920	950	

仮 払 金

××01年 月 日		摘　　　　要	借　方	貸　方	差引借方残高
4	1	前期繰越	—	—	0
	9	現金預金	100		100
	28	諸口		100	0
		取引合計	100	100	

事業未払金

××01年 月 日		摘　　　　要	借　方	貸　方	差引貸方残高
4	1	前期繰越	—	—	240
	18	給食費		180	420
	27	現金預金	240		180
		取引合計	240	180	

職員預り金

××01年 月 日		摘　　　　要	借　方	貸　方	差引貸方残高
4	1	前期繰越	—	—	100
	8	現金預金	10		90
	25	職員給料		40	130
	30	現金預金	25		105
		取引合計	35	40	

Ⅱ 簿記初級 解答

器具及び備品

××01年 月 日	摘　　　要	借　方	貸　方	差引借方残高
4 1	前期繰越	—	—	3,700
20	現金預金	750		4,450
	取引合計	750	—	

設備資金借入金

××01年 月 日	摘　　　要	借　方	貸　方	差引貸方残高
4 1	前期繰越	—	—	3,000
12	現金預金	40		2,960
29	現金預金		500	3,460
	取引合計	40	500	

介護保険事業収益

××01年 月 日	摘　　　要	借　方	貸　方	差引貸方残高
4 26	現金預金		80	80
30	事業未収金		920	1,000
	取引合計	—	1,000	

職 員 給 料

××01年 月 日	摘　　　要	借　方	貸　方	差引借方残高
4 25	諸口	250		250
	取引合計	250	—	

法 定 福 利 費

××01年 月 日	摘　　　要	借　方	貸　方	差引借方残高
4 30	現金預金	25		25
	取引合計	25	—	

給 食 費

××01年 月 日	摘　　　要	借　方	貸　方	差引借方残高
4 18	事業未払金	180		180
	取引合計	180	—	

水 道 光 熱 費

××01年 月 日	摘　　　要	借　方	貸　方	差引借方残高
4 15	現金預金	30		30
	取引合計	30	—	

旅 費 交 通 費

××01年 月 日	摘　　　要	借　方	貸　方	差引借方残高
4 28	仮払金	90		90
	取引合計	90	—	

業 務 委 託 費

××01年 月 日	摘　　　要	借　方	貸　方	差引借方残高
4 5	現金預金	35		35
	取引合計	35	—	

支 払 利 息

××01年 月 日	摘　　　要	借　方	貸　方	差引借方残高
4 12	現金預金	5		5
	取引合計	5	—	

〈問題15-③〉　試算表を作成する

試　算　表

自××01年4月1日　至××01年4月30日

摘　要	期首残高 借方	期首残高 貸方	月中取引 借方	月中取引 貸方	月末残高 借方	月末残高 貸方
現　金　預　金	1,500		1,540	1,470	1,570	
事　業　未　収　金	1,800		920	950	1,770	
仮　　払　　金	—		100	100	—	
事　業　未　払　金		240	240	180		180
職　員　預　り　金		100	35	40		105
（基本財産）土　地・建　物	20,000				20,000	
器　具　及　び　備　品	3,700		750		4,450	
設　備　資　金　借　入　金		3,000	40	500		3,460
基　　本　　金		23,000				23,000
次期繰越活動増減差額（期首）		660				660
介　護　保　険　事　業　収　益				1,000		1,000
職　員　給　料			250		250	
法　定　福　利　費			25		25	
給　　食　　費			180		180	
水　道　光　熱　費			30		30	
旅　費　交　通　費			90		90	
業　務　委　託　費			35		35	
支　払　利　息			5		5	
合　　計	27,000	27,000	4,240	4,240	28,405	28,405

【説明】

　この問題15は4月次の試算表なので、表のヘッダーを「期首残高」、「月中取引」、「月末残高」としています。しかし、一般に「6月次」「7月次」等の月次の試算表なら、「月初残高」、「月中取引」、「月末残高」とするものと思われます。もちろん、それで良いのです。

　なお、会計に関する月次報告書は、このような月次の試算表をもとに行われますが、現在ではコンピューター出力による月次決算書を利用することが一般です。

Ⅱ 簿記初級 解答

〈問題15－④〉 精算表を作成する

精 算 表
自××01年4月1日　至××01年4月30日

摘　要	期首B/S 借方（資産）	期首B/S 貸方（負債・純資産）	月中取引 借方	月中取引 貸方	月末B/S 借方（資産）	月末B/S 貸方（負債・純資産）
現 金 預 金	1,500		1,540	1,470	1,570	
事 業 未 収 金	1,800		920	950	1,770	
仮 払 金	－		100	100	－	
事 業 未 払 金		240	240	180		180
職 員 預 り 金		100	35	40		105
支 払 資 金 計	3,300	340	2,835	2,740	3,340	285
（差引支払資金）		(2,960)	差引支払資金増加額→	95		(3,055)

	資金収支計算書	
	借　方（支　出）	貸　方（収　入）

摘　要	期首B/S 借方（資産）	期首B/S 貸方（負債・純資産）	借方（支出）	貸方（収入）	月末B/S 借方（資産）	月末B/S 貸方（負債・純資産）
（基本財産）土 地・建 物	20,000				20,000	
器 具 及 び 備 品	3,700		固定資産取得支出 750		4,450	
設 備 資 金 借 入 金		3,000	元金償還支出 40	借入金収入 500		3,460
基 本 金		23,000				23,000
次 期 繰 越 活 動増 減 差 額（期首）		660				660
当 期活 動 増 減 差 額	－	－			差引純資産増加額 →	385
B / S 合 計	27,000	27,000			27,790	27,790

	P/L	
	借　方（費　用）	貸　方（収　益）

摘　要	借方（支出）	貸方（収入）	借方（費用）	貸方（収益）
介護保険事業収益（収入）		1,000		1,000
職 員 給 料（支出）	250		250	
法 定 福 利 費（支出）	25		25	
給 食 費（支出）	180		180	
水 道 光 熱 費（支出）	30		30	
旅 費 交 通 費（支出）	90		90	
業 務 委 託 費（支出）	35		35	
支 払 利 息（支出）	5		5	
収益・費用（収入・支出）小計	1,405	1,500	615	1,000
当期増減（収支）差額	95 ←当月資金収支差額		385 ←当月活動増減差額	
増 減 等（収支）合計	1,500	1,500	1,000	1,000

練習問題 16 仕訳・転記と精算表の完成(1)

次の取引を仕訳・転記し、精算表を完成します。

期中取引		仕　訳			
		借　方		貸　方	
		科　目	金　額	科　目	金　額
①	基本財産を取得するための補助金500の振込を受けた。	現 金 預 金	500	施 設 整 備 等 補 助 金 収 益	500
②	①を財源として建物650を現金で取得し、基本財産とした。	建　　　　物	650	現 金 預 金	650
③	建物について85の減価償却を実施した。	減 価 償 却 費	85	建　　　　物	85
④	車輌について25の減価償却を実施した。	減 価 償 却 費	25	車 輌 運 搬 具	25

【説明】②の取引については、次の二つの仕訳が必要だと書いている解説本もあります。

（P／L系）　　（借方）　建　　　物　　×× 　　（貸方）　現 金 預 金　　××

（資金収支系）　（借方）　固定資産取得支出　　××　　（貸方）　支 払 資 金　　××

　これは、資金増減取引とその他取引を区分して転記し、その結果を8桁精算表に記入するという簿記の手法を多くの人が知らないため、わざわざ二つの仕訳で示しているのです。皆さんは体系的に理解されているので、このように仕訳を二つにする必要はありません。資金増減取引の「（借方）　建物」は資金収支計算書の上では「固定資産取得支出」と表記される。ただ、それだけのことです。

現 金 預 金

××01年 月 日	摘　　　　要	借　　方	貸　　方	差引借方残高
4 1	前期繰越	－	－	1,500
①	施設整備等補助金収益	500		3,000
②	建物		650	2,350
30	諸口	15		1,570
	取引合計	1,540	1,470	

基本財産　　　　　　　　　　建　　物

××01年 月 日	摘　　　　要	資 金 増 減 取 引 借　方	資 金 増 減 取 引 貸　方	そ の 他 取 引 借　方	そ の 他 取 引 貸　方	差引借方残高
4 1	前期繰越	－	－	－	－	18,000
②	現金預金	650				18,650
③	減価償却費				85	18,565
	取引合計	650	－	－	85	

その他の固定資産　　　　　　車 輌 運 搬 具

××01年 月 日	摘　　　　要	資 金 増 減 取 引 借　方	資 金 増 減 取 引 貸　方	そ の 他 取 引 借　方	そ の 他 取 引 貸　方	差引借方残高
4 1	前期繰越	－	－	－	－	450
④	減価償却費				25	425
	取引合計	－	－	－	25	

Ⅱ 簿記初級

減価償却費

××01年 月 日	摘　　　　要	資金増減取引 借　方	資金増減取引 貸　方	その他取引 借　　方	その他取引 貸　方	差引借方残高
4　③	建物			85		85
④	車輌運搬具			25		110
	取引合計			110	－	

施設整備等補助金収益

××01年 月 日	摘　　　　要	資金増減取引 借　方	資金増減取引 貸　方	その他取引 借　　方	その他取引 貸　方	差引貸方残高
4　①	現金預金		500			500
	取引合計	－	500			

精　算　表

摘　　要	期首B/S 借 方（資 産）	期首B/S 貸 方（負債・純資産）	期中資金増減取引 （借方）	期中資金増減取引 （貸方）	期中その他取引 （借方）	期中その他取引 （貸方）	期末B/S 借 方（資 産）	期末B/S 貸 方（負債・純資産）
現 金 預 金	1,500		1,540	1,470			1,570	
事 業 未 収 金	1,800		1,120	950			1,970	
諸 流 動 負 債		340	275	220				285
支 払 資 金 計	3,300	340	2,935	2,640			3,540	285
（差引支払資金）		（ 2,960）	差引支払資金増加額→	295				（3,255）

資金収支計算書

			借 方（支 出）	貸 方（収 入）				
（基本財産） 土　　　　　地	42,000						42,000	
建　　　　　物	18,000		固定資産取得支出 650			85	18,565	
（その他の固定資産） 車 輌 運 搬 具	450					25	425	
設備資金借入金		3,000	元金償還支出 300	借入金収入 300				3,000
基 本 金 等		57,900						57,900
次期繰越活動 増減差額（期首）		2,510						2,510
当 期 活 動 増 減 差 額							差引純資産増加額 →	835
B / S 合 計	63,750	63,750					64,530	64,530

P/L

							借 方（費 用）	貸 方（収 益）
○○事業収益(収入)等				1,380				1,380
人 件 費（支出）			200				200	
事 業 費（支出）			435				435	
事 務 費（支出）			300				300	
減 価 償 却 費					110		110	
施 設 整 備 等 補 助 金 収 益				500				500
収 益・費 用 （収入・支出）小計			1,885	2,180			1,045	1,880
当期増減(収支)差額			295	←当期資金収支差額			835	←当期活動増減差額
増 減 等(収支)合計			2,180	2,180	110	110	1,880	1,880

仕訳、転記、…取引合計…精算表…、必ず左右が合うようになっています。

練習問題 17 仕訳と転記

次の取引を仕訳した上で、元帳に転記します。なお、仕訳科目は元帳に示されているB/S・P/L科目とし、日付欄には問題番号を記入します。

期中取引		仕　訳			
		借　方		貸　方	
		科　目	金　額	科　目	金　額
①	設備資金300を新たに借り入れた。	現　金　預　金	300	設備資金借入金	300
②	前期から借りていた設備資金のうち300を返済した。	設備資金借入金	300	現　金　預　金	300
③	決算に当たり、徴収不能引当金残高を事業未収金残高の2％となるように設定した。	徴収不能引当金繰入	3	徴収不能引当金	3
④	決算に当たり、賞与引当金450を新たに設定した。	賞与引当金繰入	450	賞与引当金	450

現　金　預　金

××01年 月 日	摘　要	借　方	貸　方	差引借方残高
4 1	前期繰越	−	−	1,200
①	設備資金借入金	300		1,900
②	設備資金借入金		300	1,600
3 31	諸口	15		1,350
	取引合計	3,480	3,330	

徴収不能引当金

××01年 月 日	摘　要	資金増減取引 借方	貸方	その他取引 借方	貸方	差引貸方残高
4 1	前期繰越			−	−	36
③	徴収不能引当金繰入				3	39
	取引合計			−	3	

賞　与　引　当　金

××01年 月 日	摘　要	資金増減取引 借方	貸方	その他取引 借方	貸方	差引貸方残高
4 1	前期繰越			−	−	0
④	賞与引当金繰入				450	450
	取引合計			−	450	

設備資金借入金

××01年 月 日	摘　要	資金増減取引 借方	貸方	その他取引 借方	貸方	差引貸方残高
4 1	前期繰越	−	−			1,000
①	現金預金		300			1,300
②	現金預金	300				1,000
	取引合計	300	300			

II 簿記初級 解答

賞与引当金繰入

××01年 月 日	摘　　　　　要	資 金 増 減 取 引 借　方 ／ 貸　方	そ の 他 取 引 借　方 ｜ 貸　方	差引借方残高
④	賞与引当金		450		450
	取引合計		450	−	

徴収不能引当金繰入

××01年 月 日	摘　　　　　要	資 金 増 減 取 引 借　方 ／ 貸　方	そ の 他 取 引 借　方 ｜ 貸　方	差引借方残高
③	徴収不能引当金		3		3
	取引合計		3	−	

練習問題 18 精算表を作成する　　　　　　　　（テキスト126頁）解答

練習問題17の解答の元帳から、下の精算表を完成します。

精　算　表

摘　　要	期首B/S （借方）	（貸方）	期中資金増減取引 （借方）	（貸方）	期中その他取引 （借方）	（貸方）	期末B/S （借方）	（貸方）
現 金 預 金	1,200		3,480	3,330			1,350	
事 業 未 収 金	1,800		11,200	11,050			1,950	
諸 流 動 負 債		464	4,720	4,770				514
支 払 資 金 計	3,000	464	19,400	19,150			3,300	514
（差引支払資金）		(2,536)	差引支払資金増加額→	250				(2,786)
			資金収支計算書 借　方（支出）	貸　方（収入）				
徴収不能引当金		36				3		39
賞 与 引 当 金		0				450		450
（基本財産） 土　　　　地	16,500						16,500	
建　　　　物	2,000		固定資産取得支出 650			100	2,550	
設備資金借入金		1,000	元金償還支出 300	借入金収入 300				1,000
基 本 金 等		17,900						17,900
次期繰越活動 増減差額（期首）		2,100						2,100
当　　　　期 活動増減差額							差引純資産増加額→	347
B / S 合 計	21,500	21,500					22,350	22,350
							P/L 借　方（費用）	貸　方（収益）
介護保険事業収益等				17,000				17,000
賞与引当金繰入					450		450	
その他の人件費（支出）			9,400				9,400	
事 業 費（支出）			5,300				5,300	
事 務 費（支出）			1,400				1,400	
減 価 償 却 費					100		100	
徴収不能引当金繰入					3		3	
収 益・費 用 （収入・支出）小計			17,050	17,300			16,653	17,000
当期増減（収支）差額			250	←当期資金収支差額			347	←当期活動増減差額
増 減 等（収支）合計			17,300	17,300	553	553	17,000	17,000

練習問題 19 基本金の仕訳例

次の**練習問題20**の仕訳①から③が解答になります。

練習問題 20 基本金の仕訳例を精算表に記入する　　（テキスト131頁）解答

次の仕訳の現金預金以外の科目の精算表への記入を示します。

期　中　取　引		仕　　訳				
		借　　方		貸　　方		
		科　　目	金額	科　　目	金額
①	施設増築のため基本財産を取得するよう指定された寄附金200の振込を受けた。	現　金　預　金	200	施 設 整 備 等寄 附 金 収 益	200
②	①について基本金に組み入れた。	基 本 金 組 入 額	200	基　　本　　金	200
③	経常経費に対する寄附金30を現金で受けた。	現　金　預　金	30	経 常 経 費寄 附 金 収 益	30
④	①の基本財産に係る国庫補助金300の振込を受けた。	現　金　預　金	300	施 設 整 備 等補 助 金 収 益	300
⑤	④について国庫補助金等特別積立金に積み立てた。	国 庫 補 助 金 等特別積立金積立額	300	国 庫 補 助 金 等特 別 積 立 金	300

【説明】

　同じ寄附金でも、経常経費に対するものと、基本財産を取得するように指定された寄附金とでは、処理が異なることに注意してください。

精　算　表

摘　　要	期首B/S		期中資金増減取引		期中その他取引		期末B/S	
	借　方（資　産）	貸　方（負債・純資産）	（借方）	（貸方）	（借方）	（貸方）	借　方（資　産）	貸　方（負債・純資産）
現　金　預　金	(省略)	(省略)	(省略)	(省略)	(省略)	(省略)	(省略)	(省略)
			資金収支計算書					
			借　方（支　出）	貸　方（収　入）				
基　本　金		500				② 200		700
国庫補助金等特別積立金		100				⑤ 300		400
B／S合計	×××	×××					×××	×××
							P/L	
							借　方（費　用）	貸　方（収　益）
経常経費寄附金収益(収入)				③ 30				30
施設整備等補助金収益(収入)				④ 300				300
施設整備等寄附金収益(収入)				① 200				200
基本金組入額					② 200		200	
国庫補助金等特別積立金積立額					⑤ 300		300	

Ⅱ　簿記初級 解答

練習問題 21 仕訳・転記と精算表の完成⑵

次の取引を仕訳・転記して、精算表を完成します。

期 中 取 引		借 方 科 目	金 額	貸 方 科 目	金 額
①	施設増築のための基本財産を取得するように指定された補助金として500の振込を受けた。	現 金 預 金	500	施 設 整 備 等 補 助 金 収 益	500
②	施設増築のための基本財産を取得するように指定された寄附金として150の振込を受けた。	現 金 預 金	150	施 設 整 備 等 寄 附 金 収 益	150
③	①②を財源として建物650を現金で取得し、基本財産とした。	建 物	650	現 金 預 金	650
④	①について国庫補助金等特別積立金を積み立てた。	国庫補助金等特別積立金積立額	500	国 庫 補 助 金 等 特 別 積 立 金	500
⑤	②について基本金に組み入れた。	基 本 金 組 入 額	150	基 本 金	150
⑥	車輌（売却直前帳簿価額40）を30で売却し、預金に入金した。	現 金 預 金	30	車 輌 運 搬 具	30
		固 定 資 産 売却損・処分損	10	車 輌 運 搬 具	10
⑦	⑥に見合う国庫補助金等特別積立金10を取り崩した。	国 庫 補 助 金 等 特 別 積 立 金	10	国 庫 補 助 金 等 特別積立金取崩額	10
⑧	建物について85の減価償却を実施した。	減 価 償 却 費	85	建 物	85
⑨	車輌について25の減価償却を実施した。	減 価 償 却 費	25	車 輌 運 搬 具	25
⑩	⑧⑨に見合う国庫補助金等特別積立金55を取り崩した。	国 庫 補 助 金 等 特 別 積 立 金	55	国 庫 補 助 金 等 特別積立金取崩額	55

現 金 預 金

××01年 月 日		摘 要	借 方	貸 方	差引借方残高
4	1	前期繰越	—	—	1,500
	①	施設整備等補助金収益	500		3,000
	②	施設整備等寄附金収益	150		3,150
	③	建物		650	2,500
	⑥	車輌運搬具	30		2,530
3	31	諸口	15		1,570
		取引合計	1,540	1,470	

（基本財産） 建 物

××01年 月 日		摘 要	資 金 増 減 取 引 借 方	貸 方	そ の 他 取 引 借 方	貸 方	差引借方残高
4	1	前期繰越	—	—	—	—	18,000
	③	現金預金	650				18,650
	⑧	減価償却費				85	18,565
		取引合計	650	—	—	85	

（その他の固定資産） 車 輌 運 搬 具

××01年 月 日	摘　　　　　要	資金増減取引 借　方	資金増減取引 貸　方	その他取引 借　方	その他取引 貸　方	差引借方残高
4　1	前期繰越	—	—	—	—	450
⑥	現金預金		30			420
⑥	固定資産売却損・処分損				10	410
⑨	減価償却費				25	385
	取引合計	—	30	—	35	

固定資産項目以外では、同じ勘定科目で「資金増減取引」と「その他取引」がともに発生することは、実務上ごく稀です。ここでは、学習のために「その他取引」の出てくる科目・取引を中心に扱っていますが、実務上の取引・科目はほとんどが資金増減取引です。

基 本 金

××01年 月 日	摘　　　　　要	資金増減取引 借　方	資金増減取引 貸　方	その他取引 借　方	その他取引 貸　方	差引貸方残高
4　1	前期繰越			—	—	23,400
⑤	基本金組入額				150	23,550
	取引合計			—	150	

基本金は、施設整備等寄附金収入の収入を計上した後に組み入れます。減少も取り崩しとして処理します。ですから、資金増減取引はありません。次の国庫補助金等特別積立金も同じです。

国庫補助金等特別積立金

××01年 月 日	摘　　　　　要	資金増減取引 借　方	資金増減取引 貸　方	その他取引 借　方	その他取引 貸　方	差引貸方残高
4　1	前期繰越			—	—	34,500
④	国庫補助金等特別積立金積立額				500	35,000
⑦	国庫補助金等特別積立金取崩額			10		34,990
⑩	国庫補助金等特別積立金取崩額			55		34,935
	取引合計			65	500	

以下の収入・支出の科目についても、「資金増減取引」か「その他取引」か、どちらかしか発生しません。科目によって決まります。

（サービス活動増減の部） 減 価 償 却 費

××01年 月 日	摘　　　　　要	資金増減取引 借　方	資金増減取引 貸　方	その他取引 借　方	その他取引 貸　方	差引借方残高
⑧	建物			85		85
⑨	車輌運搬具			25		110
	取引合計			110	—	

（サービス活動増減の部） 国庫補助金等特別積立金取崩額

××01年 月 日	摘　　　　　要	資金増減取引 借　方	資金増減取引 貸　方	その他取引 借　方	その他取引 貸　方	差引貸方残高
⑩	国庫補助金等特別積立金				55	55
	取引合計			—	55	

II　簿記初級 解答

（特別増減の部）　　　　　　　　　　施設整備等補助金収益

××01年 月　日	摘　　　　　　　要	資　金　増　減　取　引 借　方 ┃ 貸　方	そ　の　他　取　引 借　方 ┃ 貸　方	差引貸方残高
①　現金預金		500		500
取引合計		－ ┃ 500		

（特別増減の部）　　　　　　　　　　施設整備等寄附金収益

××01年 月　日	摘　　　　　　　要	資　金　増　減　取　引 借　方 ┃ 貸　方	そ　の　他　取　引 借　方 ┃ 貸　方	差引貸方残高
②　現金預金		150		150
取引合計		－ ┃ 150		

（特別増減の部）　　　　　　　　　　基　本　金　組　入　額

××01年 月　日	摘　　　　　　　要	資　金　増　減　取　引 借　方 ┃ 貸　方	そ　の　他　取　引 借　方 ┃ 貸　方	差引借方残高
⑤　基本金			150	150
取引合計			150 ┃ －	

（特別増減の部）　　　　　　　　　　固定資産売却損・処分損

××01年 月　日	摘　　　　　　　要	資　金　増　減　取　引 借　方 ┃ 貸　方	そ　の　他　取　引 借　方 ┃ 貸　方	差引借方残高
⑥　車輌運搬具			10	10
取引合計			10 ┃ －	

（特別増減の部）　　　　　　　　　　国庫補助金等特別積立金取崩額

××01年 月　日	摘　　　　　　　要	資　金　増　減　取　引 借　方 ┃ 貸　方	そ　の　他　取　引 借　方 ┃ 貸　方	差引貸方残高
⑦　国庫補助金等特別積立金			10	10
取引合計			－ ┃ 10	

（特別増減の部）　　　　　　　　　　国庫補助金等特別積立金積立額

××01年 月　日	摘　　　　　　　要	資　金　増　減　取　引 借　方 ┃ 貸　方	そ　の　他　取　引 借　方 ┃ 貸　方	差引借方残高
④　国庫補助金等特別積立金			500	500
取引合計			500 ┃ －	

【説明】
　国庫補助金等特別積立金の取崩しは、減価償却に応じて取崩しをする場合、P/Lでは「サービス活動増減の部」の費用の区分、減価償却費の真下にマイナス金額で表示します。また、**対象資産消滅に伴って取崩しをする場合にはP/L上「特別増減の部」の費用の区分**、固定資産売却損・処分損の真下にマイナス金額で表示します。そこで、本題では、元帳も別の科目にしてあります。

　しかし、これは「初級」レベルを超える難問ですので、今は、「そんなこともあるのか」という程度の理解で結構です。「ムツカシ～イ！」と思って、苦手意識を持たないでください。

　なお、次頁の網掛けした部分の取引がP/Lに計上される取引となります。では、資金収支計算書に計上される取引は、どこでしたっけ？…　そう！　太いワクで囲んだ部分です！

精　算　表

摘　要	期首B/S 借方（資産）	期首B/S 貸方（負債・純資産）	期中資金増減取引（借方）	期中資金増減取引（貸方）	期中その他取引（借方）	期中その他取引（貸方）	期末B/S 借方（資産）	期末B/S 貸方（負債・純資産）
現 金 預 金	1,500		1,540	1,470			1,570	
事 業 未 収 金	1,800		1,120	950			1,970	
事 業 未 払 金		240	240	180				180
職 員 預 り 金		100	35	40				105
支 払 資 金 計	3,300	340	2,935	2,640			3,540	285
（差引支払資金）	(2,960)		差引支払資金増加額→ 295					(3,255)

資金収支計算書　借方（支出）／貸方（収入）

摘　要	期首B/S 借方（資産）	期首B/S 貸方（負債・純資産）	資金収支 借方（支出）	資金収支 貸方（収入）	期中その他取引（借方）	期中その他取引（貸方）	期末B/S 借方（資産）	期末B/S 貸方（負債・純資産）
（基本財産） 土　　地	42,000						42,000	
建　　物	18,000		固定資産取得支出 650			85	18,565	
（その他の固定資産） 車 輌 運 搬 具	450			固定資産売却収入 30		35	385	
長期運営資金借入金		3,000	元金償還支出 300	借入金収入 300				3,000
基 　本 　金		23,400				150		23,550
国庫補助金等特別積立金		34,500			65	500		34,935
次期繰越活動収支差額（期首）		2,510						2,510
当　期 活動増減差額							差引純資産増加額→	210
B／S 合 計	63,750	63,750					64,490	64,490

P/L　借方（費用）／貸方（収益）

【説明】
右の太い線で囲った部分が資金収支計算書になります。また、網掛部分の合計がP/Lに計上されることになります。このように資金収支計算書とP/Lとは一体的に作成されることになります。なお、以上の説明のために網掛けしている部分を問題とは変えています。

摘　要			資金収支 借方（支出）	資金収支 貸方（収入）	期中その他取引（借方）	期中その他取引（貸方）	P/L 借方（費用）	P/L 貸方（収益）
サービス活動増減の部								
○○事業収益（収入）等				1,200				1,200
人 件 費（支出）			200				200	
事 業 費（支出）			435				435	
事 務 費（支出）			300				300	
減 価 償 却 費					110		110	
国庫補助金等特別積立金取崩額						55		55
特別増減の部								
施設整備等補助金収益（収入）				500				500
施設整備等寄附金収益（収入）				150				150
基 本 金 組 入 額					150		150	
固 定 資 産 売却損・処分損					10		10	
国庫補助金等特別積立金取崩額						10		10
国庫補助金等特別積立金積立額					500		500	
収 益・費 用（収入・支出）小 計			1,885	2,180			1,705	1,915
当期増減（収支）差額			295 ←当期資金収支差額				210 ←当期活動増減差額	
増減等（収支）合 計			2,180	2,180	835	835	1,915	1,915

Ⅱ　簿記初級

練習問題 22　精算表からフローの計算書を作成する

　練習問題21の精算表（解答前頁）をもとに、資金収支計算書の「決算(B)」欄と、事業活動計算書の「当年度決算(A)」欄の、各々空白部分を記入します。

資 金 収 支 計 算 書
（自）××01年4月1日　（至）××02年3月31日

勘　定　科　目			予算(A)	決算(B)	差異(A)−(B)	備　考
事業活動による収支	収入	○○事業収入 ・・・		1,200		
		事業活動収入計(1)		1,200		
	支出	人件費支出		200		
		事業費支出		435		
		事務費支出 ・・・		300		
		事業活動支出計(2)		935		
事業活動資金収支差額(3)＝(1)−(2)				265		
施設整備等による収支	収入	施設整備等補助金収入		500		
		施設整備等寄附金収入		150		
		固定資産売却収入		30		
		施設整備等収入計(4)		680		
	支出	固定資産取得支出 ・・・		650		
		施設整備等支出計(5)		650		
施設整備等資金収支差額(6)＝(4)−(5)				30		
その他の活動による収支	収入	長期運営資金借入金収入 ・・・		300		
		その他の活動収入計(7)		300		
	支出	長期運営資金借入金元金償還支出 ・・・		300		
		その他の活動支出計(8)		300		
その他の活動資金収支差額(9)＝(7)−(8)				0		
予備費支出(10)						
当期資金収支差額合計(11)＝(3)+(6)+(9)−(10)				295		
前期末支払資金残高(12)				2,960		
当期末支払資金残高(11)+(12)				3,255		

【説明】

　「前期末支払資金残高(12)」と「当期末支払資金残高(11)+(12)」は、**練習問題21**の精算表（前頁）では「（差引支払資金）」の行の、期首B/S・期末B/Sに（括弧内数字）として示されています。

事業活動計算書
（自）××01年4月1日（至）××02年3月31日

勘定科目			当年度決算(A)	前年度決算(B)	増減(A)−(B)
サービス活動増減の部	収益	○○事業収益	1,200		
		・・・			
		サービス活動収益計(1)	1,200		
	費用	人件費	200		
		事業費	435		
		事務費	300		
		減価償却費	110		
		国庫補助金等特別積立金取崩額	△55		
		徴収不能額			
		徴収不能引当金繰入			
		サービス活動費用計(2)	990		
		サービス活動増減差額(3)＝(1)−(2)	210		
サービス活動外増減の部	収益	借入金利息補助金収益			
		・・・			
		サービス活動外収益計(4)	―		
	費用	支払利息			
		・・・			
		サービス活動外費用計(5)	―		
		サービス活動外増減差額(6)＝(4)−(5)	―		
経常増減差額(7)＝(3)+(6)			210		
特別増減の部	収益	施設整備等補助金収益	500		
		施設整備等寄附金収益	150		
		固定資産売却益			
		特別収益計(8)	650		
	費用	基本金組入額	150		
		固定資産売却損・処分損	10		
		国庫補助金等特別積立金取崩額	△10		
		国庫補助金等特別積立金積立額	500		
		特別費用計(9)	650		
		特別増減差額(10)＝(8)−(9)	0		
当期活動増減差額(11)＝(7)+(10)			210		
繰越活動増減差額の部	前期繰越活動増減差額(12)		2,510		
	当期末繰越活動増減差額(13)＝(11)+(12)		2,720		
	基本金取崩額(14)				
	その他の積立金取崩額(15)				
	その他の積立金積立額(16)				
次期繰越活動増減差額(17)＝(13)+(14)+(15)−(16)			2,720		

Ⅱ　簿記初級　解答

練習問題 23　決算修正事項と計算書類の作成

　次の〈問題23−①〉から〈問題23−④〉までの連続した問題を解きます。

〈問題23−①〉　精算表を作成する

　決算修正事項に基づき、次の頁の精算表の決算整理仕訳欄を記入し、精算表を完成します。

【説明】

　この精算表が完成し、決算整理仕訳の「増減等（収支）合計」の金額が貸借一致していることで、決算整理仕訳の貸借金額が合致しており、記入の誤りの無いことが確かめられます。

　その上で、期末B/S、P/Lの当期活動増減差額が合致していることを確かめ、また、各科目別の精算表残高と別に作成した明細表等との合致を確かめると、ようやく、これで正しい計算書類を作成できることが確信できます。

　実務では、ここから帳簿の締切と、計算書類の作成とが行われることになります。

　なお、できあがった精算表を見ると分かるように、**資金収支計算書とP/Lとで、人件費の金額が異なります**。この練習問題の場合、退職給付引当金に繰り入れた44が異なる原因です。

　期中に現金預金支払等によって発生した人件費（この練習問題の場合、人件費（支出）9,400）は、資金収支計算書に計上されます。しかし、P/Lには、それ以外に引当金繰入額が含まれるので、その金額だけ資金収支計算書とP/Lとで、人件費の金額が異なってしまうのです。賞与引当金繰入の場合にも、同じことがおきます。

　初級の範囲を超える事柄ですが、前期に設定された引当金を取り崩して退職金や賞与を支払った場合にはどうでしょうか。この場合、資金収支計算書には支払額が当期の人件費支出として計上されるのですが、当期のP/Lには計上されません（前期の費用として前期のP/Lに計上されており、当期の費用ではありません）。仕訳例はテキストの113頁末尾を見てください。

　人件費のうち、当期に負担させるべきものが　純資産減少＝費用　としてP/Lに計上され、当期に現金預金支出等のなされたものが　支払資金減少＝支出　として資金収支計算書に計上されます。ですから、P/Lの「人件費」と資金収支計算書の「人件費支出」とは内容が異なります。テキストの61頁では、費用と支出の勘定科目を対比するのに「ほぼ同じ取引によって発生すると考えられる」と、曖昧な書き方をしていますが、その背景には、このような事情があります。

〈問題23−②〉　貸借対照表を作成する

　できあがった**精算表**にしたがって、B/Sを作成します。

〈問題23−③〉　資金収支計算書を作成する

　できあがった**精算表**にしたがって、資金収支計算書を作成します。

〈問題23−④〉　事業活動計算書を作成する

　できあがった**精算表**にしたがって、P/Lを作成します。

〈問題23―①〉　精算表を作成する

精　算　表

摘　要	期首B/S 借方(資産)	期首B/S 貸方(負債・純資産)	期中資金増減取引 (借方)	期中資金増減取引 (貸方)	決算整理仕訳 (借方)	決算整理仕訳 (貸方)	期末B/S 借方(資産)	期末B/S 貸方(負債・純資産)
現 金 預 金	4,000		16,500	15,800			4,700	
事 業 未 収 金	2,500		18,200	18,000			2,700	
短期運営資金借入金		500	100	0				400
事 業 未 払 金		200	600	700				300
支 払 資 金 計	6,500	700	35,400	34,500			7,400	700
（差引支払資金）		（5,800）	差引支払資金増加額→	900				（6,700）

資金収支計算書

摘　要			借方(支出)	貸方(収入)	決算整理仕訳 (借方)	決算整理仕訳 (貸方)	期末B/S 借方(資産)	期末B/S 貸方(負債・純資産)
徴収不能引当金		50				⑤ 4		54
1年以内返済予定 設備資金借入金		500	借入金元金償還支出 500			⑧ 650		650
(基本財産) 土 地	13,000						13,000	
(基本財産) 建 物	3,500		固定資産取得支出 3,000			③ 400	6,100	
(その他の固定資産) 器 具 及 び 備 品	1,000					① 52 ② 150	798	
設 備 資 金 借 入 金		2,000	元金償還支出 100	借入金収入 1,500	⑧ 650			2,750
退 職 給 付 引 当 金		450				⑥ 44		494
基 本 金		18,000				⑦ 1,000		19,000
国庫補助金等 特別積立金		500			④ 100			400
次期繰越活動 増減差額(期首)		1,800						1,800
当 期 活 動 増 減 差 額							差引純資産増加額→	1,450
B / S 合 計	24,000	24,000					27,298	27,298

P/L

摘　要			借方	貸方	決算整理仕訳 (借方)	決算整理仕訳 (貸方)	借方(費用)	貸方(収益)
○○事 業 収 益（収入）				18,000				18,000
人 件 費（支出）			9,400		⑥ 44		9,444	
事 業 費（支出）			5,300				5,300	
事 務 費（支出）			1,300				1,300	
減 価 償 却 費					② 150 ③ 400		550	
国庫補助金等特別積立金取崩額						④ 100		100
徴 収 不 能 引 当 金 繰 入					⑤ 4		4	
施設整備等寄附金収益（収入）				1,000				1,000
基 本 金 組 入 額					⑦ 1,000		1,000	
固 定 資 産 売 却 損・処 分 損					① 52		52	
収益・費用（収入・支出）小計			19,600	20,500			17,650	19,100
当 期 増 減（収支）差 額			900 ←当期資金収支差額				1,450 ←当期活動増減差額	
増 減 等（収支）合 計			20,500	20,500	2,400	2,400	19,100	19,100

Ⅱ　簿記初級

〈問題23—②〉　貸借対照表を作成する

貸　借　対　照　表

××02年 3 月31日現在

資　産　の　部	当年度末	前年度末	増減	負　債　の　部	当年度末	前年度末	増減
流動資産	7,346			流動負債	1,350		
現金預金	4,700			短期運営資金借入金	400		
有価証券				事業未払金	300		
事業未収金	2,700						
・				1 年以内返済予定設備資金借入金	650		
貯蔵品				1 年以内返済予定長期運営資金借入金			
・				・			
立替金				未払費用			
前払金				預り金			
前払費用				職員預り金			
1 年以内回収予定長期貸付金				前受金			
短期貸付金				前受収益			
仮払金				仮受金			
その他の流動資産				賞与引当金			
徴収不能引当金	△　54			その他の流動負債			
固定資産	19,898			固定負債	3,244		
基本財産	19,100			設備資金借入金	2,750		
土地	13,000			長期運営資金借入金			
建物	6,100			・			
・				退職給付引当金	494		
その他の固定資産	798						
土地				その他の固定負債			
建物							
・				負債の部合計	4,594		
車輌運搬具				純　資　産　の　部			
器具及び備品	798			基本金	19,000		
ソフトウェア				国庫補助金等特別積立金	400		
・				その他の積立金			
投資有価証券				次期繰越活動増減差額	3,250		
長期貸付金				（うち当期活動増減差額）	(1,450)		
・							
その他の固定資産				純資産の部合計	22,650		
資産の部合計	27,244			負債及び純資産の部合計	27,244		

【説明】

《徴収不能引当金の表示》

　徴収不能引当金は、資産から控除することとされていますので（テキスト114頁）、資産の部に△を付して記載しています。なお、徴収不能引当金については、対象債権から直接控除して表示することもできます。

《純資産の部の「次期繰越活動増減差額」の表示》

　精算表の「次期繰越活動増減差額（期首）」（1,800）と「当期活動増減差額」（1,450）の合計（3,250）を、B/Sの次期繰越活動増減差額として記載します。また、当期活動増減差額は、括弧（　）内に内書きします。

〈**問題23—③**〉　**資金収支計算書を作成する**

資 金 収 支 計 算 書
（自）××01年4月1日　（至）××02年3月31日

		勘 定 科 目	予算(A)	決算(B)	差異(A)−(B)	備考
事業活動による収支	収入	介護保険事業収入				
		・				
		○○事業収入		18,000		
		・				
		借入金利息補助金収入				
		経常経費寄附金収入				
		受取利息配当金収入				
		その他の収入				
		事業活動収入計(1)		18,000		
	支出	人件費支出		9,400		
		事業費支出		5,300		
		事務費支出		1,300		
		・				
		支払利息支出				
		その他の支出				
		事業活動支出計(2)		16,000		
		事業活動資金収支差額(3)＝(1)−(2)		2,000		
施設整備等による収支	収入	施設整備等補助金収入				
		施設整備等寄附金収入		1,000		
		設備資金借入金収入		1,500		
		固定資産売却収入				
		その他の施設整備等による収入				
		施設整備等収入計(4)		2,500		
	支出	設備資金借入金元金償還支出		600		
		固定資産取得支出		3,000		
		固定資産除却・廃棄支出				
		・				
		その他の施設整備等による支出				
		施設整備等支出計(5)		3,600		
		施設整備等資金収支差額(6)＝(4)−(5)		△　1,100		
その他の活動による収支	収入	長期運営資金借入金元金償還寄附金収入				
		長期運営資金借入金収入				
		長期貸付金回収収入				
		・				
		その他の活動による収入				
		その他の活動収入計(7)				
	支出	長期運営資金借入金元金償還支出				
		長期貸付金支出				
		・				
		その他の活動による支出				
		その他の活動支出計(8)				
		その他の活動資金収支差額(9)＝(7)−(8)				
予備費支出(10)			×××△×××　]	—	×××	
当期資金収支差額合計(11)＝(3)＋(6)＋(9)−(10)				900		
前期末支払資金残高(12)				5,800		
当期末支払資金残高(11)＋(12)				6,700		

（注）予備費支出△×××円は○○支出に充当使用した額である。

Ⅱ 簿記初級

〈問題23—④〉 事業活動計算書を作成する

事 業 活 動 計 算 書
（自）××01年4月1日（至）××02年3月31日

勘 定 科 目			当年度決算(A)	前年度決算(B)	増減(A)−(B)
サービス活動増減の部	収益	介護保険事業収益			
		○○事業収益	18,000		
		・			
		経常経費寄附金収益			
		その他の収益			
		サービス活動収益計(1)	18,000		
	費用	人件費	9,444		
		事業費	5,300		
		事務費	1,300		
		・			
		減価償却費	550		
		国庫補助金等特別積立金取崩額	△ 100	△	
		徴収不能額			
		徴収不能引当金繰入	4		
		その他の費用			
		サービス活動費用計(2)	16,498		
	サービス活動増減差額(3)＝(1)−(2)		1,502		
サービス活動外増減の部	収益	借入金利息補助金収益			
		受取利息配当金収益			
		・			
		その他のサービス活動外収益			
		サービス活動外収益計(4)			
	費用	支払利息			
		・			
		その他のサービス活動外費用			
		サービス活動外費用計(5)			
	サービス活動外増減差額(6)＝(4)−(5)				
経常増減差額(7)＝(3)+(6)			1,502		
特別増減の部	収益	施設整備等補助金収益			
		施設整備等寄附金収益	1,000		
		長期運営資金借入金元金償還寄附金収益			
		・			
		固定資産売却益			
		その他の特別収益			
		特別収益計(8)	1,000		
	費用	基本金組入額	1,000		
		・			
		固定資産売却損・処分損	52		
		国庫補助金等特別積立金取崩額（除却等）	△	△	
		国庫補助金等特別積立金積立額			
		・			
		その他の特別損失			
		特別費用計(9)	1,052		
	特別増減差額(10)＝(8)−(9)		△ 52		
当期活動増減差額(11)＝(7)+(10)			1,450		
繰越活動増減差額の部	前期繰越活動増減差額(12)		1,800		
	当期末繰越活動増減差額(13)＝(11)+(12)		3,250		
	基本金取崩額(14)				
	・・・・・(15)・・・(16)				
	次期繰越活動増減差額(17)＝(13)+(14)+(15)−(16)		3,250		

練習問題 24 科目残高から貸借対照表を作成する

次の科目及びその残高から貸借対照表を完成します。

また、支払資金残高を計算します。

建物（基本財産）	500	国庫補助金等特別積立金	180
現金預金	1,185	器具及び備品	260
短期運営資金借入金	90	土地（その他の固定資産）	200
建物（その他の固定資産）	150	立替金	5
事業未収金	660	事業未払金	70
基本金	2,500	短期貸付金	20
貯蔵品	15	設備資金借入金	1,000
土地（基本財産）	1,000	（うち1年以内返済予定	200）
仮払金	5		

貸借対照表

資 産 の 部			負 債 の 部		
流動資産	(	1,890)	流動負債	(	360)
（ 現金預金 　　）	(	1,185)	（短期運営資金借入金）	(	90)
（ 事業未収金 　）	(	660)	（事業未払金　　　　）	(	70)
（ 貯蔵品 　　　）	(	15)	（1年以内返済予定設備資金借入金）	(	200)
（ 立替金 　　　）	(	5)	固定負債	(	800)
（ 短期貸付金 　）	(	20)	（設備資金借入金　　）	(	800)
（ 仮払金 　　　）	(	5)	負 債 の 部 合 計	(	1,160)
固定資産	(	2,110)	純資産の部		
基本財産	(	1,500)	（ 基本金　　　　　　）	(	2,500)
（ 土地 　　　　）	(	1,000)			
（ 建物 　　　　）	(	500)			
その他の固定資産	(	610)	（ 国庫補助金等特別積立金 ）	(	180)
（ 土地 　　　　）	(	200)			
（ 建物 　　　　）	(	150)	次期繰越活動増減差額	(	160)
（ 器具及び備品 ）	(	260)	純 資 産 の 部 合 計	(	2,840)
資 産 の 部 合 計	(	4,000)	負債・純資産の部合計	(	4,000)

支払資金残高は、　1,730　です。

【説明】

Cashとその仲間 ＝ 1,890（流動資産全額）

Cashのマイナス ＝ 160（1年基準で流動負債に振り替えられたものを除く流動負債）

II 簿記初級

練習問題 25 期首のB/Sと期中取引から期末の計算書類を作成する

期首B/S及び期中取引から、期末B/S及び当期のP/L並びに資金収支計算書を作成します。

1．期首B/S

流動資産 1,700	現　金　預　金	1,200	流動負債 1,000	短期運営資金借入金	（　700　）
	事　業　未　収　金	500		事　業　未　払　金	300
固定資産 3,800	基　本　財　産	3,400	固定負債 3,000	長期運営資金借入金	（1,000）
	車　輌　運　搬　具	300		設　備　資　金　借　入　金	2,000
	器　具　及　び　備　品	100	純資産 （1,500）	基　　本　　金	1,500

2．期中取引

取　　引	B/S				P/L	資金収支計算書
	資産		負債			
	流動資産	固定資産	流動負債	固定負債	純資産増減	支払資金増減
① 保育事業に係る委託費700を未収に計上した。	700	―	―	―	700	700
② 職員給料280を現金で支給した。	△280	―	―	―	△280	△280
③ 食材160を掛買いし未払を計上した。なお、食材は直ちに費消した。	―	―	160	―	△160	△160
④ 備品150を購入した。（翌期支払）	―	150	150	―	―	△150
⑤ 長期運営資金借入金500を借り入れた。	500	―	―	500	―	500
⑥ 支払利息20を支払った。	△20	―	―	―	△20	△20
⑦ 車輌45がこわれたので廃車した。	―	△45	―	―	△45	―
⑧ 預金利息5を受け取った。	5	―	―	―	5	5
それぞれの増減合計	905	105	310	500	200	595

【解答欄】

1．期末B/S

流動資産 （2,605）	現　金　預　金	1,405	流動負債 （1,310）	短期運営資金借入金	700
	事　業　未　収　金	1,200		事　業　未　払　金	460
				その他の未払金	150
固定資産 （3,905）	基　本　財　産	3,400	固定負債 （3,500）	長期運営資金借入金	1,500
	車　輌　運　搬　具	255		設　備　資　金　借　入　金	2,000
	器　具　及　び　備　品	250	純資産 （1,700）	基　　本　　金	1,500
				次期繰越活動増減差額	200

2．フローの計算書

摘　　要		P/L	資金収支計算書
収益（収入）	保育事業収益（収入）	700	700
	受取利息配当金収益（収入）	5	5
	長期運営資金借入金収入	―	500
	収益・収入合計	705	1,205
費用（支出）	職　員　給　料（支出）	280	280
	給　食　費（支出）	160	160
	支　払　利　息（支出）	20	20
	器具及び備品取得支出	―	150
	固定資産売却損・処分損	45	―
	費用・支出合計	505	610
	当期増減（収支）差額	200	595

練習問題 26 P/Lと資金収支計算書を作成する

練習問題25の解答（解答前頁）をもとに、次のP/Lと資金収支計算書を作成します。

事業活動計算書

（自）××01年4月1日（至）××02年3月31日

勘定科目			当年度決算(A)	前年度決算(B)	増減(A)−(B)
サービス活動増減の部	収益	保育事業収益	700		
		経常経費寄附金収益			
		その他の収益			
		事業活動収益計(1)	700		
	費用	人件費	280		
		事業費	160		
		事務費			
		減価償却費			
		国庫補助金等特別積立金取崩額	△	△	
		徴収不能額			
		徴収不能引当金繰入			
		その他の費用			
		サービス活動費用計(2)	440		
		サービス活動増減差額(3)=(1)−(2)	260		
サービス活動外増減の部	収益	借入金利息補助金収益			
		受取利息配当金収益	5		
		その他のサービス活動外収益			
		サービス活動外収益計(4)	5		
	費用	支払利息	20		
		その他のサービス活動外費用			
		サービス活動外費用計(5)	20		
		サービス活動外増減差額(6)=(4)−(5)	△ 15		
		経常増減差額(7)=(3)+(6)	245		
特別増減の部	収益	施設整備等補助金収益			
		施設整備等寄附金収益			
		固定資産売却益			
		特別収益計(8)	―		
	費用	基本金組入額			
		固定資産売却損・処分損	45		
		国庫補助金等特別積立金取崩額（除却等）	△	△	
		国庫補助金等特別積立金積立額			
		特別費用計(9)	45		
		特別増減差額(10)=(8)−(9)	△ 45		
		当期活動増減差額(11)=(7)+(10)	200		
繰越活動増減差額の部		前期繰越活動増減差額(12)	―		
		当期末繰越活動増減差額(13)=(11)+(12)	200		
		基本金取崩額(14)			
		・・・・(15)・・・・(16)			
		次期繰越活動増減差額(17)=(13)+(14)+(15)−(16)	200		

資金収支計算書

（自）　××01年4月1日　（至）　××02年3月31日

勘　定　科　目			予　算(A)	決　算(B)	差異(A)－(B)	備　考
事業活動による収支	収入	保育事業収入		700		
		経常経費寄附金収入				
		借入金利息補助金収入				
		受取利息配当金収入		5		
		流動資産評価益等による資金増加額				
		事業活動収入計(1)		705		
	支出	人件費支出		280		
		事業費支出		160		
		事務費支出				
		支払利息支出		20		
		流動資産評価損等による資金減少額				
		事業活動支出計(2)		460		
	事業活動資金収支差額(3)=(1)-(2)			245		
施設整備等による収支	収入	施設整備等補助金収入				
		施設整備等寄附金収入				
		設備資金借入金収入				
		固定資産売却収入				
		施設整備等収入計(4)		―		
	支出	設備資金借入金元金償還支出				
		固定資産取得支出		150		
		固定資産除却・廃棄支出				
		施設整備等支出計(5)		150		
	施設整備等資金収支差額(6)=(4)-(5)			△150		
その他の活動による収支	収入	長期運営資金借入金元金償還寄附金収入				
		長期運営資金借入金収入		500		
		積立資産取崩収入				
		その他の活動による収入				
		その他の活動収入計(7)		500		
	支出	長期運営資金借入金元金償還金支出				
		積立資産支出				
		その他の活動による支出				
		その他の活動支出計(8)		―		
	その他の活動資金収支差額(9)=(7)-(8)			500		
予備費支出(10)			×××┐ △×××┘	―	×××	
当期資金収支差額合計(11)=(3)+(6)+(9)-(10)				595		
前期末支払資金残高(12)				700		
当期末支払資金残高(11)+(12)				1,295		

（注）予備費支出△×××円は○○支出に充当使用した額である。

【説明】

　このように収支をその性格によって区分した資金収支計算書を作成すると、当期資金収支差額は595あったけれど、経常的な収支では245の余剰しか生んでいないことが分かります。

練習問題 27 P/Lの取引と資金収支計算書の取引の異同

　次の取引は、P/L・資金収支計算書のいずれに計上されるか。計上されるものに○、計上されないものに×を付けます。

No	取　引　の　内　容	計上される収支計算書	
		P/L	資金収支計算書
①	介護保険報酬・保育事業に係る委託費を未収に計上した。 （純資産・支払資金ともに増加します）	○	○
②	建物等の固定資産を取得して預金を支払った。 （純資産は増減せず、支払資金だけが減少します）	×	○
③	建物等の固定資産を除却した。 （支払資金は増減せず、純資産だけが減少します）	○	×
	（取壊し工事費を支払った場合は、その金額だけ支払資金・純資産とも減少します。）	○	○
④	旅費交通費等の事務費を計上した。 （純資産・支払資金ともに減少します）	○	○
⑤	当座預金を引き出し、手許現金とした。 （支払資金内部での移動であり、支払資金・純資産ともに増減しません）	×	×
⑥	長期運営資金を借り入れた。 （支払資金は増加しますが、純資産は増減しません）	×	○
⑦	減価償却費を計上した。 （純資産は減少しますが、支払資金は増減しません）	○	×
⑧	短期の運営資金を返済した。 （支払資金内部での移動であり、支払資金・純資産ともに増減しません）	×	×
⑨	給食費等の事業費を計上した。 （純資産・支払資金ともに減少します）	○	○
⑩	長期設備資金を返済した。 （支払資金は減少しますが、純資産は増減しません）	×	○
⑪	賞与引当金を計上した。 （純資産は減少しますが、支払資金は増減しません）	○	×
⑫	過去に事業未払金に計上していた給食費を支払った。 （支払資金内部での移動です）	×	×
⑬	寄附金をいただいた。 （経常経費に充てるものか、施設整備に充てるものか、その目的を問わず、純資産・支払資金ともに増加します）	○	○

II 簿記初級 解答

練習問題 28 元帳からもとの仕訳と取引を推定する

元帳の記載から、仕訳と取引を推定します。

〈仕 訳〉

取引日	借　　方		貸　　方	
	科　目	金　額	科　目	金　額
2日	現　金　預　金	950	事　業　未　収　金	950
5日	業　務　委　託　費	35	現　金　預　金	35
8日	職　員　預　り　金	10	現　金　預　金	10
9日	仮　払　金	100	現　金　預　金	100
12日	設　備　資　金　借　入　金	40	現　金　預　金	45
	支　払　利　息	5		
15日	水　道　光　熱　費	30	現　金　預　金	30
20日	器　具　及　び　備　品	750	現　金　預　金	750
25日	職　員　給　料	250	現　金　預　金	210
			職　員　預　り　金	40
26日	現　金　預　金	80	介　護　保　険　事　業　収　益	80
27日	事　業　未　払　金	240	現　金　預　金	240
28日	現　金　預　金	10	仮　払　金	10
29日	現　金　預　金	500	設　備　資　金　借　入　金	500
30日	職　員　預　り　金	25	現　金　預　金	50
	法　定　福　利　費	25		

現金預金の元帳を見ても、12日の取引のように相手科目が「諸口」となっていては、他の元帳から取引を考えざるを得ませんね。また、25日の取引が推定できる人は随分と理解の進んでいる人だと思われます。

〈取引内容〉

取引日	取　引　の　内　容
2日	事業未収金950を回収した。
5日	業務委託費35を支払った。
8日	職員預り金10を支払った。
9日	現金100を仮払い出金した。
12日	設備資金借入金40を返済し、あわせて借入金利息5を支払った。
15日	水道光熱費30を支払った。
20日	器具備品750を現金で購入した。
25日	職員給料250から源泉税等預り金40を差し引き、支給した。
26日	介護保険報酬80を受け取った。
27日	事業未払金240を支払った。
28日	仮払金10の返金を受けた。
29日	設備資金500を借り入れた。
30日	職員預り金25と法定福利費25を支払った。

【説明】

　この問題は、**練習問題15**（テキスト93頁）をもとにしています。93頁の問題と見比べてください。実務では元帳の摘要欄に、相手科目を記入するだけでなく備考も記載しますので、もとの取引をほぼ正確に推定することができます。